図解 文字より前にかたちがあった

わが国の基層文化は縄文にあった

世界最古の縄文文明

大谷幸市

Koichi Otani

はじめに

　小川光三氏は、その著作『大和の原像』(1973年 大和書房)の中で、北緯34度32分の一直線上に社寺や遺跡・山などが並んでいることを指摘しました。この東西のライン、北緯34度32分の一直線が1980年代に一世を風靡した、いわゆる「**太陽の道**」説です。

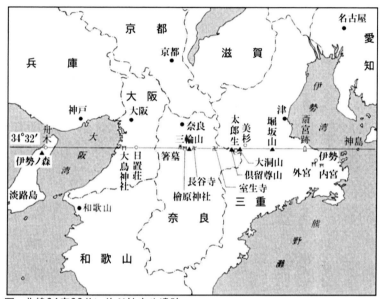

図a 北緯34度32分に並ぶ社寺や遺跡　水谷慶一『知られざる古代』日本放送出版協会1981

　私は**太陽の道**の虜になっていました。さらに、小川光三氏は、三輪山－神武天皇陵－鏡作神社による正三角形(レイライン)を同時に指摘されています(図b〜図c参照)。これに倣って、私は日本列島上にいくつもの巨大な二等辺三角形が存在していることに気づきました。それを纏め『古代史を解く三角形』と題して出版しました。

　これを機会にわが国の古代史に興味を覚えました。小川氏の指摘する三輪山－神武天皇陵－鏡作神社によるレイライン(空間構成)は、図b・図cに見るとおり、①正三角形と②30度、60度、90度の内角度をもつ直角三角形をもっています。

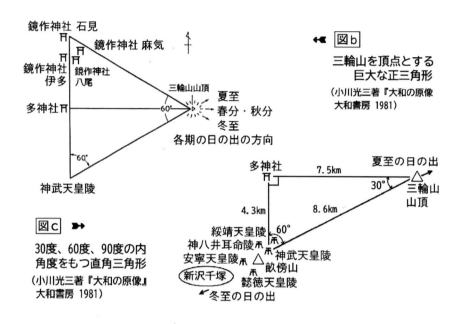

鏡作神社 石見

鏡作神社 麻気

鏡作神社 伊多　　鏡作神社 八尾

多神社

三輪山山頂

60°

夏至
春分・秋分
冬至
各期の日の出の方向

60°

神武天皇陵

◄◄ 図b

三輪山を頂点とする
巨大な正三角形

（小川光三著『大和の原像
大和書房 1981）

多神社　　　7.5km　　　夏至の日の出

30°　三輪山
山頂

4.3km　　　8.6km

綏靖天皇陵
神八井耳命陵
安寧天皇陵　　神武天皇陵
畝傍山
懿徳天皇陵

新沢千塚

冬至の日の出

60°

図c ►►

30度、60度、90度の内
角度をもつ直角三角形

（小川光三著『大和の原像』
大和書房 1981）

図d

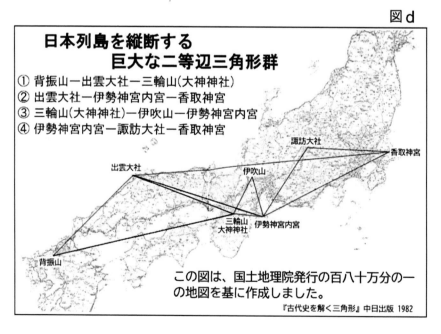

日本列島を縦断する
巨大な二等辺三角形群

① 背振山ー出雲大社ー三輪山（大神神社）
② 出雲大社ー伊勢神宮内宮ー香取神宮
③ 三輪山（大神神社）ー伊吹山ー伊勢神宮内宮
④ 伊勢神宮内宮ー諏訪大社ー香取神宮

諏訪大社

香取神宮

出雲大社　　伊吹山

三輪山
大神神社　伊勢神宮内宮

背振山

この図は、国土地理院発行の百八十万分の一
の地図を基に作成しました。

『古代史を解く三角形』中日出版 1982

他方、弥生時代の銅鐸の眼形と古墳時代の前方後円墳の前方部に対し、67.5度・75度・82.5度という正多角形に特徴的な角度が想定されました。しかし、これまでその正多角形に特徴的な角度の意味は不明のままでした。

　ところで、正六角形と正八角形は、合体して正二十四角形を形づくっております。これに気づいた時、六角堂・八角堂を造営していたわが国の古代人は、この正六角形と正八角形による正二十四角形の図形概念をもっていたのではないか、このように推測されました。しかし、縄文時代前期の京都市北白川遺跡出土浅鉢と福井県鳥浜貝塚出土浅鉢に描かれる文様が正六角形と正八角形を内包していることに気づくまでには、多くの時間を要しました。

　正六角形と正八角形による正二十四角形の形成は「同質でありながら、異形の二者」に該当し、「合体して新しいかたち」を生みだしています。換言すれば、**正二十四角形は、同質でありながら、異形の二者の合体によって新しい生命が生れるという生命誕生の原理**を内包していることになります。6と8の関係は、三平方の定理「$3^2+4^2=5^2 \rightarrow 6^2+8^2=10^2$」に密接に関わっています。神武天皇即位前紀は、下記のように記しています。

　　六合（くにのうち）を兼（か）ねて都（みやこ）を開（ひら）き、八紘（あめのした）を掩（おほ）ひて宇（いえ）にせんこと、亦可（またよ）からずや。観（み）れば、夫（か）の畝傍山（うねびやま）の東南（たつみのすみ）の橿原（かしはら）の地（ところ）は、蓋（けだ）し国の墺区（もなかのくしら）か。治（みやこつく）るべし。
　　（『日本書紀』神武天皇即位前紀）

　畝傍山を頂点とする耳成山と天香具山を結ぶ大和三山は、正八角形に特徴的な二等辺三角形を形づくり、さらに、三輪山を頂点とする神武天皇陵と鏡作神社（石見）を結ぶ空間構成は、正六角形に特徴的な正三角形を形づくっております。以上は縄文時代前期の浅鉢に描かれる◯)(◯形と

米形、つまり、「X形と◆形」から導かれる図式に示されています(第14章 p306、第15章 図181 参照)。

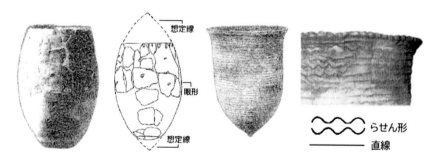

この「X形と◆形」は「同質でありながら、異形の二者」を結ぶ媒介者(シャーマン)の役割を担っています。この概念なくして縄文時代の歴史を解明することはできないでしょう。X形と◆形は、円形の連鎖・眼形の連鎖→しめ縄状文様から生じる 88(柿の蔕形)に現われています。 ここに、わが国のシンボルであるしめ縄の一つの意味が発見されます。

文字の前にかたちがあった

日本の歴史における縄文時代は、長崎県佐世保市泉福寺洞窟遺跡出土の豆粒文土器(今からおよそ 1 万 2500 年前)に始まると考えられてきました。この豆粒文土器に関して、わが国の考古学者・歴史学者は、つぎのように指摘されています。

① 文様をもつ世界最古の土器であり、
② ラグビーボールの尖った両端を切断したかたちをもっている。

豆粒文土器と隆起線文土器

ところで、このような指摘ができれば、縄文時代草創期の三種類の土器が、ⓐ豆粒文土器 ()形、ⓑ隆起線文土器 〜〜〜 形・――― 形、ⓒ爪形文土器)))) 形が、「)」形を介して結ばれていることに気づくことができたはずです。

　「)」形は、一つ形の上に凹凸のかたちを同時に持っています。これは両性具有と呼称されています。同質でありながら、異形の二者である「)」形と「(」形は合体して、()形・χ形・∞∞∞∞ 形などの新しいかたちを生みだしています。これらのパターンは「**同質でありながら、異形の二者の合体によって新しいかたちが生れる**」という**ものの誕生原理**をもっていると捉えることができます。

　爪形文土器に描かれる)))) 形は、まさに「かたちの素粒子)形」そのものです。縄文時代草創期の縄文人は「かたちの素粒子)形」が豆粒文土器・隆起線文土器を結ぶ要素であることに気づいていたと思います。

　縄文人は「文字の前にかたちがあった」という見識に立って土器製作を行なっていたと考えられます。縄文人は文字をもっていなかったから未開民族であったとする先入観は的を射ておりません。このような考え方は、現在では改められつつあります。文字より前に存在していたかたちの視点から縄文の歴史を見直すことが求められます。

　縄文人が創出したわが国のシンボルである「**しめ縄**」や「**門松**」は、かたちの視点から考察すると、現代の幾何学を凌駕するところ大なるものがあります。今からおよそ１万 2500 年前の縄文人は、双曲図形と楕円図形に「同質でありながら、異形の二者の合体によって新しい生命が生れる」という**生命誕生の原理**を読み取っていました。そればかりではありません。正六角形のハニカム構造の巣を造る蜂や正多角形を形づくる花を咲かせる植物は、私たち人類と同じか、それ以上の能力をもっていることに縄文人は気づいていたと考えられます。私たち日本人は、いつの日か六角形の巣を造る虫をハチと呼んでいます。

縄文人が気づいていたかどうかはわかりませんが、日本列島につながる奄美大島の海に棲息するアマミホシゾラフグは、正多角形を象る精巧な産卵床（ミステリー・サークル）を形づくっています（第8章、図101）。

　このような正多角形に基づくかたちは、アマミホシゾラフグだけではなく、蜂の巣や植物の花にも見られ、新しい生命を産みだしています。土星には直線図形である六角形が現われています。このように正六角形に象徴される正多角形は、魚・昆虫・植物・人類・天体……森羅万象を結ぶ絆ではないでしょうか。ここに大自然との共生思想が発見されます。

　極めてシンプルなかたちの上に深淵な天地・陰陽の概念を有すしめ縄に始まる縄文人の培った文化遺産は、私たちが日本列島に生まれたことの誇りを大いに感じさせてくれます。縄文人の作った土器や土偶、さらにその後に創出された銅鐸や前方後円墳をかたちの上から見直し、多くの学習と経験を基に築き上げられた先人の歴史を考察してみたいと思います。

図解 文字より前にかたちがあった

わが国の基層文化は縄文にあった

世界最古の縄文文明

〈もくじ〉

第 1 章
わが国の基層文化は縄文にあった

日本文明について

　サミュエル・ハンチントン氏は、その著『文明の衝突』(集英社、鈴木主税訳、1998)、「日本語版への序文」において、日本に関して、次のように書いています。

　　文明の衝突というテーゼは、日本にとって重要な二つの意味がある。第一に、それが日本は独自の文明をもつかどうかという疑問をかきたてたことである。オズワルド・シュペングラーを含む少数の文明史家が主張するところによれば、日本が独自の文明をもつようになったのは紀元前五世紀ごろだったという。私がその立場をとるのは、日本の文明が基本的な側面で中国の文明と異なるからである。それに加えて、日本が明らかに前世紀に近代化をとげた一方で、日本の文明と文化は西欧のそれと異なったままである。日本は近代化されたが西欧にならなかったのだ。
　　第二に、世界のすべての主要な文明には、二ヵ国ないしそれ以上の国々が含まれている。日本がユニークなのは、日本国と日本文明が合致しているからである。そのことによって日本は孤立しており、世界のいかなる他国とも文化的に密接なつながりをもたない。

　ハンチントン氏の発言で、つぎの四点が注目されます。
ⓐ　日本が独自の文明をもつようになったのは紀元前五世紀ごろだったという。
ⓑ　日本の文明が基本的な側面で中国の文明と異なるからである。
ⓒ　日本の文明と文化は西欧のそれと異なったままである。
ⓓ　日本国と日本文明が合致しているからである。
　ところで、ハンチントン氏は「日本が独自の文明をもつようになったのは紀元前五世紀ごろ」と考えられているようですが、実際の縄文文明の始まりはそれよりもおよそ1万2500年、遡っています。これは縄文時代草創期の土器によって裏づけられています。

花にイメージされる正多角形

　縄文人は自然界の草木の花が、花びらの数によって正多角形を作っていることに世界で最初に気づいていました。草木の花は蜜をもち多くの昆虫や鳥たちを集めています。この花は新しい生命の種子をもつ果実を生みだしています。すなわち、花はＤＮＡが二重らせん構造に載っているように「生命誕生の原理」をそのカタチ(図1〜図3)の上に表現しているわけです。

　相即不離の関係を維持するＤＮＡの二重らせん構造は「同質でありながら異形の二者の合体によって新しいかたちが生まれる」という双曲・楕円図形のもつ特別な性質をもっています。花に現われている ◯ → ⊛ の図式は、「文明」そのものと言えるでしょう。 縄文人は、植物の花と同じ双曲・楕円図形から ⊗ →正六角形と ⊛ →正八角形を導いていました (第4章参照)。

花のかたち［◯ 形から ⊛ (正多角形)へ］

　草木の花びらのカタチは、図に見るさくらの◯形(眼形の花びら)のほかに波状弁・丸弁・剣弁・半剣弁と呼ばれる多くのカタチがあります。たとえば、五花弁のさくらの花は正五角形、六花弁のユリの花は正六角形というように、花びらの数によって正多角形が形づくられます。バラやボタン、蓮の花は多くの花弁があり複雑に見えますが、全体的なカタチは正多角形に集約されると考えられます。

　以上を図形的に解釈すれば、円形から眼形が生じ、この眼形から正多角形が生まれると考えることができます。このようなカタチの変遷に曲線と直線の組合せが発見されます(後掲図22参照)。

　◯◯◯◯◯ 形(しめ縄状文様)と ◯◯◯◯◯ 形(ヨコ並びの眼形)は、同じ◯形を持っていますが、前者は垂直方向に、後者は水平方向につながっていました。ここに縄文人の叡智があります。

　なぜ、縄文人はヨコ並びの眼形 ◯◯◯◯◯ を描いたのでしょうか。この問題を家の近くの公園を散歩しながら考えていました。ベンチの近くに咲

図1

花の
かたち

←さくら

↑キキョウの蕾

←キキョウの花

花の写真は、インターネット「ウィキペディア」より以下同じ

図2

「 ◯ → ✺ 」形をもつ花のかたち
楕円図形　　正多角形

センセーション　　レッドベルサイユ　　ラジアンス　　フラシングピンク

←ユリ

時計草→

図3

図3

〇形と※形に基づく花のかたち

楕円図形　正多角形

みやこわすれ　　　　　　　　　　　　　マーガレット

花びらに見る……眼形から形成される正多角形

く桜の花を見ていると〇形の５枚の花弁が正五角形に見えてきました。さっそく家に帰りパソコンでインターネットを閲覧し。花のかたちを観察しました。ヤマボウシの４花弁・桜の５花弁・コスモスの８花弁など、ほとんどが眼形に近いカタチの花弁をもち、正多角形をイメージすることができました。

　縄文人が居住した森には、その双曲図形()()形、楕円図形(〇)形を基本とするカタチがいっぱいあります。そのカタチは草木の葉・花、鳥、魚、小動物や昆虫などにも同様に表れております。このような状況は、認識するに十分な存在であったと考えられます。

　ここにミクロの世界の生命誕生の原理とマクロの世界の宇宙創世の原理が、縄文人によって組み立てられたとしても不思議ではありません。

図４・図５

森の中で生活する縄文人

縄文時代草創期の福井県鳥浜貝塚の原風景（上図）と長野県
矢出川遺跡の原風景（下図）

（安田喜憲『世界史の中の縄文文化』雄山閣出版 1987）

続いて考古学者の松木武彦氏は「縄文社会の特異性」について、その著『進化考古学の大冒険』(新潮社 2009)の中で、つぎのように書いています。

　日常の煮炊きに使う土器にまで、これほどの美が盛り込まれている文化は、縄文以外にはあまりない。その美の性質も、調和や安定の感覚を導く体制化の美より、強い情動や意味的処理を呼び起こす「美に反する美」や具象表現が勝っている。
　縄文人は、世界の先史文化のなかでも、とくに濃密な美を人工物に盛り込むことを大きな特徴とする社会だったといえるだろう。縄文という社会が、そのような特徴をもつようになった理由は何だろうか。
　各地の先史文化のなかでもひときわ人目を引く美に満ちた縄文文化は、人類史のなかにどのように位置づけられるのだろうか。

　松木氏は、図6・図7に見る石ヤリの写真を載せ「単なる狩猟具とは思えない、原始日本の美をきわめた優品」との説明を与えております。この石ヤリの役割は狩猟具としての殺傷能力にあります。松木氏は、「1万5000年前のころには、細密な打ち欠きや押し剥ぎを重ねて、薄く長く、正確な左右対称に仕上げられたものが現れる。石材も、チャートなどの光沢のあるものが選ばれ、細密な剥離を並べたさざ波のような質感を実現している」とのべています。
　縄文人がそのカタチに美と機能に加えて自然の法則性をもっていることに気づいていたならば、私たちは認識を改めなければなりません。この石ヤリに「美」を感じるのは、そのカタチに見る曲線と細密な剥離を並べたさざ波のような質感にあるように思います。
　つまり、この石ヤリのもつ殺傷能力と松木氏のいう美的感覚は、石ヤリから導かれる双曲図形( )形)と楕円図形(◖ 形)から生れているのです。このような解釈は蓋然性をもっていると思います。縄文人が意識的に曲線を土器や土偶に使っていたことは土器や土偶の造形、それらに施されている図形や文様が明確に物語っています。かたちの素粒子「) 」形は、

図6

木花開耶姫の姉（このはなのさくやひめ）
磐長姫の正体（いわながひめ）

↑大阪府山賀遺跡
（大阪府文化財調査
研究センター）

石器のカタチに見る双曲・楕円図形

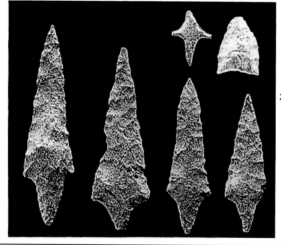

有茎尖頭器と石鏃
縄文時代草創期

←神奈川県
花見山遺跡出土

図 7

神子柴型石ヤリ

神子柴型石ヤリ　約1万8000年～1万5000年前
長野県神子柴遺跡出土　長さ 25.2㎝

松本武彦『進化考古学の大冒険』2009
写真提供：上伊那考古学会

ⓐ　両性具有（一つのかたちで二つの性質）をもっています。

ⓑ　180度反転して新しいかたちを生みだします。

ⓒ　かたちの素粒子「）」形から生まれるパターンは永遠の継続性を
　　もっています。

　縄文人は、上記のカタチを世界に先駆けて発見していました。これま
で、考古学者・歴史学者は、縄文土器や土偶に大きく描かれる「）」形
に対し、なぜ考察しなかったのでしょうか。小論は、このかたちの素粒
子「）」形に基づいて展開して行きます。

【補注1】

縄文時代草創期に対し、1万3000年前～9000年前とする考え方と1万5000年前～1万
1000年前とする考え方があります。小論では前者を採用し記述しています。

第 2 章

豆粒文土器から始まる縄文文明

豆粒文土器・隆起線文土器・爪形文土器

　今からおよそ1万2500年前の日本列島の九州、長崎県佐世保市泉福寺洞窟遺跡に居住していた縄文人は、一つの土器をつくっていました。復元されたその豆粒文土器は、図8に見るように眼形〇が想定されます。この豆粒文土器の表面には植物のタネのカタチに酷似する〇形の粘土粒が貼りつけられています。この〇形から、その「豆粒文土器」という名称がつけられたといわれております。

　山の森には多くの樹木が生え、イノシシや鹿、小鳥、いろいろな小動物などが棲息しています。池や川、海には魚たちが泳いでいます。私たち人類も樹木や動物たちと同じように弱肉強食という生存競争の中で生きて行かなければなりません。

　大自然との共生思想といっても自然界の動植物を食べなければ生きて行くことはできません。縄文人が一番恐れたことは、取り過ぎて食料としての動植物がなくなることであったと考えられます。そのために必要なことは、自然界の法則性を知ることであったと思います。

　インターネット「ウィキペディア」は、「内陸部の縄文集落の遺蹟調査が進むにつれて、縄文人の食生活の全体像が明らかになってきた」と前書きして、つぎのように書いています。

　　縄文時代は基本的に食物採集の文化であったといえる。縄文人たちは採集した食物を食べ、余ったものは穴や屋根裏に貯蔵していた食物の内訳は、クルミ、クリ、トチ、ドングリなどの堅果類が中心である。このことから、縄文人の主食はこれら堅果類であったと推測される。なかでもドングリ類の比重が高かったものと思われる。

　縄文人にとって、生きて行くためになくてはならない糧であった「クルミ・クリ・栃の実・ドングリ」に共通するカタチは宝珠形です。このカタチは、弁慶と義経が出会った「京の五条の橋の上」と歌われる太鼓橋の4個の欄干に見られます。橋の欄干の擬宝珠に表現された宝珠形は、

図8

豆粒文土器に隠れているカタチ
それは **眼形** です

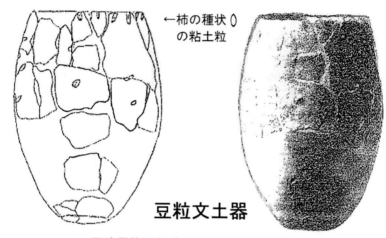

←柿の種状⟨⟩
の粘土粒

豆粒文土器

長崎県佐世保市泉福寺洞窟遺跡出土
縄文時代草創期　およそ1万2500年前

想定線―

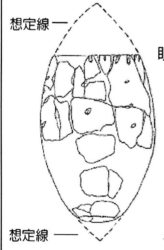

想定線―

眼形の形成

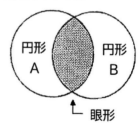

円形
A

円形
B

↑└ 眼形

縄文人の歴史は⟨⟩形から
始まっている！

⟨⟩形は、）形と、その180度反転
した（形との合体から生じるカタ
チです。

図9

宝珠形と眼形の意味

宝珠形は木の実や燃える火に現われております。
橋の欄干にもみられます。

京都・五条大橋
の欄干の擬宝珠

火玉の宝珠形

栗とドングリの実の
宝珠形

栗・クルミ・栃の実・ドングリは、縄文人の大切な食糧源でした。これらの木の実は宝珠形◊をもっています。

私たち人間の両眼は、太陽や月の光を感じ取り、もののかたちを読み取ります。その両眼のかたちは、◯形です。『古事記』・『日本書紀』に、桃の実が登場しているのは、桃の種のかたちに見る眼形◊と宝珠形◊にあるのではないでしょうか。これらのかたちは、生命誕生の原理に結ばれています。

桃のタネ　　　◯
真横から見る眼形

桃のタネ　　　◊
正面から見る宝珠形

クルミの宝珠形

滋賀県粟津第三貝塚
縄文時代中期

秋田県池内遺跡出土
縄文時代前期

縄文人にとって生命の糧であり、同時に生命誕生理論を学習するきっかけとなるかたちであったと考えられます。

　宝珠形を形づくる「同質でありながら異形の二者」であるＳ字形と逆Ｓ字形は、「合体」して「新しいカタチ」である壺形を生みだします。

　縄文人は宝珠形 ◊ から以上の意味を読み取っていたと考えられます。これが縄文人の考えた生命誕生の原理です。

時空を飛び越える縄文の歴史

　前述の豆粒文土器は、◊ 形をもっていました。この土器と同じ縄文草創期の土器である爪形文土器には、)))) 形の粘土粒が貼られています。この) 形をかたちの素粒子と名づけました。隆起線文土器にはらせん形と直線の粘土粒が貼られています。これら三種類の土器は、同じ粘土粒という様式が見られるところから草創期といってもそれらが製作された年代はかなり接近していたと考えられます。

　わが国最古の文様をもつ豆粒文土器が、およそ 1 万 2500 年前に作られた土器であることは明らかになっています。なぜ、縄文人は最初にかたちの素粒子) 形を土器に表現しなかったのか、◊ 形を選択した理由はどのようなところにあるのか、という疑問が残ります。

　かたちの素粒子) 形は、縄文中期の長野県富士見町藤内遺跡出土土器、赤穂丸山遺跡出土土器（縄文中期）などに描かれています。豆粒文土器として ◊ 形が採用されたわけは「異形同質の二者の合体によって新しいカタチが生まれる」という法則性を具体的なカタチで示すことが優先されたものと考えられます。) 形だけではそれができません。

図10

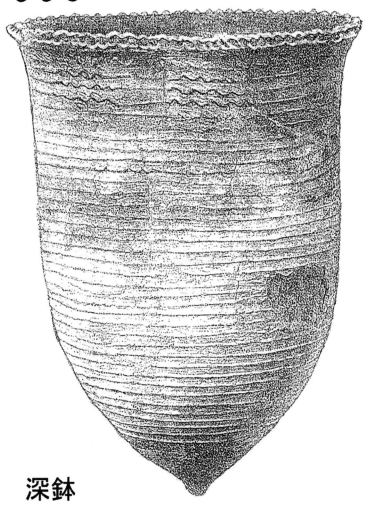

〜〜〜形と ＝＝＝ 形をもつ隆起線文土器

深鉢

青森県六ケ所村表舘遺跡出土　隆起線文土器
縄文時代草創期　高さ 30.0㎝

図11

隆起線文とらせん形の関係

縄文時代草創期の隆起線文土器の口縁部には、左巻きらせん形と右巻きらせん形の粘土粒が貼りつけられています❗

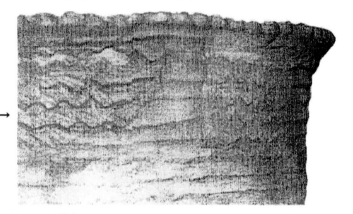

青森県六ケ所村
表館(おもてだて)遺跡出土　**隆起線文土器**　縄文時代草創期
（口縁部外面拡大図）

東京都なすな原遺跡出土
隆起線文土器　縄文時代草創期

左記の土器文様
模写図

図12

隆起線文土器に描かれる の関係

らせん形
直線

考古学者 故 **山内清男** の **指摘**

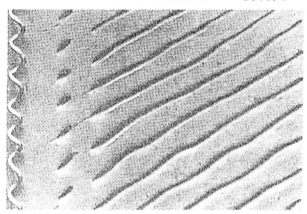

↑「らせん形の施文具」の回転から生じる「直線」

いろいろな爪形文

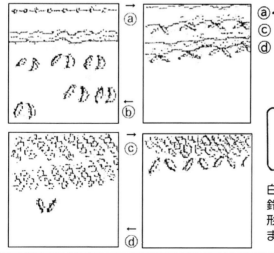

ⓐ・ⓑ 神奈川県花見山

ⓒ　　山形県日向

ⓓ　　長野県石小屋

以上、縄文時代の
各遺跡

)・()・⋔
形の爪形文

白石浩之・芹沢長介・
鈴木義昌各氏による爪
形文)))) の研究があり
ます。

）形から生まれる 〜〜 形

　縄文中期において、縄文人は土器と土偶に）形を描いています(図 13～図 14)。今からおよそ 1 万有余年前にダイレクトに）形を描く民族が縄文人のほかに存在していたかとどうかは寡聞にして知りません。この）形が、どのような意味をもっているのか、これを知ることが重要です。

　縄文草創期の隆起線文土器には、〜〜 形と ──── 形の粘土帯が貼られています(図10)。このらせん形と直線の組合せの意味は、図 12 に見る故山内清男が指摘する「らせん形の回転による曲線から直線が生じる」という図形現象に如実に現われています。縄文時代草創期の土器に表現されるカタチと文様である ◊ 形(豆粒文土器)と 〜〜 形・───形(隆起線文土器)、))))) 形(爪形文土器)は、かたちの素粒子)形から生まれるカタチです。

　　ⓐ　豆粒文土器── ◊ 形(眼形)

　　ⓑ　隆起線文土器─ 〜〜 （らせん形)＋ ───(直線)

　　ⓒ　爪形文土器──)⟨ ・⟨)・)) ⟩(かたちの素粒子)

　かたちの素粒子)形の意味を明らかにしておかないと、縄文人が、なぜ眼形に関心をもち三種類の土器(豆粒文・隆起線文・爪形文)を作っていたのか、さらに同じ縄文草創期に属す斜格子文や波状口縁の解読が難しくなってしまいます。これらの土器のカタチや文様は、かたちの素粒子)形の４種類のパターンに基づき作られています(図 16 参照)。

円形の連鎖と眼形の連鎖

　円形の連鎖と眼形の連鎖の関係は、図 17 に示されています。「縄文の歴史は、この円形の連鎖と眼形の連鎖から始まっていた」と言えば、「それを描く縄文土器は存在していますか」という質問が即座に飛んでくることでしょう。

　それを描く土器は、この後に述べる福井県鳥浜貝塚出土の斜格子文土器です。土器に描かれる斜格子文は直線図形ですが、その原形は眼形の連鎖です(第3章、図30～図31)。 この眼形の連鎖は、円形の連鎖を描くと

図13

）形をダイレクトに描く土器は、縄文時代の日本列島にしか存在しません❢

かたちの素粒子）形は、∞∞∞∞ 形（しめ縄状文様）や))))))) 形（ヨコ並びの眼形）の基本形です。両性具有の性質をもつ「）」形は、「同質でありながら、異形の二者の合体によって新しいかたちを生みだす」という意味をもっています。

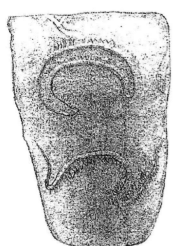

）形に対し、これまで天体の三日月であるとする解釈が提出されてきました。では、その下に描かれるカタチは、何を表わしているのでしょうか。

ⓐ 深鉢　縄文中期
長野県藤内遺跡出土
高さ57.8㎝

）形が造形される土偶

これまで、この）形を追究する研究者は、誰もいませんでした。

ⓑ 土偶　埼玉県出土
高さ17㎝

図14

）形とらせん形を描く土器

〜〜〜・〜〜〜・(((((((・(((((

上記のかたちの産みの親は、かたちの素粒子
）形です。

深鉢

縄文時代中期
長野県赤穂丸山
遺跡出土の土器

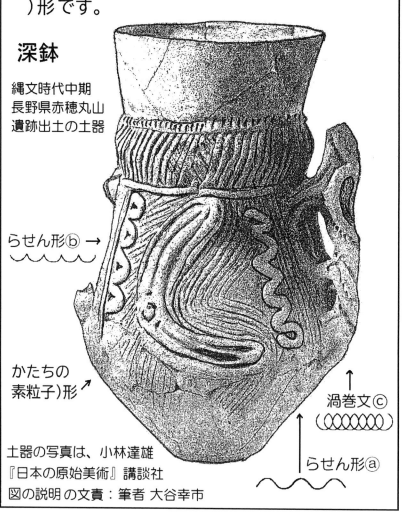

らせん形ⓑ →
〜〜〜

かたちの
素粒子）形 ↗

渦巻文ⓒ
(((((

らせん形ⓐ
〜〜〜

土器の写真は、小林達雄
『日本の原始美術』講談社
図の説明の文責：筆者 大谷幸市

図15

かたちの素粒子）形の性質

両性具有の基本形

）形は一つかたちで
二つの性質（凹・凸）
をもっています。

両性具有は曲線でない
と表現できません。

かたちの素粒子）形とその
180度の反転形である（
形との合体形

かたちの素粒子）形とその
180度の反転形である（
形との合体形

双曲図形

楕円図形

左図において、Ⅹ形と0形は相即不離
の関係に置かれています。

図16

かたちの素粒子）形 　4種類のパターン

かたちの素粒子）形は、「同質でありながら異形の二者の合体によって新しい形を生みだす」という **ものの誕生原理** を持っています。

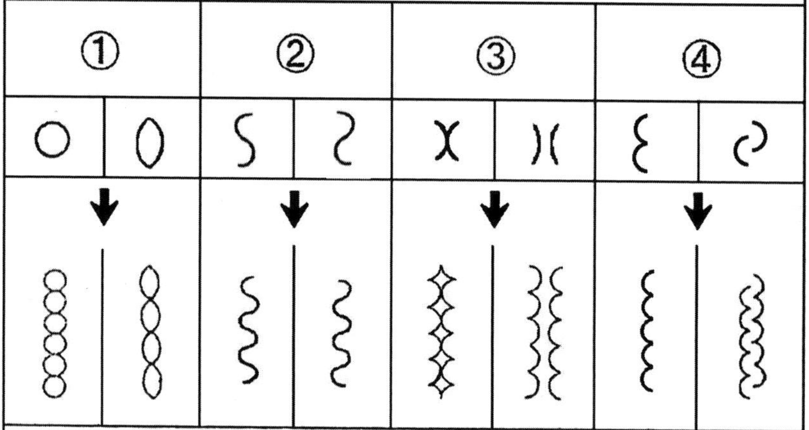

①	②	③	④
○)	ʃ ⟨	χ)(	⟨ ?
↓	↓	↓	↓

【かたちの素粒子）形の性質】

① （形と）形は、「同質でありながら異形の二者」、換言すれば「異形同質の関係」で結ばれています。

② かたちの素粒子）形は、180度の反転によって、4種類のパターンを生みだしています(上図参照)。

③ 4種類のパターンは、永遠の継続性を持っています。

図17

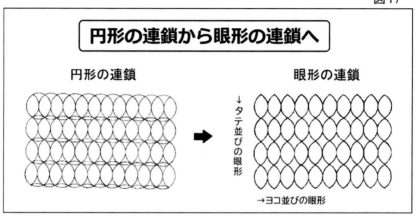

必然的に生じるカタチです。斜格子文については、第3章で詳述します。

⤴ 形の意味

2018年に約300人の聴衆が参加したある著名な天文学者の講演会に参加しました。質問タイムで、講演中にスライドで映しだされた渦巻星雲の中心部に見られる⤴形（図18）に関して「左巻き渦巻と右巻き渦巻の合体形と考えることはできないでしょうか」と質問しました。講演者から「世界で渦巻を研究している天文学者はいません。くだらない質問はしないでください」という回答をいただきました。

NASAが撮影した渦巻銀河や渦巻星雲の写真、および表現はインターネットで見られます。渦巻と言えば、台風・ハリケーン、および竜巻などが思いだされます。カタツムリや巻貝などは渦巻の殻皮をもっています。縄文人は土器に渦巻文を描き、頭部に三角形や五角形を表現し、胴体に渦巻文をもつ土偶を作っていました。左撚りらせん形と右撚りらせん形は、合体して ◯◯◯◯◯（二重らせん構造）を生みだしています。二重らせん構造のもつ「同質でありながら異形の二者の合体によって新しいかたちが生まれる」は、森羅万象に適用される「誕生原理」であると考えられます。

図18

宇宙に渦巻銀河が確認されています。
♪ 形にご注目ください！

渦巻銀河

ⓐ ハッブル宇宙望遠鏡が撮影した
　渦巻銀河 NGC4414

ⓑ ハッブル宇宙望遠鏡が撮影した渦巻銀河
　M51の中心部。渦状腕に沿ってHⅡ領域
　やダーク・レーンが存在している。

ⓐとⓑの写真とその説明文は、
インターネット「ウィキペディア」より転載したものです。

　宇宙において、渦巻星雲や渦巻銀河が発見されています。他方、二つの星雲の衝突したところに、新星が生じているという最新の天文学の報告があります。上図ⓑのハッブル宇宙望遠鏡で撮影された写真を見ると衝突というより合体しているように見えます。
　宇宙は、二重らせん構造のもつ強力なパワーと永遠の継続性からに生まれたと考えるところに蓋然性が発見されるのではないでしょうか。二重らせん構造は「同質でありながら異形の二者の合体によって新しいカタチが生まれる」という法則性をもっています。このように宇宙の星雲や銀河においても、地球における二重らせん構造のもつ原理が適用されたとしても、矛盾を招くものは何もありません。

文責：筆者 大谷幸市

渦巻銀河（図 18）の 🎵 形には、いったいどのような意味があるのでしょうか。ところで、「今からおよそ 7000 年から 1 万 1000 年前の日本列島の縄文人は、🎵 形を土器に描いていました」と言えば、どれだけの人が関心を示してくれるでしょうか。かつて「渦巻はフィクションだ」と発言した考古学者がおりましたが、らせん形の三形態を図示したのは、縄文人が世界で最初です。土器にそれを描いていたのは、長野県赤穂丸山遺跡に居住していた縄文中期の縄文人です（図 14）。

　この土器には、ⓐ「）」形とともに、ⓑ 〜〜〜 形・ⓒ 〜〜〜 形、ⓓ （〇〇〇〇〇） 形が描かれています（図 14 参照）。この土器には、現代の数学者・物理学者をもってしても気づくことがなかった「**らせん形の三形態**」が如実に造形されています。縄文人が未開人でなかったことは、これらを描いているところに示されています。縄文人は「文字より前にカタチ」という伝達方法を持っていたわけです（図 19〜図 21 参照）。

三位一体の電話線

ⓐ 〜〜〜 形
ⓑ 〜〜〜 形
ⓒ （〇〇〇〇〇〇） 形・（〇〇〇〇〇） 形

　私たちの家の前にある電話線のらせん形を見ると、上に示すらせん形の 3 種類のパターンが確認されます。このパターンは縄文人が赤穂丸山遺跡出土土器に描いていた三種類のらせん形に一致しております（是非、あなたの家の前の電話線をご覧ください）。

　縄文人は、「**らせん形の三形態**」が異形同質の関係で結ばれていることを知っていたことになります。この「**らせん形の三形態**」の一つである渦巻きは、私たち人類が生きる地球において台風・ハリケーン・竜巻などに現われております。さらに天体の渦巻星雲・渦巻銀河があります。このような自然界の渦巻現象と幾何学における 180 度の反転現象を表わす 🎵 形はなくてはならないかたちであると考えられます。

図19

⌒ 形は何を表わしているのか？

かたちの素粒子）形は、両性具有をもち、180度反転して@
◯形・ⓑ ）（形・ⓒ 〜〜〜 形・ⓓ 〜〜〜〜 形などを生みだ
しています。なお、ⓒとⓓは、さらに180度反転して永遠の
継続性をもつ ∞∞∞ 形と 〜〜〜 形を形づくっています。

縄文人の画期的な発見！

その意味は？

縄文人の発見したかたち

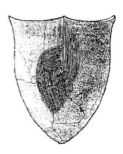

@ ⌒ 形を描く土器

中野式　尖底深鉢
縄文時代早期
北海道市立函館博物館

ⓒ ⌒ 形と 〜〜〜 形を描く
漆塗り樹皮容器

青森県八戸市是川中居遺跡
復元品　縄文時代晩期
八戸市教育委員会所蔵

ⓑ 　漆塗りの櫛

千葉県
高谷川遺跡出土
縄文時代後期

図版は『古代史復元3』講談社
（筆者注：図の一部修正）

図20

あなたの家の前にある電話線で即座に
確認できるらせん形の不思議な現象

見る角度でカタチが変わる らせん形

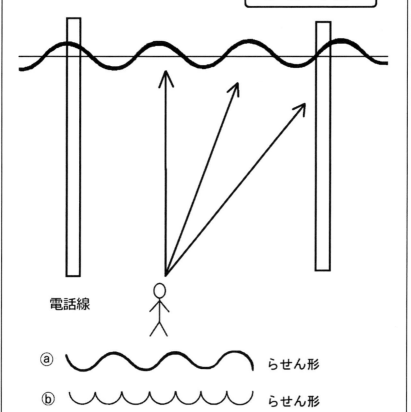

電話線

ⓐ 〜〜〜〜〜〜 らせん形

ⓑ 〜〜〜〜〜〜〜 らせん形

ⓒ (((((((((・((((((((らせん形（渦巻文）

らせん形ⓐ 〜〜〜 は、見る角度によってⓑ 〜〜〜〜
とⓒ ((((((・((((((に変わります。

図21

らせん形の三形態

らせん形 ⓐ 〜〜〜〜〜

らせん形 ⓑ 〜〜〜〜〜

らせん形 ⓒ （◎◎◎◎◎）・（◎◎◎◎◎）

家の前の電話線で確認できるように、上記の
らせん線ⓐ・らせん形ⓑ・らせん形ⓒは、
異形同質の関係で結ばれています。

三種類のらせん形の特別な性質

上図のⓐとⓑのらせん形は、
右図のタテ並びの眼形に、ⓒ
のらせん形はヨコ並びの眼形
に現われています。

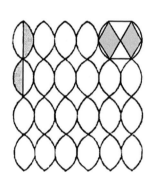

ヨコ並びの眼形からは正六角形
が生じ、タテ並びの眼形からは
正逆S字トンボによる壺形が生
じています。

★ ◎◎◎◎◎◎ （ヨコ並びの眼形） ⇨ 正六角形
　らせん形ⓒ(渦巻)

★ ◎◎◎◎◎ （タテ並びの眼形） ⇨
　二重らせん構造　　　　　　　　　　　　　　壺形

 らせん形ⓐは、ひょうたん形に
　　　　　らせん形ⓑは、連続円文に　　＞ 現われています。

以上は縄文草創期の縄文人が作った斜格子文に結ばれます❣

太陽系の太陽をはじめとする惑星は自転を繰り返しながら公転しています。この自転と公転は、安定した渦巻現象ではないでしょうか。このような考え方をもてば、安定した渦巻のパターンをもつカーボンマイクロコイル（CMC）の　（◯◯◯◯◯◯◯）形が思いだされます。

　この場合、台風や竜巻は、危険な渦巻きに分類されます。危険な渦巻きだけではなく安定した渦巻きの存在に気づけば、渦巻星雲や渦巻銀河が宇宙に存在する理由が容易に解けるのではないでしょうか。天体（渦巻星雲や渦巻銀河）は、拡張する強力なパワーと何億年から何百億年という継続性が確認されています。このような想像を絶するパワーと継続性を生みだしているものこそ渦巻現象ではないでしょうか。渦巻には安定する渦巻と危険な渦巻があります。このような視点から今後の天文学の研究が行われることが期待されます。

第 3 章

斜格子文の幾何学

はじめに

　囲碁の碁盤は連続正方形(18×18)、その碁盤へ円形の白と黒の石を置いて行き合戦をします。囲碁は陣地を取られないように目を作ることがポイントです。他方、将棋の盤はタテが少し長い長方形で、9×9のマス目からできております。その中へ五角形の将棋駒を置いて行きます。

　話は変わって、わが国の国技である大相撲の土俵は、正方形の中にしめ縄でつくられた円形の土俵の中でひょうたん形の軍配をもった行事と二人の力士は最初に3人が△形に並び、その後に▽形に並びます。この2個の正三角形は合体して六芒星 ✿ を形づくります。

　これをお読みになった方は、○(円形)・□(正方形)の囲碁と□(四角形)・⌂(五角形)の将棋の発祥の地は、日本列島ではないかという考えが脳裏をよぎったのではないでしょうか。

　ところで、正六角形を生みだす斜格子文(菱形文)土器、らせん形と正多角形の組合せをもつ波状口縁をもつ土器、さらに円形と正方形の相対関係を表現する円形丸底土器と方形平底土器を造形していたのは、日本列島の縄文人です。

眼形は曲線と直線をつなぐ媒介者

　図22は、円形によるかたちの変遷です。

ⓐ　平面形の厚めの紙を切り抜き、大き目の円形(○)を作ります。この円形の紙を左右のどちらかの手にもち、目の前にくるように掲げます。つぎに左回り右回りのどちらでもかまいませんが、円形をゆっくりと水平を維持しながら回転させます。

ⓑ　この時、円形に見えたカタチは眼形(◊形)に変化し、◊ 形は回転すればするほど小さくなって行きます。

ⓒ　回転角度が90度になった時、目に映るのは直線です。

　以上の図形現象において、眼形は円形と直線を繋ぐ媒介者の役割を果たしている、このように捉えることができます。

図22

円形と直線をとりもつ眼形1

円形の垂直方向の中心軸を固定し、左右のどちらかへその円形を回転させると円形→眼形と観察者の見るカタチが変化します。90度回転したところで直線になります。このような回転による図形の軌跡から眼形を媒介とする円形と直線の相対関係が生じていることが解ります。

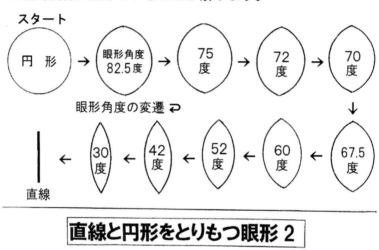

直線と円形をとりもつ眼形２

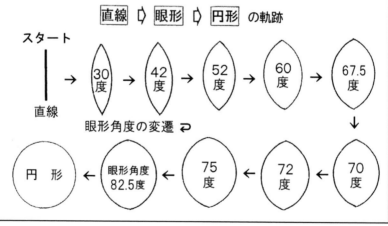

図23

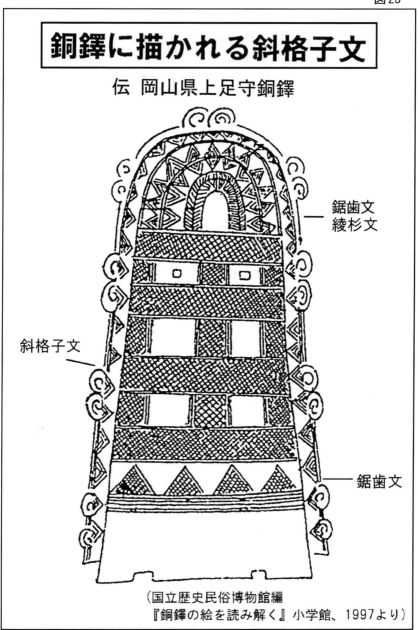

銅鐸に描かれる斜格子文

伝 岡山県上足守銅鐸

鋸歯文
綾杉文

斜格子文

鋸歯文

（国立歴史民俗博物館編
『銅鐸の絵を読み解く』小学館、1997より）

図24

福田銅鐸に描かれる
いろいろな文様

・斜格子文・眼形
・綾杉文・渦巻文
・鋸歯文・重弧文

福田銅鐸
（広島県福田）

銅鐸に描かれる ◯ 形が
注目されます！

眼形()は、縄文人にとって
極めて重要なかたちであ
ったと考えられます。
かたちの素粒子)形の180
度の反転から円形の連鎖
・眼形の連鎖が生じ、
これらから壺形・正六
角形が導かれています。

◯ 形はしめ縄状
文様にも現われて
います！

文責：筆者 大谷幸市

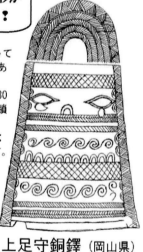

上足守銅鐸 （岡山県）

神種銅鐸 （兵庫県神種）

写真は国立歴史民俗博物館編
『銅鐸の絵を読み解く』小学館、1997より

古墳時代の壁画に描かれた斜格子文

　弥生時代の銅鐸に描かれる斜格子文を見ただけでは、どのようなことを表現しているのか、理解できないところがあります。他方、福岡県の王塚古墳壁画に描かれる斜格子文は、◇形と✕形が色分けされており、斜格子文と正六角形⬢の関係が確認されます(第3章、図31 参照)。

　眼形の連鎖から生まれる正六角形こそ、縄文時代から弥生時代を経て古墳時代へ受け継がれた斜格子文の意味を明らかにしてくれるカタチです。これまで縄文時代から古墳時代へ受け継がれた斜格子文に触れる考古学者・歴史学者はいませんでした。

　縄文人はヨコ並びの眼形 ⟨⟨⟨⟨⟨⟩ を土器などに描いていました。これに習ってコンパスと定規でヨコ並びの眼形を描き、その構図の各交点を直線で結ぶと2個の菱形文◇と1個の向い三角文✕による正六角形⬢が形づくられていることに気づくことができます(第3章、図27 参照)。

　このヨコ並びの眼形が福岡県の王塚古墳壁画に描かれる斜格子文の原形です。斜格子文は円形から眼形、さらに正六角形が生じるという縄文人が土器に描いた最初の具体的な直線図形ということになります。

　ここに、縄文前期の縄文人が土器にヨコ並びの眼形を描いていた意味(長野県高風呂遺跡出土の土器)、および縄文後期から晩期の縄文人が土版・岩版にヨコ並びの眼形を描いていた根拠の一つが発見されます。

波状口縁をもつ土器

　わが国の縄文人は、縄文草創期に波状口縁をもつ土器を作っていました(第3章、図 25〜図 26)。この波状口縁をもつ土器は、口縁部にらせん形をもっています。この口縁部を真上から見ると、正多角形が隠れたカタチであることが認識されます。

　以上から、波状口縁をもつ土器には、らせん形と正多角形の組合せによる造形が施されていることがわかります。つぎなる問題は、らせん形と正多角形の組合せが、どのような意味をもっているかを見極めることです。

図25

波状口縁をもつ土器

a 尖底深鉢 →

住吉式　縄文時代早期
北海道函館空港中野
遺跡出土
高さ 30.4cm

同質でありながら、
異形の二者の
合体による
S形の形成:

c 深鉢

加曽利式　縄文時代後期
愛知県西野町貝塚
高さ 20.0cm　↓

注目!!
左巻き渦巻きと
右巻き渦巻きが
描き分けられて
います

b →
深鉢

縄文時代後期
山梨県花鳥山遺跡

←d 深鉢

縄文時代中期
岡山県里木貝塚

e 深鉢 →

縄文時代前期
大阪府国府遺跡

図26

正五角形の波状口縁をもつ土器

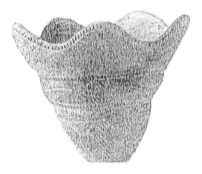

ⓐ 波状口縁をもつ土器
　宮城県宝ヶ峯遺跡
　縄文時代後期

ⓑ 波状口縁をもつ土器
　青森県十腰内猿沢遺跡
　縄文時代後期　高さ 26.7cm

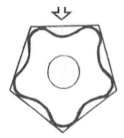

上記の土器を真上から
見ると正五角形が、真
横から見ると、らせん
形が確認されます。

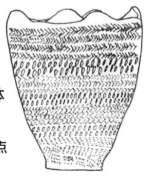

ⓒ 深鉢

東釧路
第1地点
北海道

縄文人は波状口縁をもつ
土器を作っていました。
ということは、縄文人が
正多角形という幾何学図
形を熟知していたことを
物語っています❢

斜格子文土器

　わが国の縄文人は、縄文草創期に斜格子文土器を作っていました。この斜格子文には、どのような意味が隠されているのでしょうか。

　「ウィキペディア」は、熊本市城南町石之室古墳（5世紀末）壁画に対し、「斜めの線が複数引かれてできた斜めの格子ですが、その空間には多数の菱形が生まれています」と説明されています。しかし、多数の菱形がどのような意味をもっているのかについては何も説明されていません。

　斜格子文は、縄文時代草創期の土器、弥生時代の銅鐸、および古墳時代の壁画に受け継がれ描かれています。福岡県の王塚古墳壁画の斜格子文は、有力なヒントを私たちに与えています。その王塚古墳の斜格子文を見ると、色分けされた正六角形が目に飛び込んできます（図31 参照）。

　この正六角形 ⬡ は2個の菱形文と1個の向かい三角文から形成されています。福岡県の王塚古墳壁画を見るかぎり、正六角形が斜格子文の謎を解くキーワードであることに変わりはありません。菱形と向かい三角文が正六角形を作る一つのカタチであることは理解されますが、今度は正六角形の意味がわかりません。ここで正六角形を注視すると、正六角形と正六角形をつなぐ色分けされた ⋈ 形の存在が気になります。

二重らせん構造から ◯◯◯◯◯ ヨコ並びの眼形へ

　これまで私たちは、縄文時代草創期の豆粒文土器に◯形を、隆起線文土器に――――と 〜〜〜 を、爪形文土器に ）形を、波状口縁をもつ土器に 〜〜〜 と ✳（正多角形）というカタチを確認してきました。

　らせん形 〜〜〜 は、〜形の180度反転の繰り返しから生まれるカタチです。〜〜〜 形の180度の反転形は 〜〜〜 形になります。同質でありながら異形の二者である前者と後者は、合体して、◯◯◯◯◯ 形（二重らせん構造）を作ります。

　二本のらせん形から二重らせん構造が生じる過程で注目されることは、◯形と⋈形が生じていることです。◯形は豆粒文土器に、⋈形は縄文時代前期の長野県高風呂遺跡出土の土器に描かれているヨコ並びの眼形

〇〇〇〇〇 に見いだされます(第5章、図53参照)。

ヨコ並びの眼形 〇〇〇〇〇 の意味

　縄文人はヨコ並びの眼形を土器や土版・岩版に描いていました。なぜ、ヨコ並びの眼形を描いていたのでしょうか、このような疑問をもち、コンパスと定規を使って眼形を描いてみました。それは本章の図 27 に示される方法で行うことができます。〇〇形に水平線を引き、それらの交点を直線で結ぶ作業は、無意識的に誰もが行うのではないでしょうか。そこには2個の菱形文◇と1個の向かい三角文⧖による正六角形が現われています。これに気づいた瞬間、福岡県の王塚古墳壁画の正六角形と縄文人が土器に斜格子文のもとのカタチは眼形の連鎖ではないか、ということが脳裏に浮んできました。

　縄文草創期の土器に描かれる斜格子文は、弥生時代の銅鐸を経て古墳時代の装飾壁画に至るまで、およそ 1 万数千年という歳月を数えます。斜格子文の産みの親である眼形は、弥生の銅鐸が、なぜ眼形構造であるのか、という命題の答えをもっています。斜格子文の果たした役割は大なるものがあります。その背景に眼形の連鎖が存在していたのです。

　このように考えると岡山県落合町中山遺跡出土の立坂型特殊器台(後掲図 152)に描かれるしめ縄状文様の描き方に対し抱き続けていた違和感は一挙にどこかへ吹っ飛んで行きました。弥生時代の人たちも縄文人と同じようにしめ縄に眼形を見ていた、このように考えると整合性が生まれてきます。散らばっていた考えがまとまってきました。書き始めの段階で結論が先行するかも知れませんが、これからのべることは演繹法と思っていただければ幸いです。

　斜格子文は、どのような意味をもっているのでしょうか。この謎解きは、まず福岡県王塚古墳に描かれる壁画が斜格子文であることを再確認することから始まります。この壁画は斜格子文から正六角形が導かれることを即座に教えてくれました。この段階で、斜格子文は縄文時代草創期の土器に描かれる斜格子文から弥生時代の銅鐸に描かれ斜格

図27

 から生まれる

ⓐ

最初に円形を描き、その円周上に二つ目の円形を描きます。

ⓑ

図ⓐの二つ目の円周上に中心を求め、三つ目の円形を描きます。

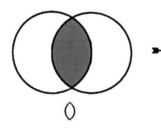

2個の()形を繋ぐかたち

眼形は円形から生じています。その一つは、ⓐ 形であり、その二つは、ⓑ 形です。ⓐとⓑに共通するかたちは、() 形とχ形です。

ヨコ並びの眼形 は、楕円図形()と双曲図形χの連続形と言い換えることができます。3個の円形による 形から図式 [()χ()→◇χ◇→◈] が導かれます。

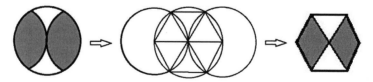

双曲図形()()と楕円図形(○)による眼形の形成

曲線図形から生まれる直線図形

菱形文と向かい三角文による**正六角形**の形成

62

子文を経て、古墳時代へと受け継がれた最大の理由は、この正六角形がもっているのではないでしょうか。カタチの視点から考える必要性を強く感じました。つぎなる命題は正六角形のもつ意味です。

斜格子文の形成過程

縄文土器に描かれる斜格子文は、図 30 の①に見る眼形の連鎖から生じています。眼形（◊形）は豆粒文土器に表現されており、ほぼ同時代の隆起線文土器は、直線とらせん形の粘土粒が貼りつけられています。左巻きらせん形と右巻きらせん形の合体形は眼形をもっています。なぜ眼形が重要であるかといえば、眼形の連鎖は円形の連鎖につながり、円形と正方形の関係を解くキーワードであるからです。わが国において、

ⓐ　縄文人は縄文草創期に円形丸底土器と方形平底土器を作っています（第4章、図48）。
ⓑ　縄文人の末裔は古墳時代に円墳と方墳（正方形）を作っています。

上記のⓐ・ⓑの状況から、わが国の古代人は、縄文人を始めとして円形と正方形の組合せに重大な関心をもっていたことがわかります。現代の私たちも円形と正方形が幾何学の基礎となる図形であることは誰もが理解していると思います。ただ、円形と正方形が異形同質の関係にあること、および、その証明法は学習した覚えがありません。

正六角形は正多角形の一つであり、この正六角形に対峙するカタチは正八角形です。なぜ、このように言えるかといえば、正六角形は正三角形を基本形とし、30 度・60 度・90 度の直角三角形 2 個による長方形を特徴的なカタチとしています。一方、正八角形は 45 度・45 度・90 度の二等辺三角形 2 個（もしくは4個）による正方形を特徴的なカタチとしています。この正六角形と正八角形は、合体して正二十四角形をつくります。正二十四角形は、正六角形と正八角形の特徴を併せもち、正多角形の意味ある出発点と言うことは許されるでしょう（第14章、図156・図157参照）。

図28

斜格子文土器

縄文時代草創期

斜格子文土器
福井県鳥浜貝塚出土
縄文時代草創期

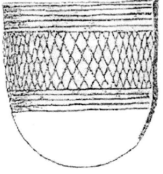

斜格子文土器
神奈川県月見野遺跡出土
隆起線文系　縄文時代草創期
高さ 22.5㎝

図版『鳥浜貝塚』森川昌和・橋本澄夫　読売新聞社　1994より

図29

斜格子文の原形

タテ並びの眼形

① ②

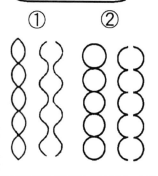

眼形の連鎖

ヨコ並びの眼形

③

眼形の連鎖において、タテ
並びの眼形とヨコ並びの眼
形は、異形同質の関係を結
でいます。

図30

眼形から **斜格子文** が生じるプロセス

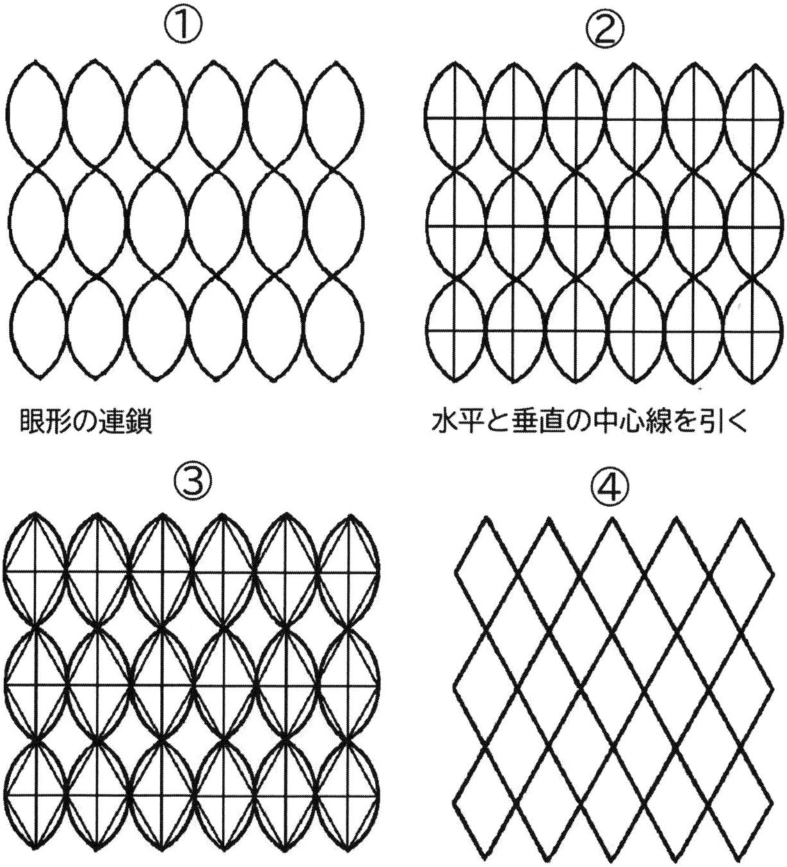

① 眼形の連鎖

② 水平と垂直の中心線を引く

③

④

眼形の連鎖から生じる斜格子文

「円形から生まれる眼形」に関しては、第5章に書いています。ご参照ください。

図31

縄文時代草創期(斜格子文土器) → 弥生時代(銅鐸) →
古墳時代(装飾古墳壁画)へと１万年以上受け継がれた

斜格子文から生じる正六角形

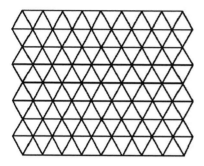 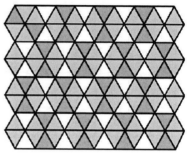

斜格子文の中に正六角形が生じているところに
ご注目ください❣

斜格子文を描く福岡県の王塚古墳壁画

福岡県嘉穂郡桂川町
寿命376

王塚古墳
6世紀中頃

福岡県の王塚古墳壁画は、 菱形文 ◇・向かい三角文 ⧖ が色
分けされております。 これは、 正六角形 ⬣ を形成する要素
(カタチ)を意識的に表現したものと考えられます。

文字より前にカタチがあった

　わが国の考古学者が斜格子文と名づけた文様を世界で最初に描いていたのは、縄文人です。この斜格子文は、前掲図30に見るように眼形の連鎖から生じる直線図形です。この意味は福岡県王塚古墳壁画に見る正六角形にあります。つまり、正六角形はヨコ並びの眼形から生じるカタチです。斜格子文の眼形パターンは、ヨコ並びの眼形 ⬡⬡⬡⬡⬡⬡ とタテ並びの眼形 ∞∞∞∞ の組合せであることが前提条件となっています（第3章、図29参照）。また、時空を飛び越えてしまいました。斜格子文は、水平軸と垂直軸という二種類の中心線を念頭に造形されていたのです。

　このように考えると岡山県落合町中山遺跡出土の立坂型特殊器台（後掲図152）に描かれるしめ縄状文様の描き方に対し抱いていた違和感は、一挙にどこかへ吹っ飛んで行きました。まだ、書き始めの段階で結論が先行するかも知れませんが、これからのべることは演繹法と思っていただければ幸いです。

　斜格子文がどのような意味をもっているのか、この謎解きは、まず福岡県王塚古墳に描かれる壁画が斜格子文であることを再認識することから始まります。この壁画は斜格子文が正六角形をもっていることを即座に教えてくれました。この段階で、斜格子文は、縄文時代草創期の土器に描かれる斜格子文から弥生時代の銅鐸に描かれる斜格子文を経て、古墳時代へと受け継がれていることを知ることができます。つぎなる命題は正六角形の意味です。

正六角形の意味

　王塚古墳壁画の斜格子文は色分けされており、正六角形が2個の菱形文 ◇ と1個の向かい三角文 ⧓ によって形成されていることが一目瞭然にわかります。因みに、⧓ 形は菱形文だけではなく正六角形の媒介者でもあります。王塚古墳壁画は左記の意味を理解する人によって描かれたものと考えられます。

１万有余年という長きに渡って縄文人は、この眼形の連鎖から生まれる正六角形の意味に対し、新しいカタチを創出し続けています。その代表作は縄文中期の長野県八ヶ岳西南麓に居住した縄文人が造形した双眼です。

　他方、『日本書紀』神武天皇即位前紀は「六合を兼ねて都を開き、八紘を掩ひて宇にせむこと、亦可からずや。観れば、夫の畝傍山の東南の橿原の地は、蓋し國の墺區か。治るべし」と書き綴り、その後わが国において、六角堂や八角堂が建造されています。縄文人が前人未踏の「六・八理論」を構築していたことは、小論の重要課題の一つです。

　ところで、縄文人の文字であったカタチによる思想の表現は、現代の幾何学を凌駕するものがあります。これに関しては彼らが残した大いなる遺産である考古学的遺物、および土器や土偶に描かれる文様が如実に物語っています。宮崎興二氏は『かたちのパノラマ』(丸善、2003 年)の中で、つぎのように書いています。

　　「初めに言葉ありき」(新約聖書)とか「宇宙のすべては数でできている」(ピタゴラス)などといわれるが、それよりもっと前に、この世のすべてのものは動物も植物も鉱物もかたちを持ち、われわれの身のまわりは、かたちで満たされている。そのかたちに人間の知恵が加わって生れたのが、言葉や数字であり、それらが総合されながらわれわれ人間の文化や科学は育まれ伝えられてきた。

　「この世のすべてのものは…かたちで満たされている」と宮崎興二氏が指摘するかたちのほとんどは曲線です(土星の六角形は直線図形です)。縄文人が発見した「○形(円形)、◇形(眼形)から◇ (菱形文)、X 形(向かい三角文)、◇ 形(正六角形)が生じる図形現象」をもつ斜格子文に照合すれば、一つカタチで二つの意味をもつ@二重らせん構造(タテ並びの眼形)と⑥安定した渦巻き(ヨコ並びの眼形)は、眼形の連鎖と呼び変えることができます(第 3 章、図 30 参照)。

縄文人は正六角形を知っていた

　斜格子文を土器に描いていた縄文時代草創期の縄文人は、正六角形が
［ ◎ ➡ ◍ ➡ ◈ ➡ ◆ ］ という図式から生じることを知っていたと考え
られます。正六角形は2個の◇（菱形文）と1個の ◿◺ 形（向かい三角文）に分類
されます。この ◇ 形と ◿◺ 形は、相即不離の関係に置かれています。

　ところで、今からおよそ1万2500年前の縄文人は斜格子文土器に先
行して◯形の土器を作っていました。それは長崎県佐世保市泉福寺洞窟
遺跡から出土した豆粒文土器（縄文時代草創期）です。縄文人が造っていた
豆粒文土器の◯形は「）」形と「（」形との合体によって生まれるカタチ
です。「）」形と「（」形は同質でありながら凹凸という異形の二者の関
係を維持しております。これら二者は合体して新しいかたちである「◯」
形が生まれるわけです。異形同質の二者が合体して初めて新しいカタチ
が生じます。この「カタチ」のところに「生命」の二文字を入れると生
命誕生の原理が生じます。

　植物の花は正多角形を形づくっています。それは、アマミホシゾラフ
グの造るミステリー・サークル（第8章の図101 参照）、六角形の蜂の巣のと
同じ疑問が先行しますが、前者「植物の花」は「種子」を作るためにな
くてはならないパターンであり、後者は、オスが作った正多角形の中心
部分にメスが卵を産み落としていることが確認されています。共に生命
誕生に関わっていることに相違はありません。植物の花と魚のフグは、
「同質でありながら異形の二者の合体によって新しい生命が生まれる」
という生命誕生の原理を共に**正多角形**というカタチで表していることに
なります。

　正六角形を形成する◇形と◿◺形は、異形同質の関係を維持しておりま
す。つまり、異形同質の関係というＤＮＡを双曲図形()()形と楕円図形
(()形)から受け継いでいる、このように考えることができます。

神話に書かれる鏡像現象

　『古事記』は「海幸山幸」の件で、泉の水面に映る桂の木に登ってい

る火遠理命を見つけた豊玉毘売の侍女はたいへん驚き、この後、火遠理命と豊玉毘売は結納を取りそろえ結婚したと書かれています。

　この記述は銅鏡と同様に鏡像現象をもつ水面をテーマとするものと考えられます。鏡像現象は「同質でありながら異形の二者の合体によって新しいかたちが生まれる」とする生命誕生の原理をもっています。

かたちの素粒子「）」形から読み取れる両性具有

　縄文人がかたちの素粒子「）」形に気づいていたことは、長野県富士見町藤内遺跡の土器・埼玉県出土土偶(第2章、図13)、長野県赤穂丸山遺跡出土の土器に描かれる三種類のらせん形(第2章、図14)、◊ 形の豆粒文土器(第2章、図8)、直線とらせん形を同時に描く隆起線文土器(図10〜図11)、）形を描く爪形文土器(第2章、図12)から明らかです。

　「）」形は180度反転した「（」形と合体して 　 形を作り、さらに発展させると 　 形が生じます。左撚りらせん形と右撚りらせん形を合体させると ◇◇◇◇◇ (しめ縄状文様)が生じます。つまり、しめ縄(二重らせん構造)はシンプルですが「同質でありながら異形の二者の合体によって新しいかたちが生まれる」という宇宙創成と生命誕生につながる原理をもっていることになります。以上の経緯は、二重らせん構造の上に載るDNAによって証明されています。

　この双曲図形()()形、楕円図形(◊形)から生みだされる直線図形の正六角形は、菱形文◊2個と向かい三角文⧖1個から形成されています。この時、◊ 形は◊形(菱形文)に、✗ 形は⧖ 形(向かい三角文)にそれぞれ対応しています。このような図形現象の存在意義は、曲線図形から直線図形への変遷、つまり「眼形から正六角形が生れる」という図形現象に現われております。これは「目からウロコが落ちる」という「ことわざ」に端的に表現されています。

目からウロコが落ちる

　縄文人が見つけたかたちの素粒子）形は万物のカタチの根源です。か

たちの素粒子)形は 180 度反転した(形と合体して、◯ 形を生みだします。これが豆粒文土器のカタチです。

　正六角形に特徴的なカタチは正三角形・菱形文・向かい三角文です。『記・紀』は「左の眼からアマテラスが生れ、右の眼からツクヨミが生れ、鼻からスサノヲが生れた」と書き記しています。弥生時代から古墳時代初頭の人面画を見ると、目のカタチに◯形、鼻のカタチに)(形が使われていることがわかります(第 14 章、図 178 参照)。

図 32

目からウロコ が落ちる

眼形　　　ミツウロコ　　　細輪に六つ鱗　　　六角に三つ鱗

　かたちの素粒子)形は、◯ 形と)(形や〜〜〜 形を生みだします。このほかに 〜〜〜 形と ◯ 形を形成しています。縄文人はなぜ、ヨコ並びの眼形を描いていたのでしょうか。

しめ縄の特徴は眼形◯とX形にある

　かたちの素粒子)形の 180 度の反転から、①ヨコ並びの眼形⟨⟨⟨⟨⟨、②タテ並びの眼形 ∞∞∞∞ が生じます。しめ縄(二重らせん構造)の特徴は ◯形とX形にあります。

　このX形と ◯形は、◇X◇ 形と ◇X◇ 形に現われています。このような性質は双曲・楕円図形のもつ特別な性質であり、ヨコ並びの眼形から生じる正六角形へと受け継がれています。ここに ◇X◇ 形→ ◇X◇ 形の図式が成立しています。この現象を「となり合せの存在」と名づけました。

　同形同質の二本の縄は、180 度反転して異形同質の二者に変身し、それらは合体して永遠の継続性をもつカタチを生みだします。これがしめ縄(二重らせん構造)です。二本撚りのしめ縄は「相手の存在があって初め

て撚ることができる」という意味をもっています。ここに「和の精神」を読み取ることができます。

◇形と ⊠形の産みの親

縄文人は斜格子文に先行して◊形（平面形）をもつ土器っています。この◊形は、「（」形と「）」形の合体から生じるカタチです。かたちの素粒子）形は両性具有の性質をもっています。直線である｜形に両性具有を読み取ることは困難です。

私たち人類は、異形同質の二者の合体によって、新しい生命が誕生します。正六角形の場合、◊形2個と⊠形1個は合体して正六角形を作ります。2個の◊形は同質ですが、一方が180度の反転をすれば、異形同質の関係になります。メスばかりの集団から繁殖期になると一匹だけオスに代わり受精行為をする魚があります。この逆のパターンも存在しています。2個の ◊形は魚の事例と同様に一方が 180 度の反転形となり、⊠形を媒介に合体して正六角形が生じている、このように理解することができます。いずれにしても、◊形と ⊠ 形は異形同質の関係という遺伝子を双曲図形（）（）形と楕円図形（◊形）から受け継ぎ、◈⊠◈→ ◈ を生みだしていることになります

斜格子文の産みの親は二重らせん構造

眼形の連鎖は、ヨコ並びの眼形とタテ並びの眼形の集合体です。この集合体は均一の◊形によるものです。ヨコ並びの眼形 ◊◊◊◊◊ は◊形と形⊠置き換えることができます。同様にタテ並びの眼形 ◦◦◦◦◦ も ◊形と⊠形に置き換えることができます。◊形と⊠形の集合体は、◈形を形成します。

以上から、◊形・⊠ 形と◈形の生みの親は、◊◊◊◊◊形と ◦◦◦◦◦ 形であることがわかりました。直線に先行するのは曲線です。このように理解しないと先へ行ってラビリンスへ入り込んでしまうでしょう。特に幾何学は公理が重要であると思います。鏡像現象は異形同質の関係を私

たちに教えてくれる重要な現象です。縄文時代に鏡はなかったのでは？と頭を傾げられるかも知れませんが、池などの水面は水鏡と呼ばれ、鏡と同様に物を映し、鏡と同じ機能をもっています。

　さて、図式 [◎◯ ➡ ◎◯◯ ➡ ◎◯◯ ➡ ◈] に ◈（正六角形）の特異さが発見されます。縄文人は、このような図形現象に気づいていたと考えられます。気づいていたからこそ、そのDNAを受け継ぐわが国の古代人は菱形餅を作り、家紋や着物などに菱形文がデザインされてきたものと考えられます。

　この菱形文と向かい三角文の関係は、福岡県の王塚古墳壁画に再現されています。◈ 形は 双曲、楕円図形の ◯X◯ 形を受け継ぐ ◁X▷ 形で表わすことができます。

　正六角形 ◈ を生みだす ◎◯◯ 形の3個の円形は「茅の輪くぐり」に現われております（第5章参照）。茅の輪くぐりは、茅で作った大きな輪を ∞ 形を描きながらくぐり抜けるという神事です。これをインターネット「ウィキペディア」は「心身を清めて厄災を払い、無病息災を祈願する夏越の祓いを象徴する行事」と解説しています。

　その由来は、ヨコ並びの眼形に生じている ◎◯◯ 形に求めることができると思います。曲線図形の円形から生じる最初の直線図形は正六角形です。◯X◯ 形から ◁X▷ 形が生じるパターンは、森羅万象の誕生に関わっている、このように日本列島の縄文人は理解していたと考えられます。「1は2を生じ、2は3を生じ、3は万物を生じる」に従って ◎◯◯ 形を眺めると、縄文中期の縄文人が創出した双眼 ● が脳裏を過（よぎ）ります。● 形と ● 形は異形同質の関係を維持し、X形と ✦ 形を媒介に密接に結ばれています。

◎● 形と X 形を描く虎塚古墳壁画の謎

　茨城県ひたちなか市にある虎塚古墳（前方後円墳、7世紀前半頃）には、図33 に見る壁画が描かれています。不思議なことは、2個の ◎● 形の中央のすき間の上方に1個の向かい三角文 X 形が描かれていることです。

図33

茨城県
ひたちなか市 | 虎塚古墳奥壁に
描かれる壁画 **形の意味**

虎塚古墳壁画：『史跡虎塚古墳保存整備報告書』茨城県勝田市教育委員会
昭和60年、鴨志田篤二著『虎塚古墳』同成社 1948参照。

と と 形は、アナロジーの連鎖で結ばれています。虎塚古墳壁画の 形は2個の 形をつなぐ媒介者的役割を担っています。

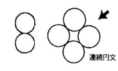
連続円文

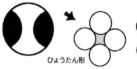
ひょうたん形

ひょうたん形と連続円文のアナロジーの連鎖によるカタチの変遷

正六角形　正八角形

『虎塚古墳』（同成社、2005）の著者である鴨志田篤二氏は、⊠ 形に対し、「壁画構成上重要な区域に位置する文様であるものと考えられる」とのべています。しかし、⊠ 形が重要な文様というのであれば、それなりの理由をのべることが求められます。これには何も触れられていません。

　虎塚古墳に描かれる「 ◉◉ と⊠」の意味は、２個の円形は✕形と✦形を媒介として ◯◯ 形と ◯◷◯ 形が生じることを表現したものと考えられます。因みに、✕形と✦形の直線図形は「⊠」形です（◊✕◊-◊✕◊-⊗）。

　このように縄文時代に遡って「✕形と✦形」の視点から文様を考察すれば、縄文時代・弥生時代・古墳時代に共通して見られる斜格子文（ヨコ並びの眼形・タテ並びの眼形の集合体）が、鋸歯文・綾杉文や菱形文、向かい三角文、正六角形、正八角形などのカタチを生みだしていることがよく理解されるのではないかと思います。

第4章

縄文前期の浅鉢に描かれる文様の意味

第1節 縄文人の叡智

◊)(◊形を受け継ぐ ◊◊ 形

　前章で指摘しましたが、王塚古墳壁画に描かれる文様は色分けされており、正六角形 ⬡ が2個の菱形文◊と1個の向かい三角文⬢から形成されていることが一目瞭然にわかりました。正六角形 ⬢ と正六角形 ⬢ の間に存在する⬢形は、媒介者の役割を果たしています。

　このような色分けは、菱形文を構成する三角形である▲形にも施されております。これによって、◊ 形と⬢ 形は、異形同質の関係に置かれ、2個の ◊ 形は1個の⬢形を媒介として ⬢ 形を形成していることがよく理解されます。つまり、王塚古墳壁画に描かれる斜格子文の色分けは、この壁画を描いた人たちが、双曲図形)(形、楕円図形(◊ 形)の性質を受け継ぐ◊形と⬢ 形の意味を確実に理解していたことを物語っていることになります。

　ところで、この後にのべる縄文前期の京都市北白川遺跡出土の浅鉢と福井県鳥浜貝塚出土の浅鉢には、◊・⬢・⬢といった直線図形は描かれておりません。縄文前期の土器に描かれているのは、◊)(◊ 形と✖形です。この◊)(◊形と✖形は、直線図形の産みの親であると考えられます。

　このような視点をもつことができたのは、王塚古墳壁画に描かれる色分けされた◊（菱形文)・⬢ (向かい三角文)・⬢ (正六角形)のお陰です。これによって、縄文時代前期の京都・北白川の縄文人が浅鉢に描いていた文様は、古墳時代の王塚古墳壁画に描かれる斜格子文に描かれる正六角形によって、解読の機会が与えられたということになります。

$$◊)(◊ \rightarrow ◊)(◊ \rightarrow ◊⬢◊ \rightarrow ⬢$$

　上の図式は、曲線図形から直線図形が生じることが示されています。縄文人は、豆粒文土器、隆起線文土器、爪形文土器に始まる「かたちの

素粒子)形」に基づく新しいカタチを1万有余年という長きに渡って、情報交換を密に行い創出し続けていたことになります。

　縄文前期の京都市北白川遺跡出土浅鉢の文様と古墳時代の福岡県王塚古墳壁画を見比べると、両者は異形同質の関係に置かれ、双曲・楕円図形の幾何学的な特質が活かされたカタチであることが理解されます。

　✗形と✦形という媒介図形に関心をもった縄文人の幾何学的能力には敬服の至りです。なかでも注目されるのは、双曲・楕円図形である◯✗◯形と✖形から⬢形(正六角形)と✳形(正八角形)を導き、この組合せに拠る正二十四角形、つまり、正多角形の図形概念に到達しているところです。これによって、縄文人は、独自の「六・八理論」の構築を果たしているのです。これらに関しては、逐次後述します。

浅鉢に描かれた文様

　私たちは、縄文時代草創期の縄文人が、双曲・楕円図形から正六角形と正八角形が生じることに気づいていたであろうことを知ることができました。縄文人が正六角形に興味をもった理由は、どのようなところにあったのでしょうか。図34は、王塚古墳壁画に描かれる正六角形がキーワードとなり文様の意味を解くことができた京都市北白川遺跡から出土した浅鉢に描かれる文様です。この◯✗◯形において、1個の✗形と2個の◯形の二つの文様の間隔は、なぜか空けられており、◯形と◯形の間にある)(形の中央部分に橋状のカタチが見えています。この✗形には、いったいどのような意味が隠されているのでしょうか。

✗形と✦形は媒介者

　2個の円形をつなぐカタチは、✗形と✦形の二種類があります。✗形は図式[◯◯➡◯◯◯➡◯◯➡◯✗◯]に現われています。ヨコ並びの眼形において、◯形と◯形をつなぐカタチは✗形です。同じ役割をもつカタチには✦形があります。すなわち、眼形とか円形の連続性をカタチで表わす場合、✗形と✦形はなくてはならないカタチです。

図34

京都市北白川遺跡出土浅鉢
福井県鳥浜貝塚出土浅鉢

文様の意味

京都・北白川遺跡出土の浅鉢
縄文時代前期

ⓐ

ⓐの文様は2個の()形に挟まれるように1個の〉(形が描かれています。疑問に思うのは、川に架かる橋状になっていることです。縄文人はこの橋にどのような意味を込めていたのでしょうか。

福井・鳥浜貝塚出土の浅鉢
縄文時代前期

ⓑ

上のかたちから ❀ 形が推測されます。
因みに、ヤマボウシの花は4花弁をもち、柿の蔕は ❀ 形をもっています。

これまでの考古学者は、京都市北白川遺跡出土浅鉢と福井県鳥浜貝塚出土の浅鉢に描かれる文様は、よく似ていると指摘されています。しかし、その類似性がどのようなところにあるかについては、何も説明されていません。

　ⓐ ()〉(()形は、()〉(()→◇〉(◇形を経て❀正六角形に結ばれます。2個の◇形は〉(形を介して❀形を生みだしています。これをヒントにⓑ〉〈形→米形→❀正八角形を導くことができます。

　以上から、2個の()形と4個の()形は、〉(形を媒介者として正六角形 ❀ と正八角形 ❀ が生みだされていることがわかります。　　文責：大谷幸市

第4章　縄文前期の浅鉢に描かれる文様の意味　*81*

図35

京都・北白川遺跡出土浅鉢に描かれる

形は、何を 表現しているのか？

京都・北白川遺跡出土浅鉢に描かれる文様解読のキーワードは)(形にあります。この)(形は、χ形よる ❁ 形と)(形による ◍ 形の形成を暗示していると考えられます。

$$ 0)(0 < \begin{matrix} χ → ❁ \\ )(→ ◍ \end{matrix} $$

京都・北白川遺跡の浅鉢に描かれる 0)(0 形から ❁ 正六角形が、福井・浜貝塚の浅鉢に描かれる ※ 形から ❊ 正八角形が導くことができます。それぞれの図式の χ 形と ¤ 形は、❁ 形と ❊ 形の形成になくてはならい形です。

ⓐ 北白川遺跡出土浅鉢
  の文様
)(─[❁ ◍]─88─[∞ → [χ → ◍◍ → ◍◍ → ❁] ∞ → [✳ → ✲ → ✿]]

ⓑ 鳥浜貝塚出土浅鉢の文様 ── ※ → [✳ → ✲ → ❊]

京都・北白川遺跡と福井・鳥浜貝塚の浅鉢に描かれる双曲図形)()(、楕円図形 (0) による 0)(0 形と ※ 形は、世界の歴史を塗り替えるだけの意味をもっています。

文責：大谷幸市

図36

かたちの素粒子）形の180度の反転の繰り返しから生じる 🞌🞌 形
（柿の蔕形）は、「同質でありながら異形の二者の合体によって、新しい
形を生みだす」という生命誕生の原理を内包しています。

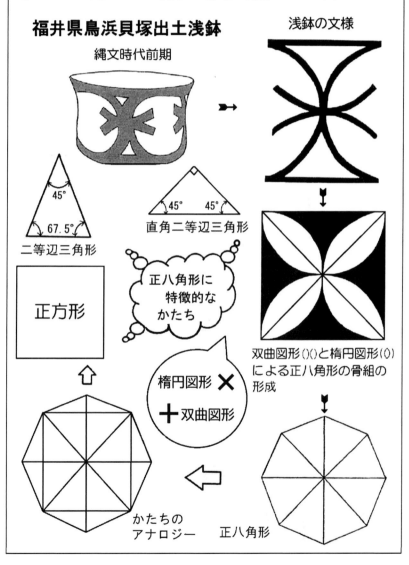

福井県鳥浜貝塚出土浅鉢
縄文時代前期

浅鉢の文様

45°
67.5°
二等辺三角形

45°　45°
直角二等辺三角形

正方形

正八角形に
特徴的な
かたち

楕円図形 ✕
╋ 双曲図形

双曲図形()()と楕円図形()
による正八角形の骨組の
形成

かたちの
アナロジー

正八角形

図37

およそ7000年前に描かれた貴重な文様
双曲図形()()、楕円図形(〇)による思想表現

ⓐ 京都・北白川遺跡出土浅鉢　　　ⓑ 福井・鳥浜貝塚出土の浅鉢
　　縄文時代前期　　　　　　　　　　　縄文時代前期

上記の土器の出土地である北白川遺跡と鳥浜貝塚は、となり合せの京都府と福井県に位置しています。二つの浅鉢に描かれる文様はよく似ていると指摘されていますが、「それらがどのような性質をもっているのか」については何も説明されていません。

双曲図形()()、楕円図形(〇)をもって考察すれば、即座にその答えが出てきます。

正六角形と正八角形を形づくる双曲図形()()、楕円図形(〇)

ⓐ京都・北白川遺跡出土浅鉢　　()()() ➡ ⊗ ➡ 正六角形の形成

ⓑ福井・鳥浜貝塚出土浅鉢の文様　✕ ➡ ⊛ ➡ 正八角形の形成

➡

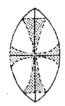

双曲・楕円図形

千葉県貝の原遺跡出土の土版に描かれる文様(縄文時代晩期)

京都・北白川遺跡と福井・鳥浜貝塚出土の浅鉢の文様は、縄文前期に描かれたものです。他方、千葉・貝の原遺跡の土版の文様は、縄文晩期に描かれたものです。これらの文様は、およそ１万有余年受け継がれています。

✗形と✦形は異形同質の関係で結ばれています。このような関係を✗形で暗示していたのではないでしょうか。つまり、)(形の中央に橋を架けることで✗形と✦形のもつ役割を表現したのではないかと考えられます。いわば「一つ形で二つの意味をもつ」かたちの素粒子)形の両

　このような推定が妥当であるかどうかは、京都市北白川遺跡出土浅鉢に描かれる文様と福井県鳥浜貝塚出土浅鉢に描かれる文様との間の繋がりをどのように説明できるかにかかっています。

双曲・楕円図形による正八角形

　さきに検証してきた福岡県の王塚古墳壁画において、正六角形と正六角形が ⊠ を媒介として色分けされていることが気になっていました。今回、北白川遺跡の浅鉢においても、◯と◯をつなぐ位置に橋が架けられた ⋈ 形が描かれています。⊠形と✗形は、ともに媒介のカタチ同士であることが注目されます。

　この視点から鳥浜貝塚の浅鉢に描かれる文様 ⊗ を見ると、やはり、水平方向と垂直方向に✗形が重なっています。✗形は２個の◯形を結んでいるのではないかと考え、デザインしてみると、案の定、浅鉢の文様に該当するカタチが現われました。

　それは、図36に示す４枚の木の葉のカタチ ⊗ をもった正八角形の骨組となるカタチです。このように捉えると、京都・北白川遺跡の浅鉢と福井・鳥浜貝塚の浅鉢の文様は、一義として正六角形と正八角形を表わしていることになります。なお、正八角形は ✻ 形に見るように⋈形(向かい三角文)の集合体でもあります。

大自然の中の正多角形

◇＋⧖＋◇＝ ⬢ という図式に気づいた縄文人が大自然に存在する正六角形に気づかないはずがありません。蜂はハニカム構造(正六角形)の巣をどうしてつくることができるのでしょうか。『記・紀』に登場する蜘蛛

は多角形の巣をつくっております。植物の花は、四花弁・五花弁・六花弁など正多角形に結ばれるカタチをもっています。

　正多角形というカタチが正六角形を出発点に置き、正六角形と正八角形は合体して正二十四角形を生みだし、そのカタチは永遠の継続性をもつ円接正多角形へと発展して行きます。正多角形という図形は「同質でありながら異形の二者の合体によって新しいかたちが生まれる」というメカニズムをもち、永遠の継続性をもっている、このように縄文人が考えていたとしても、何ら不思議ではありません。

図38

２個の眼形を結ぶカタチの意味とは

　福井県鳥浜貝塚出土の浅鉢には、正六角形の相手である正八角形にアナロジーされる文様が描かれていました。

　北白川遺跡出土の浅鉢と鳥浜貝塚出土の浅鉢に描かれる文様は、今からおよそ 7000 年前、縄文時代前期の遺物です。その文様は縄文時代草創期の豆粒文土器・隆起線文土器・爪形文土器と双曲図形（)(）形、楕円図形（〇形）を共有しています。つまり、ヨコ並びの眼形とタテ並びの眼

形は、直線図形である◇・✕に変換すると垂直が水平になるだけで同じ◇・✕であることに変わりはありません。すなわち、ヨコ並びの眼形とタテ並びの眼形は同じ眼形ということになります。この状況は「らせん形の三形態」に符合しています。ここで、重大なことに気づきました。それは、

　　　ⓐヨコ並びの眼形　〇〇〇〇〇〇　の接点部分の形→〇✕〇→◇✕◇→✕
　　　ⓑタテ並びの眼形　〜〜〜〜〜〜　の接点部分の形→◆✕◆→✕

です。ⓐとⓑにおいて、水平と垂直の相違はありますが、〇形と〜形をつなぐカタチは同じ✕形（向かい三角文）です。以上から、

　① 〜〜〜〜・〜〜〜〜・（〇〇〇〇〇〇）、つまり、らせん形の三形態は異形同質の関係で結ばれている。

　② ヨコ並びの眼形 〇〇〇〇〇〇は安定した渦巻きであり、その安定した渦巻きから正六角形 ⬡ が生じる。

という２点が明らかになりました。正六角形の強靭性と柔軟性はハニカム構造から生みだされていると考えられます。⬡（正六角形）は安定した渦巻きから生じる形であり、この⬡（正六角形）を基に森羅万象が存在しているのではないかでしょうか。

ヨコ並びの眼形とタテ並びの眼形

　ここで、斜格子文形成過程の原点に位置する第３章、図 30 の眼形の連鎖の意味が解けてきます。つまり「らせん形の三形態」に示されるとおり、ヨコ並びの眼形 〇〇〇〇〇〇 とタテ並びの眼形 〜〜〜〜〜〜 は異形同質の関係に置かれていることになります。つまり、斜格子文は、二重らせん構造→眼形の連鎖から生まれるカタチということになります。すなわち、正六角形 ⬡ ・正逆Ｓ字トンボ 〰 ・壺形 🏺 は同じ眼形の連鎖から生まれていることになります。

　ⓐ　ヨコ並びの眼形は、ヨコ並びの円形から導かれるカタチです。そ

図39

自然界の六角形

六角形を形づくる塩の結晶

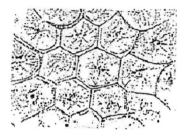

沖縄・久米島東海岸の
六角形の岩畳

静岡県伊豆半島の先端近くにある
下田市の爪木崎の俵磯の波打ち際
に六角形・五角形・四角形などの
岩畳があります。マグマや熔岩が
冷え固まる時にできたと考えられ
ています。

二〇一八年六月二八日
中日新聞(夕刊)掲載

88

の図式は [◎→◎◎→◎◎→❀] となっています。

ⓑ　タテ並びの眼形は、二重らせん構造(しめ縄)に結ばれます。しめ縄から生じる ∞ 形に中心線を引くと、～ 形と～形が生じます。この正逆Ｓ字トンボは２本のメビウスの帯に該当し、母胎の意味をもつ壺形 ⚱ を形づくります。

今からおよそ１万2500年前の縄文人が、∞∞∞ 形と ◯◯◯◯◯ 形の上に森羅万象の誕生を読み取っていた可能性がでてきました。これはまさに青天の霹靂です。円形の連鎖と眼形の連鎖は、この後も続きます。

眼形から生まれる最初の直線図形

ヨコ並びの円形から三つの眼形が生れ、その二つの眼形の中に正六角形が生じています。縄文人は、この正六角形に注目しました。さきに、私は京都市北白川遺跡出土の浅鉢に描かれる ◯Ⓧ◯ 形と福井県鳥浜貝塚出土の浅鉢に描かれる ✳ 形から正六角形と正八角形が生じることを指摘してきました。

斜格子文に現われている ∞∞∞ (タテ並びの眼形)と ◯◯◯◯◯ (ヨコ並びの眼形)において、Ⓧ形を介して ◯ (眼形)が結ばれていることを縄文人は見逃すことなく確実に受け止めています。繰り返しますが、❀ (正六角形)が双曲・楕円図形の ◯Ⓧ◯ 形から生じていることは、[◎→◎◎→◎◎→❀] に示されています。

さらに、縄文草創期の土器に描かれる斜格子文は、眼形の連鎖(ヨコ並びの眼形とタテ並びの眼形の集合体)から生じるカタチであることを指摘してきました。この斜格子文は、縄文草創期の縄文人が、次のようなことを知っていたことを教えてくれます。

曲線図形である双曲図形◯◯形、楕円図形(◯形)から直線図形である正六角形が生じるという図形現象、つまり、次のような図式が成立しています。

$$◯Ⓧ◯ → ⊗ 正六角形・✳ → ❀ 正八角形$$

図40

『古事記』の久米歌に詠まれる栗・韮・山椒・細螺のかたち

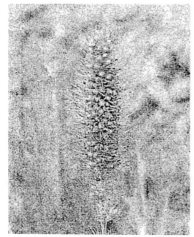

栗　眼形→○形

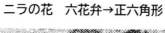

ニラの花　六花弁→正六角形

山椒→綾杉文

細螺(しただみ＝きさご)→らせん形

上図はインターネットより。説明文は筆者大谷幸市

図41

自然界に現われている正六角形→蜂の巣と雪の結晶

蜂はハニカム構造の巣を造り、アマミホシゾラフグは ✳ 形の産卵床を造っています。一方、植物は ✳ 形にアナロジーされる花を咲かせています。これら三者の新しい生命体が生まれるところに正多角形に特徴的なパターンが現われていることが注目されます。

ミツバチの巣

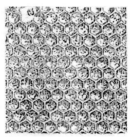

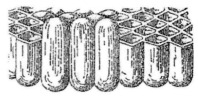

ダーシー・M・トムソン『生物のかたち』
東京大学出版会 1973

雪の結晶

顕微鏡を持たなかった縄文人は、雪の正六角形の結晶に気づくことはできませんでした。しかし、蜂の巣・麻の葉の六角形には気づいていたと考えられます。いずれにしても、縄文人がヨコ並びの眼形 ◯◯◯◯◯◯ から生じる 正六角形 ✖ に気づいていたことは、間違いないと思います。

図42

縄文時代の復元衣服

復元衣服に、眼形・渦巻文・◇形が
描かれているところが注目されます！

右の衣服の胸部分
に描かれる正中線
で分けられる眼形
は、左の対数らせ
んと同様に「異形
同質の関係」にお
かれていると理解
することが妥当で
あると思います。

対数らせん

正中線と眼形

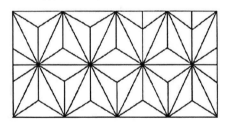

正六面体・正六角形・
菱形文・向かい三角文
・正三角形による麻の
文様

縄文時代の衣服は、麻・カラムシのような植
物繊維を撚ってひも(糸)を作り、縄や布を作
っていたことが確認されています。簡単な木
製織機で布を織ることが試みられています。

(尾関清子『縄文の衣』学生社 1996)

図43

柿の蔕形 ❀ と 正六角形・正八角形の関係

柿の蔕形 ❀ から導かれる図式

正六角形の形成 —— ⓐ【 ◎◎ ➡ ◎◎◎ ➡ ◎◎◎ ➡ ⬡ 】

正八角形の形成 —— ⓑ【 ✦ ➡ ✦ ➡ ✳ ➡ ✿ 】

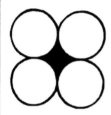

☞は、かたちの素粒子）形の180度反転の繰り返しから生じる形です。これを**柿の蔕形**と名づけました。

☝ 柿の蔕

✦形は、X形とともに2個の円形を媒介してⓐひょうたん形とⓑ連続円文を形づくっています。京都・北白川遺跡出土浅鉢の文様と福井・鳥浜貝塚出土の浅鉢の文様は、双曲図形()()、楕円図形(())を援用して正六角形と正八角形を表現しています。

ⓐ 北白川遺跡出土浅鉢の文様＝ ()X()形→正六角形 ⬡

ⓑ 鳥浜貝塚出土浅鉢の文様　＝ ✕ 形→正八角形 ✿

　縄文人にとって「 双曲図形)(・ 楕円図形() 」と「正六角形・正八角形」は、「なくてはならないカタチであった」と思います。上記の図式は、()形と)(形の 特別な性質の上に構築されています。その視点は、現代の幾何学を超えるものがあります。

　❀形は「柿の蔕」に酷似しています。 飛鳥時代（660年頃～724年）に柿本人麻呂という歌人が活躍していました。ところで、『記・紀』に植物の葛とか藤をもつ「葛城氏・藤原氏」という「氏姓」が登場します。「葛と藤」は蔓科の植物です。蔓は渦巻文（らせん形の一つ）に充当します。柿本人麻呂の「柿本」は、かたちの素粒子 ）形から導かれる ❀形と柿の蔕の二つの意味を表わしていると考えられます。

図44

メビウスの帯と多角形の不思議な関係

メビウスの帯は、五角形・六角形・八角形を内包しています！

◀◀ⓐ
メビウスの帯の折りたたみ方から生じる五角形

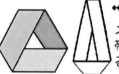
◀ⓑ
メビウスの帯から生じる六角形

原図 橋本伸

ⓒ
メビウスの帯に1回目の切れ込みを入れ、それを折りたたむと八角形が生じます。

メビウスの帯に2回目の切れ込みを入れると、繋がった2個の円環が生じます。これを折りたたむと、右図に見る2組の八角形が生じます。

◀◀ 家紋
折りたたみ井筒

正六角形と正八角形の不思議な関係

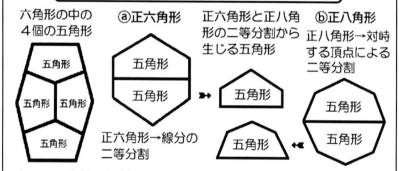

六角形の中の4個の五角形

ⓐ正六角形

正六角形と正八角形の二等分割から生じる五角形

ⓑ正八角形
正八角形→対峙する頂点による二等分割

五角形

五角形　五角形

五角形

正六角形→線分の二等分割

五角形

五角形

五角形

五角形

五角形

六と八の密接な関係は、正多角形に限らず三平方の定理である $3^2+4^2=5^2$ にも現われています。このような図形現象を世界で初めて提起したのは、日本列島の縄文人です。宮崎 興二・V・L・ハンセン両氏がいう「文字より前にかたちがあった」を文字通り実践していたのは縄文人です。それも六と八の関係の産みの親である［双曲図形()()と楕円図形(())→ ✕ 形と ◤ 形］に気づいていた**縄文人の幾何学**は、驚嘆に値するものがあります。

94

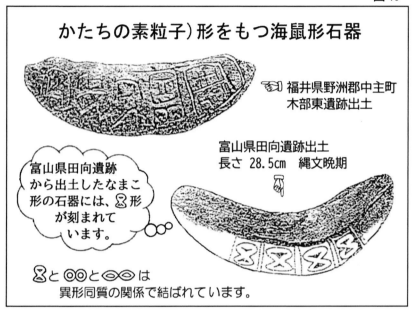

図45

かたちの素粒子)形をもつ海鼠形石器

福井県野洲郡中主町
木部東遺跡出土

富山県田向遺跡出土
長さ 28.5㎝　縄文晩期

富山県田向遺跡
から出土したなまこ
形の石器には、⚇形
が刻まれて
います。

⚇と◎と◇は
異形同質の関係で結ばれています。

【志摩の海鼠】

『古事記』の天孫降臨の件に、つぎのような記述があります。

　……多くの魚はみな「お仕えいたしましょう」と申したが、海鼠だけは、何もいわなかった。それをみた天宇受売命は「海鼠のこの口は、とうとう何も答えない口だ」いって、紐小刀でその口を裂いてしまった。これによって、今に至るまで海鼠の口は裂けているのだ。

　ナマコは、縄文人が発見した「かたちの素粒子)形」を基本とし、多くの魚は〇形をもっています。これを『古事記』編者は知っていたからこそ魚とナマコを対比的に結んでいたと考えられます。

　わが国には、「海鼠紋」(別名 七宝文)と名づけられた家紋があります。この連続形は土蔵や塀にデザインされています(第10章、図129)。

図46

法隆寺夢殿と天武・持統天皇合葬陵

京都・六角堂の「へそ石」

夢殿正面図　八角堂

（国宝建造物法隆寺夢殿及び東院回廊修理工
事報告書より）

八角墳

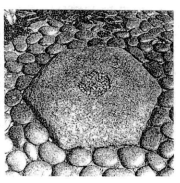

京の歴史を見つめてきた
「へそ石」

天武・持統天皇　『東アジアの古代文化』第67号
合葬陵復元図　稲熊景勝「天武天皇陵」大和書房より

平安時代、平頼盛の創建と伝えられる
長光寺地蔵堂

聖徳太子が持仏である如意輪観音像を
本尊として創建されたと伝えられる

京都　頂法寺六角堂

六角堂

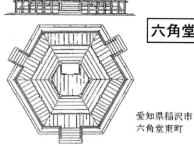

愛知県稲沢市
六角堂東町

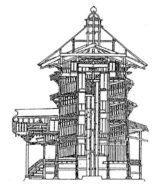

長光寺地蔵堂立面図（上）と平面図（下）
重要文化財長光寺地蔵堂修理工事報告書

旧正宋寺三匝堂断面図　日本大学
工学部理工学部建築研究室作成

図47

長野県上田市　**安楽寺**

国宝八角三重塔

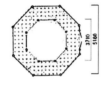

安楽寺の三つの写真は、インターネットFORES MUND
より転載しました。図版スペースに合わせるために
写真の左右を削除しました。

京都　**万福寺の六角堂**　　京都 **吉田神社斎場大元宮
の六角堂と八角堂**

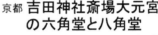

六角堂

八角堂

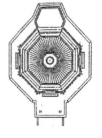

万福寺松陰堂寿蔵の立面図（上）と平面図（下）
『重要文化財 万福寺通玄門・開山堂・舎利殿他
修理工事報告』より

斜格子文に集約される縄文思想

　縄文人、続いてその後の日本列島の弥生人、古墳時代の人々にとって、斜格子文がいかに重要な図形であったのか、想像に難くありません。ヨコ並びの眼形から図式［◐-◔-◑-◆］が生みだされること、さらにタテ並びの眼形から正逆Ｓ字トンボによる母胎の意味をもつ壺形が生じることは、図形的につながっています。それは「眼形の幾何学」というべき幾何学の新分野の夜明けを印象づけています。他方、『記・紀』は、「六合を兼ねて都を開き、八紘を掩ひて宇にせむこと、亦可からずや。観れば、夫の畝傍山の東南の橿原の地は、蓋し國の墺區か。治るべし」と書き綴り、わが国において、六角堂や八角堂が建造されてきました。縄文人が前人未踏の「六・八理論」を構築していたことは、小論で指摘しました（『縄文人の知られざる数学』彩流社、2017 年）。

　縄文人の文字であったカタチによる思想の表現は、現代の幾何学を凌駕するものがあります。これについては彼らが残した大いなる遺産である考古学的遺物が如実に物語っています。

第2節　円形と正方形の関係

円形丸底土器と方形平底土器

　わが国の縄文人は、縄文草創期に円形と正方形をもつ円形丸底土器と方形平底土器を作っていました。これに関して、小林達雄氏は、つぎのように書いています（『縄文人の世界』朝日選書 1996）。

　　日本での土器作りにあたって、技術の由来はともかく、その形を実現する際に、すでに保有していた樹皮籠や獣皮袋などの既製の容器などからヒントを得たものと考えられるのである。この間の事情をいかにも具体的に物語るものとして草創期土器の器形と文様の特徴がある。草創期土器は、当初から砲弾形を呈する円形丸底土器と隅丸方形の平

円形丸底土器と方形平底土器の幾何学

日本列島の縄文人は、世界に先駆けて縄文時代草創期に
幾何学の原点に位置する円形と正方形の関係に気づいて
おりました。

縄文時代草創期の土器

縄文人の智恵

円形丸底土器　　　　曲線と直線の関係　　　　方形平底土器

円形丸底土器を
真上から見る
カタチ→円形

方形平底土器を
真上から見る
カタチ→正方形

円形丸底土器を
真横から見る
カタチ→曲線

方形平底土器を
真横から見る
カタチ→直線

土器の底部分　　　　　　　土器の底部分

図48

円方図・方円図

円方図

同質でありながら、異形の
二者の合体によって新しい
かたちが生れる

方円図

円形〇と正方形□は、異形同質の関係を維持しております。
両者は合体して、円方図・方円図を形づくります。

図49

図50

なぜ、円錐形の竪穴住居は造られたのか

ⓐ 縄文時代の竪穴式住居の骨組

ⓑ尖底深鉢（撚糸文土器）

縄文早期
神奈川県横須賀市夏島貝塚
出土　明治大学博物館蔵

竪穴式住居の柱に関する研究は、渋谷文雄著『竪穴式住居址の小柱穴位置について』松戸市立博物館紀要５号　1998があります。円周を４・５・６・７……分割する設計法が確認されています。
この方法による設計法は、正多角形に結ばれています。

ⓒ 尖底深鉢

（白浜式）縄文早期　高さ42cm
青森県八戸市館平遺跡出土
慶応義塾大学蔵

ⓓ尖底深鉢

（蛇王洞式）縄文早期
岩手県気仙沼住田町有住蛇王洞穴
遺跡出土
慶応大学文学部考古学研究室

底を特徴とする創期土器の器形と文様の特徴がある。草創期土器は、当初から砲弾形を呈する円形丸底土器と隅丸方形の平底を特徴とする方形平底土器の二つの器形を併せもつことがまず注目される。とくに方形平底土器の形をバランスよく作るのははなはだ難しいということについて、陶芸家や実験考古学者の証言がある。壬遺跡の円孔文七土器も後者であった。土器作り経験が浅いにもかかわらず、縄文人が成形に好都合な円形丸丸底土器のみでよしとせず、やっかいな方形平底土器にこだわりをみせるのは奇妙なことではないか

　小林達雄氏は、「縄文人の土器の形の実現に際し、樹皮籠や獣皮袋などの既製の容器などからヒントを得たものと考えられる」とのべ、続いて「形に好都合な円形丸底土器のみでよしとせず、やっかいな方形平底土器にこだわりをみせるのは奇妙なことではないか」と疑問を呈しています。

円形と正方形の関係

　私は小学校・中学校で円形と正方形、それに三角形を加えた△・○・□を「あたりまえにあるカタチ」として教わってきました。円形と正方形は、三角形とともに幾何学の基本形であることは教わりましたが、円形と正方形は、どのような関係にあるのかということを学んだ記憶はありません。なぜ、円形と正方形は合体できるのでしょうか。

　話が少々飛びますが、前方後円墳の前方部に対する解釈は、葬列の通ることによって前方部が生じたとする「前方部道説」が唱えられています。このような考え方には図形形成理論の片鱗もみられません。観念と図形を区別することなく同じ土俵で論じています。形而上と形而下の次元で考察した上で、両者を結ぶことができる根拠を導き、それを前提に両者をつなぐという方法を採用することが求められます。

　たとえば、わが国のしめ縄は二重らせん構造をもっています。１本の縄だけではしめ縄を撚ることができません。相手の存在を必要とします。

図51

［縄文人の幾何学］

真上から見る竪穴式住居のカタチ ☞ 正多角形に特徴的なパターン

　縄文人は、なぜ円錐形の竪穴式住居を造ったのでしょうか。この意味を考えることは、彼らの主軸となる思想的背景を知るために有効であると思います。ところで、縄文人は図50に見るように竪穴式住居と同じ円錐形の尖底深鉢を作っていました。しめ縄(二重らせん構造)から生じる壺(土器)は、母胎の意味と正六角形という図形を同時にもっています。同じ円錐形をもつ深鉢と竪穴式住居は、正多角形という**誕生原理**を内包する幾何図形を共有していることになります。つまり、竪穴式住居は深鉢と同じ**母胎の意味**をもっていることになります。

　縄文人の発見した母胎の意味をもつ🝐と正多角形を形づくる🔯は、共にしめ縄 ∞∞∞ (二重らせん構造)に現われるカタチです。二重らせん構造は特別な性質をもつ双曲・楕円図形から作られております。

円錐形竪穴式住居を造る縄文人

円を描いて柱穴を掘る

３本の丸太を組み合わせて支柱を造る

円を描くための道具

シノダケを横に通す

『古代史図解』成美堂出版
2007　東京都歴史研究会

この段階で２本撚りしめ縄に対し「和の精神」という観念をもつことができます。さらに、２本撚りのしめ縄は「同質でありながら異形の二者の合体によって新しいかたちが生じる」という**ものの誕生原理**をもっています。この「しめ縄」に「円形と正方形」を照合すると円方図・方円図が生じます(図 49 参照)。

　円方図・方円図は円に内接する正多角形の出発点に位置しています。これを前提に ○○ 形の一方の円形を正方形に置き換え、◯◻ 形を想定することができます。つまり、前方後円墳の前方部の二つの角度が正多角形に特徴的な角度をもっている理由がここに発見されます。

　わが国の縄文人は、上記の幾何学の第一歩となる図形の変遷をヨコ並びの眼形の上に見つけていました。このあとにのべることになる「眼形の幾何学」の中で縄文人の発見した偉大な幾何学がどのようなものであったのかが、明らかになります。

なぜ、円錐形の竪穴式住居は造られたのか

　細長い棒などに縄をくくれば簡易コンパス(図 51)が生まれ、円形や眼形、)形を整地した地面に描くことができます。縄文時代草創期に斜格子文土器(眼形と正多角形)・波状口縁をもつ土器(らせん形と正多角形)などが作られており、かなり高度な幾何学的知識をもっていたことをうかがい知ることができます。

　縄文人は円形と正方形が、つぎなる論理の展開とそれをカタチで表現するために必要であることを熟知していたと考えられます。円形丸底土器と方形平底土器の特徴は、円形と正方形にあります。縄文人は、円形と正方形に異形同質の関係を結んでいなかったら、円形丸底土器と方形平底土器は造られていなかったと思います。円形と正方形の背景には、斜格子文に見る円形と正多角形(正方形を含む)の組合せが存在していたのです。

第5章

眼形の幾何学

第1節　円形から生まれる眼形

眼形に興味をもっていた縄文人

　縄文人が作った文様をもつ最初の土器は、豆粒文土器でした。前掲図8に示すとおり、この土器は眼形をもっています。「縄文の歴史は眼形から始まっている」のではないか、私は、このように考えてきました。

　具体的な眼形による文様は、さきにのべてきた斜格子文です。斜格子文の原形は、ヨコ並びの眼形とタテ並びの眼形の集合体と捉えることができます。この眼形の集合体は、眼形の連鎖です(第5章、図52参照)。

　図52において、眼形の連鎖に見るタテ並びの眼形に対し、しめ縄を想定することができます。眼形の連鎖が二次元とすれば、しめ縄は、三次元のパターンということになります。吉備の立坂型特殊器台に描かれるしめ縄は、注意深く描かれています(第13章の図152〜図153参照)。

　このヨコ並びの眼形には正六角形が、タテ並びの眼形には母胎の意味をもつ壺形が隠れておりました。正六角形 ⬡ は、2個の ◇ 形(菱形文)と1個の ⧖ (向い三角文)から形成されています。古墳時代の福岡県王塚古墳壁画(図31)に描かれる文様は、◇・⧖・⬡ が色分けされており、正六角形 ⬡ の図形的関係を鮮明に読み取ることができました。

　このような図形は、つい見逃してしまうほどシンプルですが、よくよく考えると曲線図形から具体的な直線図形、それも正六角形という極めて重要な意味をもつ図形が生まれていたわけです。

　ヨコ並びの眼形は、長野県茅野市高風呂遺跡出土の深鉢に描かれています。さらに、時代は縄文後期から晩期へと降りますが、関東・東北地方において、多くの土版・岩版に描かれています。縄文人は、なぜヨコ並びの眼形 ⟨⟨⟨⟨⟨⟩ を土器などに描いていたのか、という問題は、これまで提起されることはありませんでした。

図52

円形から生まれる眼形の連鎖の2種類のパターン

　円形の連鎖から生じる眼形の連鎖に対して、縄文人は、以下に示す2つのパターンを考えていたと思われます。

　第1のパターンの眼形からは、◆（正六角形）・)(→)(（正逆S字トンボ→壺形）が生じ、第2のパターンからは、◆形・◆形を基本とする七宝文が生じています。これらのカタチは、それぞれが重要な意味をもっています。

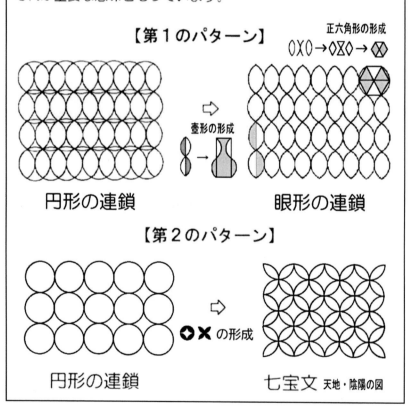

【第1のパターン】

正六角形の形成

円形の連鎖　　　　眼形の連鎖

壺形の形成

【第2のパターン】

●✕ の形成

円形の連鎖　　　　七宝文　天地・陰陽の図

図53

ヨコ並びの眼形 ◯◯◯◯◯◯ の意味

想定線━

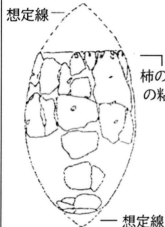

柿のタネ状◯
の粘土粒

━ 想定線

豆粒文土器

長崎県佐世保市泉福寺洞窟遺跡
　　　縄文時代草創期
（約1万2500年前）

眼形は2個の円形から
生じます 👆

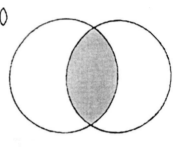

ヨコ並びの眼形の意味
[◯✕◯ ➡ ⬡]
正六角形が生じます‼

深鉢

長野県茅野市高風呂遺跡の土器
縄文時代前期
高さ 25cm

長野県茅野市
尖石考古館蔵

図54

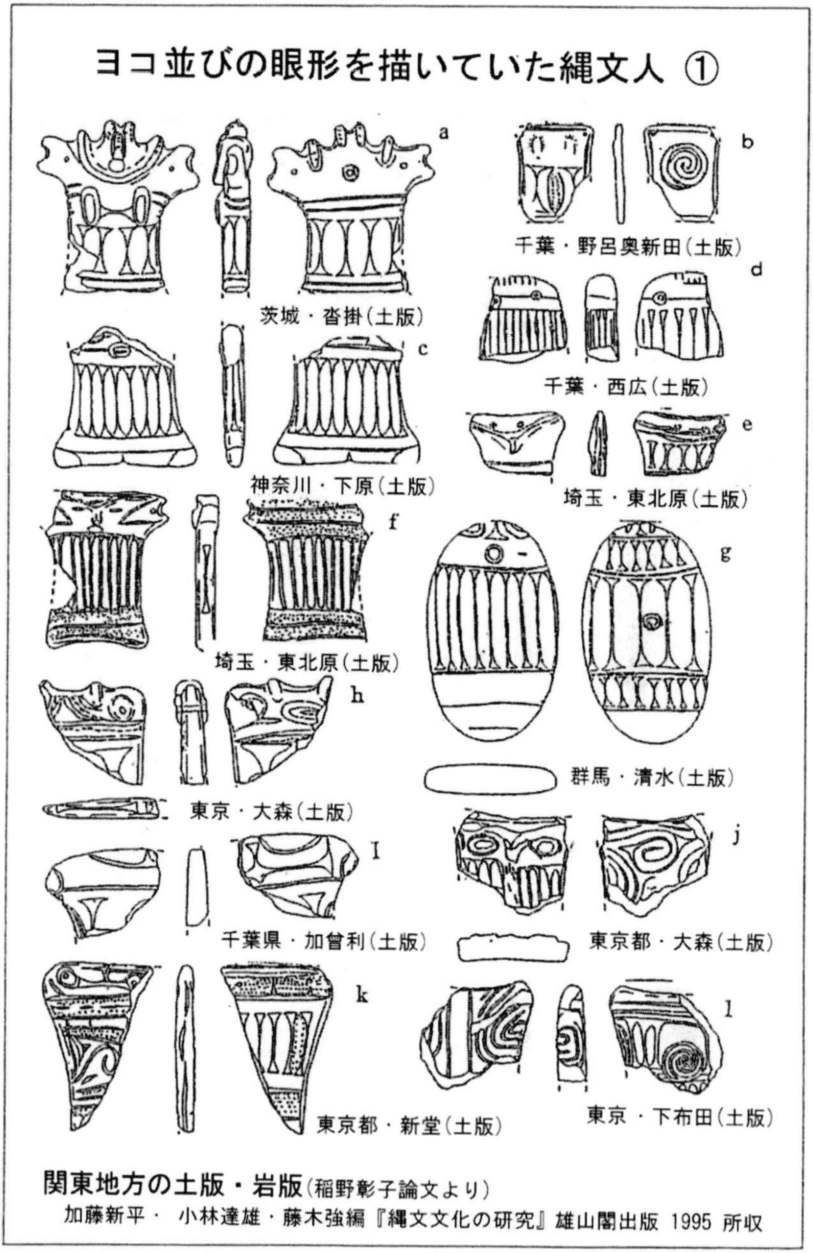

ヨコ並びの眼形を描いていた縄文人 ①

茨城・沓掛（土版）a

千葉・野呂奥新田（土版）b

神奈川・下原（土版）c

千葉・西広（土版）d

埼玉・東北原（土版）e

埼玉・東北原（土版）f

群馬・清水（土版）g

東京・大森（土版）h

千葉県・加曽利（土版）I

東京都・大森（土版）j

東京都・新堂（土版）k

東京・下布田（土版）l

関東地方の土版・岩版（稲野彰子論文より）
加藤新平・小林達雄・藤木強編『縄文文化の研究』雄山閣出版 1995 所収

図55

東北地方（第１類～第６類）の岩版と土版（天羽利夫より）

『縄文文化の研究』加藤新平・ 小林達雄・藤木強編 雄山閣出版1995

第1類

青森・上郷原（岩）

秋田・麻生（岩）

（土）―土版
（岩）―岩版
を表す。以下同じ。

第2類

青森・是川（岩）

岩手・雨滝（岩）

青森・是川（岩）

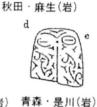

秋田
麻生（岩）

第3類

青森・是川（岩）

青森・亀ヶ岡（岩）

山形・玉川（岩）

青森
野面平（岩）

第4類

秋田・石名館（岩）山形・釜淵（岩）

岩手・蒔前（岩）

第5類

宮城・城生（土）

山形・鬼木（岩）

岩手・軽米（岩）

第6類

縄文時代晩期

青森・砂沢（岩）　　　宮城・山王（岩）

図56

岐阜県下呂市金山町岩屋岩陰遺跡（縄文時代早期から江戸時代の遺物が出土している）

金山巨石面に刻まれた形と太陽光線の形との類似性

スポット状の光の形　　光の形と石面の刻印の　　石面の３つの刻印
　　　　　　　　　　　形状とが合致する
　　　　　　　　　　（合成写真）『金山巨石群調査資料室』
　　　　　　　　　　　　　（代表　小林由来より）

かたちの素粒子 ❱ 形をもつ太陽と月

46年ぶりの皆既日食 2009年7月28日 中日新聞朝刊第1面より転載
西暦2009年7月22日 午前10時20分から午後０時41分まで

第2節　ヨコ並びの眼形から生じる正六角形

⟨形と◊形の特別な関係

　双曲図形()()形と楕円図形(◊形)は、特別な性質をもっています。それはヨコ並びの眼形 ◊◊◊◊◊ に生じています。つまり、◊形のとなりに必然的に⟨形が必然的に生じているという図形現象です。◊形と⟨形は、◊⟨◊形を生みだします。この ◊⟨◊形は ◊⟨◊ 形→ ✤ 形へ変遷します。このように曲線図形から直線図形への変遷が双曲・楕円図形のもつ最大の特徴です。

　図式 [◊⟨◊ ➡ ◊⟨◊ ➡ ✤]は、双曲・楕円図形の特別な性質である相即不離の関係から生みだされております。◊⟨◊形と✖形を浅鉢に描いていた縄文人の図形把握能力の高さは、 ◊⟨◊ ➡ ✤ （正六角形）と ✖ ➡ ✤ (正八角形)に示されています。

　ところで、直線図形の⟩⟨形は正六面体に、同◊形は正八面体に現われています。つまり、◊形と⟩⟨形の組合せは、正六面体と正八面体の関係を示していることになります(後掲図64参照)。

ヨコ並びの眼形から生じる正六角形のパターン

　図 57 において、◊形から◊形、⟨形から⟩⟨形が生じていると考えることができます。2個の◊を媒介するカタチは⟨形であり、2個の◊形を媒介するカタチは⟩⟨形です。

　ヨコ並びの眼形 ◊◊◊◊◊ は、◊形と⟨形は相即不離の関係に置かれています。◊⟨◊形から生まれる正六角形✤形の ◊形と⟩⟨形は、それらのカタチの生みの親である双曲図形()()、楕円図形(◊)の性質をそのまま受け継いでいます。⟨形と✦形は、媒介者の役割をもつカタチということになります。ヨコ並びの眼形は、曲線図形の双曲図形()()と楕円図形(◊)から直線図形の ◊形・⟩⟨形・✤ 形が生みだされていると考えることができます(図57～図58参照)。

図57

縄文人の幾何学

ヨコ並びの眼形から生じる正六角形

ヨコ並びの眼形を世界で最初に描いていたのは、日本列島の縄文人です。

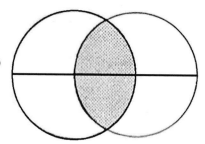

ヨコ並びの眼形の
作図法

ⓐ

円形から生じるヨコ並びの眼形は、

正六角形を生みだしています。

異形同質の二者である2個の眼形は X 形を媒介として合体し、直線図形の正六角形を形成しています。

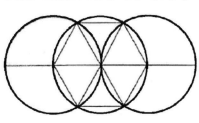

ⓑ

正六角形
⇩
直線図形の
誕生

2個の菱形文
1個の向かい三角文
⇩
正六角形

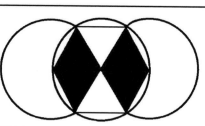

ⓒ

図58

ヨコ並びの眼形 ⟨⟨⟨⟨⟨⟩ に生じている ⟨⟩⟨⟩ 形には正六角形 ⬡ が隠れています❗ これに縄文人は気づいておりました。

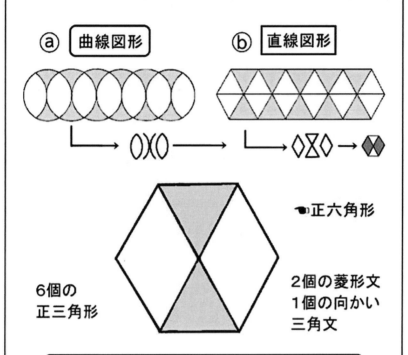

ⓐ 曲線図形　　ⓑ 直線図形

●正六角形

6個の
正三角形

2個の菱形文
1個の向かい
三角文

森羅万象に現われている正多角形

ヨコ並びの眼形 ⟨⟨⟨⟨⟨⟩ から生じる正六角形 ⬡ は、正多角形の象徴的存在です。蜂の巣、アマミホシゾラフグの作る産卵床は、共に新しい生命誕生に密接に関わっています。それらは六角形と正多角形をもっています。加えて、地球上の草木の花・果実には、同じ正多角形が現われております。この正多角形は生命誕生に密接に関わっています。

日本列島の縄文人が造った土器・土偶、またそれらに描かれた文様から思想を導きだすには［⦾→⦿→⦿→✡］の図式が必要です。縄文思想と前方後円墳の起源の接点は、縄文人が描いていたヨコ並びの眼形パターン、つまり、ヨコ並びの眼形から正六角形が生れるところに発見されます。正六角形と正八角形は、幾何学的な関係を結んでいます。縄文人は正六角形と正八角形の関係に対し、単なる思いつきではなく、天体の太陽や月を含む森羅万象の誕生に関わっている、このように考えていたのではないでしょうか。

無視できない正六角形と正八角形の関係

　【⦿→✡】から生じる正六角形の存在を知った多くの人は、正八角形を脳裏に描いていたと考えられます。正六角形と正八角形は、合体して正二十四角形を作ります。それぞれ特徴的なカタチをもっています。

・正六角形—正三角形と長方形(30 度、60 度、90 度の内角度をもつ直角三角形 2 個分)をもっています。
・正八角形—二等辺三角形(二つの底角が 67.5 度)と正方形(45 度、45 度、90 度の内角度をもつ直角二等辺三角形 2 個分)をもっています。

幾何学の始まり

　縄文人は、植物の葉や花のかたちから正多角形が生じていることを学びとっていました。これについては、「はじめに」において書いてきました。そのような自然界の花のパターンを、縄文人は双曲図形()()、楕円図形(◊)の上に発見していました。

　それが図式［⦾→⦿→⦿→✡］です。左図の 3 個の円形の構図において、2 個の ◊ 形と 1 個の Ⅹ 形による ✡ 形(正六角形)が生まれます。これは京都・北白川遺跡の浅鉢文様のパターンにみごとに一致しています。

　正六角形に対峙する正八角形は、福井・鳥浜貝塚の浅鉢文様 ✕ に現

われております。この ✳ 形を正八角形の骨組みと見る根拠は、正六角形 ⬡ の中に存在する ✳（正八角形の骨組）を形づくる出雲大社の神紋によって裏づけられています（第5章、図70）。

曲線と直線の融合

　隆起線文土器には直線状の粘土粒の傍らにらせん状の粘土粒が貼られています。直線とらせん形を同時に並べるという発想は、幾何学の第一歩である直線図形と曲線図形の関係を確実に理解していないと、生まれてこないと思います。

　「両性具有」をもつかたちの素粒子）形を 180 度の反転を繰り返すと、∞ 形が生じます。∞ 形は、〰〰 と同様にフラクタル性をもっています。その部分と全体の自己相似形から永遠の継続性を読み取ることができます。

　かたちの素粒子）形の 180 度の反転から生じる

　ⓐ　楕円図形（ 形）・双曲図形（） 形→ ∞∞∞∞∞　（ヨコ並びの眼形）

　ⓑ　らせん形 〰〰 → ∞∞∞∞∞　（タテ並びの眼形）

　　上記ⓐ・ⓑは、斜格子文（第3章、図30）に現われています。

マクロの世界とミクロの世界を結ぶ正六角形

　縄文人の発見した曲線図形から直線図形が生れる図式に前方後円墳の曲線部分（後円部 ◯ 形）と直線部分（前方部 △ 形）の接続の起源があります。なぜなら、図形を始めとして、すべての生きとし生けるもの、および物質、現象に対し、異形同質の二者の合体によって新しいカタチ、および物質等が生まれる、このように縄文人は考えていたのではないでしょうか。日本列島の縄文人は、それを草木の花や果実の構造から学んでいたと思います。同じ斜格子文を描く古墳時代の人達がそれを読み間違えることは考えられません。

　マクロの世界とミクロの世界を結ぶかたちは何？と縄文人に訊ねたとすれば、「それは正六角形です」との答えが返ってくると思います。正

六角形といえば、誰もが蜂の巣を想いだされると思いますが、塩の結晶や大麻の葉にも正六角形は現われています。

　ハニカム構造の安定性・強靭性は、正六角形から生じています。他方、母胎の意味をもつ壺形は、二重らせん構造から生まれています。正六角形と壺形をつなぐ媒介者は、眼形です。眼形は円形から生じるカタチです。縄文人の論理構成は、安定性をもつ円運動のようにぐるぐるまわっています。眼形の連鎖はまさにハニカム構造そのものです。

土星の渦巻く六角形

　地球と同じ太陽系に属す土星の北極付近に巨大な六角形が確認されています。インターネットで検索すると、「ほぼ 30 年間も謎だった土星の北極を取り囲む六角形の渦巻きの謎がついに解き明かされた」という記述が目に留まりました。

　　土星の北極は、全幅 32.187 kmに広がる奇妙な六角形構造が土星の自転速度とほぼ同じ速度で回転している。これまで六角形が生じるエビデンスは不明であったが、米ニューメキシコ州ソコロにあるニューメキシコ工科大学の惑星学者ラウル・モラレス＝フベリアス教授の最新の研究によって、雲のある大気層で極周囲を東へと吹くジェット気流が、その下に流れる風に押されて六角形になることが判明したと報道されました〈2015 年 9 月 30 日〉（インターネット「ウィキペディア」より）。

　NASAの発表した写真によれば、土星の北極に見られる六角形は、正六角形に極めて近いかたちをもっています。ハニカム構造の安定性と強靭性はよく知られていますが、それは正六角形という形から生まれています。

　この正六角形 ⬣ は、幾何学においてヨコ並びの眼形 ⬯⬯⬯⬯⬯ から導かれる図式［◇◇◇（双曲・楕円図形）→ ◇◇◇（直線図形）］から生じるカタチであり、⬣（正六角形）は、◇◇◇（双曲・楕円図形）と異形同質の関係に置かれて

図59

土星の渦巻く六角形

なぜ、直線図形の六角形（極めて正六角形に近いかたち）が天体（土星）に 現われているのでしょうか?

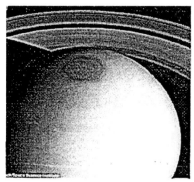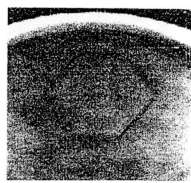

米欧共同無人探査機「カッシーニ」によって、2006年10月に赤外線で撮影された土星の北極上空のある六角形の渦状構造―NASA提供（インターネットより）

「土星の六角形の渦」は、「ジェット気流とその下に流れる風に押されて六角形になった」という意見があります。なぜ六角形なのか、この命題が重要です。安定した渦巻はヨコ並びの眼形を作ります。正六角形がヨコ並びの眼形から生じることは、幾何学の公理です。

土星の北極に生じているのは六角形ではなく正六角形であると思います。ヨコ並びの眼形のカタチは渦巻であり、その安定した渦巻文は正六角形を形づくっていることになります。

 ⇨ ⇨ 縄文人の幾何学の第一歩の図式

正六角形を生みだすヨコ並びの眼形〰〰〰は、（〰〰〰〰）スパイラルと言い換えることができます。すなわち、〰〰〰形はらせん形（二重らせん構造）〜〜〜と異形同質の関係に置かれていることになります。

以上から土星の北極近くに見られる六角形は、渦巻きから生じる正六角形と考えられます。これは、日本列島の縄文人が発見していた上記の「幾何学の第一歩の図式」から証明されます。

図60

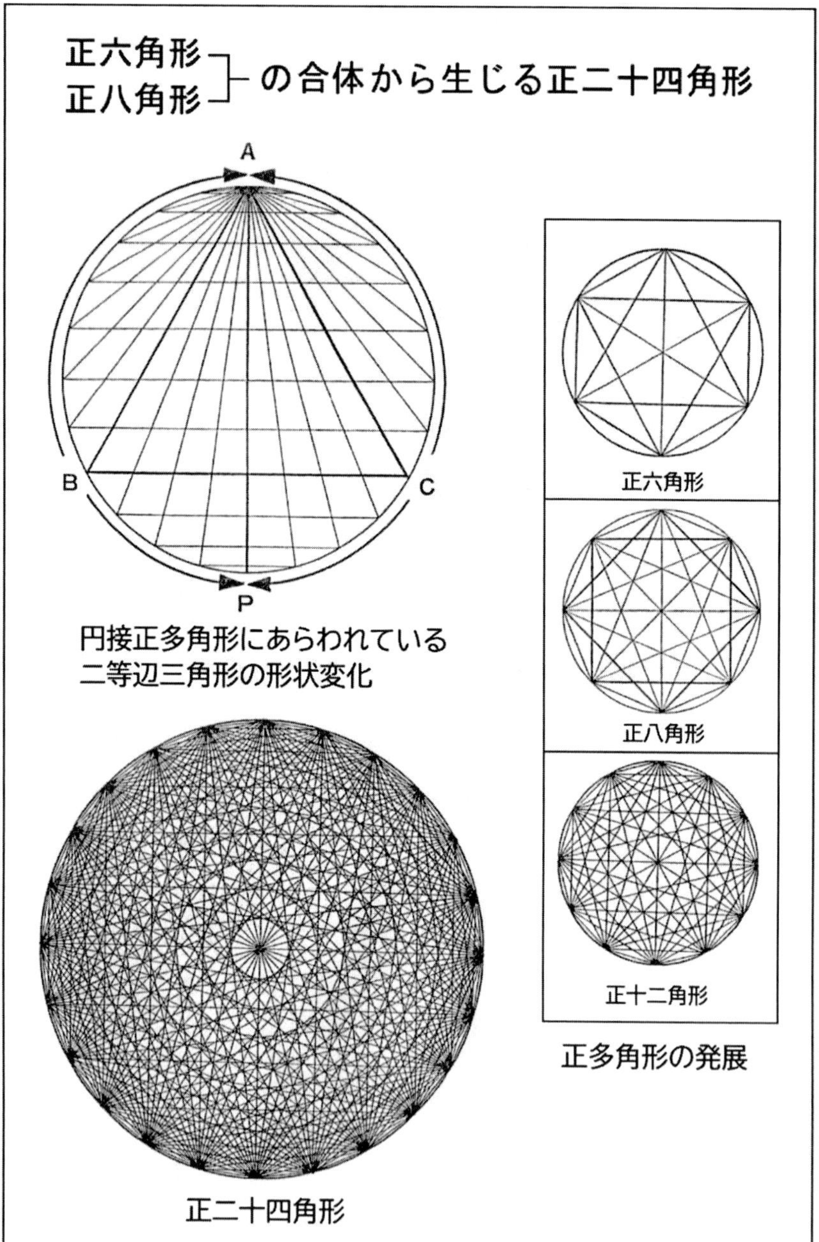

正六角形
正八角形 ┐の合体から生じる正二十四角形

円接正多角形にあらわれている
二等辺三角形の形状変化

正六角形

正八角形

正十二角形

正多角形の発展

正二十四角形

図61

正多角形に特徴的な角度

A	B	C	D
二等辺三角形の頂点の角度	A頂の角度を15で割った数値	二等辺三角形の底辺の有する角度（一つの角度）	C頂の角度を15で割った数値
15°	1	82.5°	5.5
30°	2	75°	5.0
45°	3	67.5°	4.5
60°	4	60°	4.0
75°	5	52.5°	3.5
90°	6	45°	3.0
105°	7	37.5°	2.5
120°	8	30°	2.0
135°	9	22.5°	1.5
150°	10	15°	1.0
165°	11	7.5°	0.5
180°	12	0	

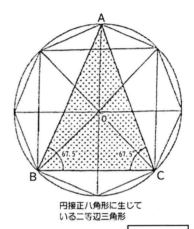

円接正八角形に生じて
いる二等辺三角形

正多角形の辺数	特徴的な角度	
	二等辺三角形の頂点の角度	二つの底辺の角度（一つ分）
正 方 形	90°	45°
正 五 角 形	72°	54°
正 六 角 形	60°	60°
正 七 角 形	51.4° …	64.3° …
正 八 角 形	45°	67.5°
正 九 角 形	40°	70°
正 十 角 形	35°	72°
正十二角形	30°	75°
正十五角形	24°	78°
正十六角形	22.5°	78.75°
正十八角形	20°	80°
正二十角形	18°	81°
正二十四角形	15°	82.5°

図62

正六角形を生みだす眼形

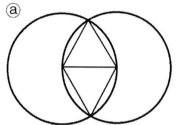

ⓐ 最初に描く円周上に中心を定め、2個目の円形を描きます。

ⓑ 眼形に水平と垂直の中心線を引き、円形との交点を直線で結ぶと、2個の正三角形→1個の菱形文が生じます。

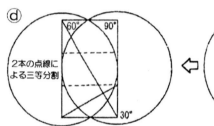

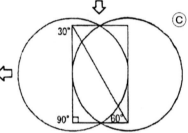

ⓒ 2個の円形から最初に生じる形は眼形です。 この眼形は、正三角形による菱形文と30度、60度、90度の内角度をもつ直角三角形を内包しています。

ⓓ 同じ方法でヨコ並びの眼形を作図すると、正六角形が生じます。正六角形と30度、60度、90度の内角度をもつ直角三角形の結びつきが注目されます。

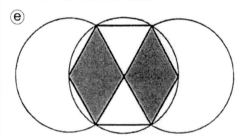

同じ大きさの3個の円形を描くと2個の菱形文◊と1個の向かい三角文Ⓧによる正六角形が生じます。

図63

六角形とヤッコ凧の関係

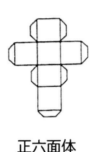

正六面体

ⓐ 板状土偶 ↑

青森県森田町石神遺跡
縄文時代中期
高さ 17.2㎝
森田町教育委員会

ⓑ 板状土偶 ↑

青森県三内丸山遺跡
縄文時代中期
高さ 15.5㎝

右下の六角形が新潟県三条市の六角凧の
かたちです。「**三条凧ばやし**」は、つぎ
のように詠われています。

なぜ、六角形
なのにタコと
呼ばれているの
でしょうか？

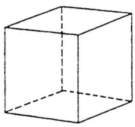

守門おろしを　片背に受けて
おらが六角凧　越後一
おらが六角凧　千枚張りだ
ケチな奴凧　そこを退け
ヤーレ　コーリャ　ドッコイショ
ソレ　勝った方がいい
　　　勝った方がいい

正六面体の展開図

新潟県三条市の
六角形の凧のかたち

図64

正六面体と正八面体の不思議な関係

正六面体	正八面体
1、8個の頂点と12本の直線	1、6個の頂点と12本の直線
2、正方形の面をもち、向かい三角文を内包する	2、正三角形の面をもち、菱形文を内包する
3、AD：AB＝1：√2 の比率をもつ	3、BD：AC＝1：√2 の比率をもつ
4、109度28分の角度をもつ	4、109度28分の角度をもつ

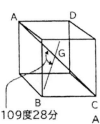

向かい三角文

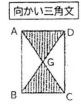

109度28分　　　AD：AB＝1：√2

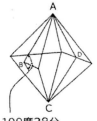

菱形文

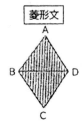

109度28分　　　BD：AC＝1：√2

正六面体と正八面体に現われている ⊠ 形と ◇ 形の図形関係が注目されます。

秋山清著『神の図形』コスモトゥーワン 2004年より　文責：大谷幸市

フラクタルな図形関係を生みだす正六面体と正八面体

〈正六面体→正八面体→正六面体〉
の面点変換では 1：9／2：27

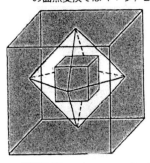

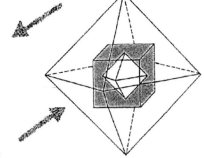

〈正八面体→正六面体→正八面体〉
の面点変換では 1：6：7

http://homepage1.nitty.com/metatoron/zone-8/912pic.gif

います。正六角形を生みだす ⟨⟨⟨⟨⟨⟨⟨(ヨコ並びの眼形)は、らせん形の三形態の一つである（⟨⟨⟨⟨⟨⟨⟨）にアナロジーされます。

　⟨⟨⟨⟨⟨⟨⟨ が安定した渦巻きであることは、これまで指摘されることはありませんでしたが、それを受け継ぐ正六角形が安定性と強靭性に富むハニカム構造を形成しているところに明らかです。今後の開発が期待されるカーボンマイクロコイル（CMC）は ⟨⟨⟨⟨⟨⟨⟨ 形をもっています。土星の六角形は、安定した渦巻きから生じているのではないでしょうか。

第3節　茅の輪くぐりと縁結びの神

茅の輪くぐり

　わが国には「茅の輪くぐり」と呼ばれる行事が行われています。茅（葦と同じ細長い葉をもっている）を撚り合わせた直径２～３メートルの輪をくぐり抜ける行事、神事ともいわれています。図 65 に見るように三回繰り返されています。茅の輪くぐりには、つぎのような疑問があります。

　①　なぜ、茅を使った大きな円形（茅の輪）が作られたのでしょうか。
　②　なぜ、円を結ぶように３回のくぐり抜けを行っているのでしょうか。

　わが国の古代人は、縄文人が発見していたかたちの素粒子）形を源とする「一つ形に二つの性質」を読み取るという思考方法を身に着けていたのではないかと考えられます。

八ヶ岳山麓の富士見町

　「茅の輪くぐり」の「茅（ちがや）」という字は、弥生時代の銅矛の矛という字に草冠をつけています。銅矛と言えば、多紐細文鏡と細形銅剣が想起されます。この鏡と剣に対し、私は「円形に引かれた直線」を考えております（第14章、図165 参照）。

　長野県八ヶ岳西南麓には、縄文時代の多くの遺跡があります。その中

図 65

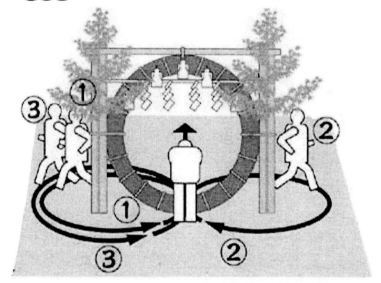

形を形づくる **茅の輪くぐり**

「茅の輪」のくぐり方

茅の輪くぐりは、次ぎの唱え詞を奏上しながら行います。

「祓へ給へ　清め給へ

守り給へ　幸へ給へ」

はじめに、茅の輪の前に立ち、

一礼してくぐり、左へ廻ります（1回目）

次に、茅の輪の前に立ち、

一礼してくぐり、右へ廻ります（2回目）

次に、茅の輪の前に立ち、

一礼してくぐり、左へ廻りご神前に進

んでお参りします（3回目）

図と説明文はインターネット「ウィキペディア」より

図66

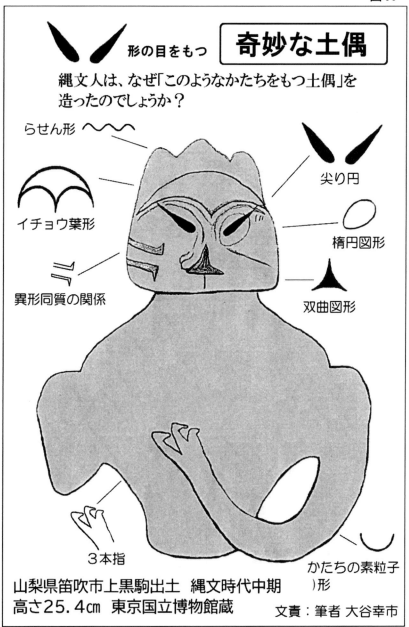

形の目をもつ **奇妙な土偶**

縄文人は、なぜ「このようなかたちをもつ土偶」を造ったのでしょうか？

らせん形 〰

尖り円

イチョウ葉形

楕円図形

異形同質の関係

双曲図形

3本指

かたちの素粒子
）形

山梨県笛吹市上黒駒出土　縄文時代中期
高さ25.4㎝　東京国立博物館蔵

文責：筆者 大谷幸市

図67

尖り円（とが・えん）

尖り円は縄文中期の人面
把手付土器、土偶などに
造形されています。猫目
と呼ばれています。

尖り円は、西洋梨カーブ、円と直
線を結んでできる円楔（えんせつ）と
いう円錐です（インターネット
「ウィキペディア」より）。

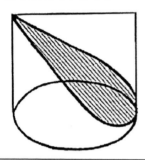

図に見るように円形と正方形の関
係が注目されます。円形と正方形は、
縄文草創期の縄文人が重大な関心を
もっていた双曲図形()()、楕円図形
(())から導かれる七宝文（海鼠紋）によ
って、「同質でありながら異形の二
者」が証明され、この円形と正方形
は合体して、新しいかたちである「円
方図・方円図」を生みだしています。

の一つである尖石考古館には、国宝に認定された「縄文のヴィーナス」
や「仮面の女王」と呼ばれる土偶が展示されています。この尖石考古館
は長野県茅野市にあります。その地名の「茅野（ちの）」は全国の多くの
神社で行われる「茅の輪くぐり」と「茅（ちがや）」という字を共有して
います。「それは偶然の一致ですよ」と言われるかも知れませんが、尖
石（とがりいし）縄文考古館という名称から、図66の土偶を連想しました。
この土偶に表現される猫目と指摘される両目のカタチを、縄文人はどこ
で見つけたのでしょうか。

　この尖石縄文考古館から同県富士見町にある井戸尻考古館へ車で向か
っている途中、赤信号で止まった時、ふと前方を見ると富士山がはっき
り見えました。その日は快晴で雲一つありませんでした。

　その瞬間、私の脳裏をよぎったのは、双曲図形()(形)と楕円図形
(○形)を描く縄文人の姿でした。驚きはこればかりではありませんでし
た。この地に居住していた縄文人は、その富士山を八ヶ岳越しに見てい

たのです。八ヶ岳西南麓(長野県と山梨県にまたがる地域)には多くの縄文遺跡群があります。それらの遺跡から卓越した造形の土偶や土器が出土しています。

縄文人の偉大な発見

現代において、なぜ、DNAは二重らせん構造の上に載っているのかという問いかけに対し、安定しているからという答えが提出されています。ワトソンとクリックによるDNAの二重らせん構造解明は、アインシュタインの相対性理論、フレミングの抗生物質とともに 20 世紀の三大発見の一つと言われております。

縄文時代草創期の縄文人は、土器の口縁部にらせん形の粘土帯を貼りつけていました。今から約 1 万有余年前の青森県表舘遺跡出土の隆起線文土器(図 10〜図 11)を見ると 〜〜〜 形がよく確認されます。このようならせん形と直線の粘土帯が貼られた隆起線文土器は、考古学者の故山内清男の指摘する「らせん形の施文具を土器に表面で転がすと直線が生ずる」という図形現象を知る縄文人によって造形されたのではないでしょうか。

ところで、縄文人は縄文時代草創期に斜格子文土器を作っていました。この斜格子文の原形は眼形の連鎖(前掲図30)であり、眼形の連鎖は二重らせん構造にアナロジーの連鎖で結ばれています。さらに、その眼形の連鎖の中に正逆S字トンボによる壺形とヨコ並びの眼形による正六角形が隠れています。

これらは憶測ではなく、京都市北白川遺跡出土の浅鉢と福井県鳥浜貝塚出土の浅鉢(共に縄文時代前期)に描かれる双曲図形()()と楕円図形(◊)の文様や長野県茅野市高風呂遺跡出土の土器に描かれる ◊◊◊◊◊ (ヨコ並びの眼形)などから容易に導くことができます。

眼形の連鎖の産みの親は二重らせん構造

眼形の連鎖の産みの親は二重らせん構造であり、二重らせん構造は双

曲・楕円図形のもつ特別な性質であるヨコ並びの眼形を描くと、◊ 形の
となりに X 形が必然的に生じるという図形現象をもっています。これを
「相即不離の関係」と名づけました。◊X◊ 形は ◊X◊ 形に変遷し正六角
形に受け継がれています。

　二重らせん構造→眼形の連鎖→斜格子文から母胎の意味をもつ壺形と
正六角形が生じる図式は、斜格子文土器が造形され、弥生時代の銅鐸と
古墳時代の福岡県の王塚古墳壁画に受け継がれていたからこそ、解読が
できたと言えます。なお、ワトソンとクリックは、X 形と ◆ 形による
柿の蔕形の図式を示していません。この面では縄文人が優っています。

異形同質の関係を証明する X 形と ◆ 形

　『日本書紀』編者は、〈2個の ◊ 形と1個の X 形〉が正六角形 ⬡ を
作り、〈4個の X 形〉が正八角形 ✿ を作っていることを知っていたか
らこそ、「六合を兼ねて都を開き、八紘を掩ひて宇にせむこと、亦可か
らずや。観れば、夫の畝傍山の東南の橿原の地は、蓋し國の墺區か。治
るべし」を書くことができたと考えられます。正六角形と正八角形の関
係は、X 形と ◆ 形(第4章参照)、および、二種類の直角三角形による正二
十四角形の形成 (第14章参照)に深く関わっています。

円を結ぶ柿の蔕形

　円結びといえば、柿の蔕形 ✕ があります。両性具有の性質をもつか
たちの素粒子形は、180度反転して凸形の ✕ 形と凹形の ✕ 形を生みだ
します。この ✕ 形と ✕ 形によるタイル貼りのカタチは同じパターンで
す(後掲図68〜図69参照)。

　柿の蔕形 ✕ には、∞ 形と ⊙⊙ 形が確認されます。前者を連続円文、
後者をひょうたん形と呼ぶことにします。連続円文は正六角形を、ひょ
うたん形は正八角形をそれぞれ内包しています。

ⓐ　連続円文の X 形を中心に同じ大きさの円形を描くと、◎◎◎ 形が生じ、
　[◎◊◆◎◎◎◆◎◎◎◆◎X]の図式が成立しています。

円形の連鎖

かたちの素粒子）形の180度の
反転の繰り返しから生じる

かたちの素粒子）形

←180度の反転

👆パターンA

180度の反転→

←180度の反転

180度の反転→

180度の反転←

柿の蔕形

円形の連鎖

ひょうたん形と連続円文の
「**となり合せの存在**」に注目
してください。

かたちの素粒子）形

←180度の反転

👆パターンB

180度の反転→

←180度の反転

180度の反転→

180度の反転←

柿の蔕形

円形の連鎖

ひょうたん形と連続円文の
「**となり合せの存在**」に注目
してください。

図70

出雲大社の神紋　なぜ、正六角形と正八角形なのか

ⓐ 正六角形

正八角形 ⓑ

① ()()形から生じる
正六角形 ⊗

② ✳ 形から生じる
正八角形 ✸

①と②双曲・楕円図形の特質を受け継いでいます。

【出雲大社神紋の意味】

出雲大社の神紋は、なぜ正六角形と正八角形の組合わせをもっているのでしょうか。そのエビデンス１は、京都・北白川遺跡出土浅鉢と福井・鳥浜貝塚出土の浅鉢に描かれる文様にあります。これを描いた縄文人は、双曲・楕円図形の上に「同質でありながら、異形の二者の合体によって新しい形が生れる」という意味を読み取っていました。上記に示す図式に基づいて生じるのが、◈形と✸形です。双曲・楕円図形の特別な性質を受け継ぐ正六角形と正八角形は、合体して正二十四角形を生みだします。すなわち、正多角形は、生命誕生の原理を内包する図形であり、さらに。永遠の継続性を併せもっていることになります。この継続性は、生きとし生けるものにとって重要な要素です。その原点に◈形と✸形は位置しているわけです。以上の経緯がエビデンス２です。

日本列島の縄文人は、文字に先行するかたちを１万有余年に渡って巧みに使いこなしていたのです！

ⓑ　ひょうたん形の２個の円形は、◆形を媒介として形成されています。この◆形から[◆ → ✳ → ✴]の図式が導かれます。

円結びの茅の輪くぐり

　「茅の輪くぐり」の足跡は ∞ 形を作っています。この ∞ 形は「ものの誕生」になくてはならない重要なカタチです。さらに、∞ 形は茅の輪の円形とともに ⦿⦿⦿ 形を形づくっています。このカタチが正六角形を生みだすカタチであることは、さきにのべてきました。ここに「円結び神」のもう一つの意味が発見されるのです。

六と八をもつ出雲大社の神紋

　出雲大社の神紋の外郭が正六角形であることは、図70に見るように一目瞭然です。その中の形は少し説明を必要とします。正六角形の中に描かれるカタチは、＋形と×形の合体した＊形を連想すると分かりやすいと思います。

　出雲大社の神紋は、正六角形と正八角形の組合せをもっています。この関係は、前述してきた京都市北白川遺跡出土浅鉢と福井県鳥浜貝塚出土浅鉢に描かれる文様に根拠が求められます。すなわち、正六角形と正八角形は、「同質でありながら異形の二者の合体によって新しいかたちが生まれる」に従って正二十四角形を生みだします。これだけではなく $3^2+4^2=5^2$ → $6^2+8^2=10^2$ に示されるとおり、「６と８の関係」は三平方の定理にも現われています。さらに縄文人は、この「６と８の関係」が円形や眼形を取り結ぶ X 形と◆形の上に現われていることに気づいていました。–

　出雲大社の神紋の意味が解けて、**「六合を兼ねて都を開き、八紘を掩ひて宇にせんこと、亦可からずや。観れば、夫の畝傍山の東南の橿原の地は、蓋し国の墺区か。治るべし」**と綴られる神武天皇即位前紀の信憑性が極めて高いものとなりました。記紀神話は「わが国の基層文化は縄文にあった」に基づいて記述されていたと考えられます。

第6章
しめ縄の幾何学

図71

出雲大社のしめ縄

しめ縄の意味

　今からおよそ 1 万 2500 前の縄文人は、◯ 形を土器の外形にもつ豆粒文土器を、〜〜〜 形の粘土帯を土器の表面に貼った隆起線文土器を、同じく))))形の粘土帯を貼った爪形文土器を作っていました。これらの土器に共通するカタチは「)」です。

　「)」形は、凹凸という一つ形で二つの性質をもっています(図 15)。これを「両性具有」と言います。この「)」形は、180 度反転して①◯ 形・②✗ 形・③〜〜〜 形・④〜〜〜〜形などを生みだします。なお、③と④は永遠の継続性をもっています(図 16 参照)。

　ところで、◯ 形をもつ豆粒文土器(長崎県佐世保市泉福寺洞窟遺跡出土、図 8)が作られたのは縄文時代草創期です。他方、「)」形を描く土器(図 13・長野県藤内遺跡出土、図 14・同赤穂丸山遺跡出土)が作られたのは、縄文時代中期です。草創期と中期は、およそ 6500 年以上の年代差があります。

　ここで、「縄文人は、なぜ、かたちの素粒子)形をもつ土器ではなく◯形をもつ豆粒文土器を最初に造っていたのか」という疑問が提出されることでしょう。

　この問題を考えるに際して、重要なことは、縄文草創期の豆粒文土器と縄文中期の土器は、その外形が同じ∪字形の土器であるということです。同じ∪字形の土器に◯形と)形が造形されているのです。

　縄文時代草創期の縄文人は、◯ 形の豆粒文土器、〜〜〜 形と———形の粘土帯をもつ隆起線文土器、))))形の粘土帯をもつ爪形文土器を用意周到に造っています。これらのかたちを表現するためには∪字形という母体の意味をもつ媒体を必要としたわけです。

　縄文時代草創期の縄文人は、縄文中期の長野県藤内遺跡、および、同赤穂丸山遺跡の縄文人と同様に◯形・〜〜〜 形などが「かたちの素粒子)形から生まれるかたちであると認識していたと考えられます。これは隆起線文土器の下層部分から豆粒文土器のほぼ完全に近い個体が出土していたことからも裏づけられています。

　「)」形のカタチの変化は、複雑なものではありません。その変遷は、

図72

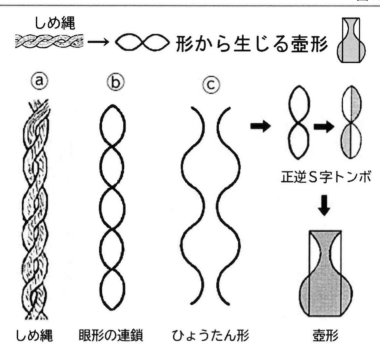

しめ縄 → ∞ 形から生じる壺形

ⓐ ⓑ ⓒ

正逆Ｓ字トンボ

しめ縄　眼形の連鎖　ひょうたん形　壺形

　しめ縄は、①両性具有、②180度の反転、③永遠の継続性をもって
います。上記の3条件は「同質でありながら異形の二者の合体によっ
て新しい生命が生まれる」という**生命誕生の原理**に密接につながって
います。それは、しめ縄から生じる**壺形**に表われています。

　ここに、壺形が**母胎**の意味をもつ根拠が発見されるのです。しめ縄
に**ものの誕生原理**を読み取っていた縄文人の考え方が正解であったこ
とは、現代において発見された「ＤＮＡの二重らせん構造」によって
裏づけられています。

　なお、しめ縄と正逆Ｓ字トンボの次元の相違は、上図ⓒに見るよう
に縄文人が地面にらせん形を描く時、左巻きのらせん形と右巻きのら
せん形による壺形に気づいていたと考えられます。ヨコ並びの眼形か
ら生じる正六角形も同様です。

180度の反転によって確認されます。　豆粒文土器の◖形は、隆起線文 〰 よりシンプルです。益して、縄文人は爪形文 ）））） 形を土器に描いていたのですから、◖形が「）」形から生じるカタチであることを知っていたはずです。∪字形、つまり、◖形は具体的に実用に供するカタチであり、ほかのカタチに先行して表現されたとしても何ら不思議ではありません。

　これまでに述べてきた縄文時代草創期の斜格子文土器や波状口縁をももつ土器、縄文時代前期の京都府北白川遺跡出土の浅鉢、および福井県鳥浜貝塚出土浅鉢に描かれる双曲・楕円図形に基づく文様は、かたちの素粒子）形の概念を必要とします。

　これらの知識が、縄文時代中期の長野県八ヶ岳西南麓に居住していた縄文人によって、「かたちの素粒子）形のもつ①両性具有、②180度の反転は、◖形・𝘅形・〰形・〰形・〰〰形の形成になくてはならないカタチ」であることが、反芻されていたとしても、そこに論理的な矛盾は何もありません。

　日本列島の縄文コミュニティは、物々交換とともに公平な情報交換が行なわれ、時空を飛び越え「かたちの素粒子）形」による思想構築を競い合っていたと考えられます。その原点にしめ縄があったのです。

門松の由来

　しめ縄は神社に飾られております。わが国では正月に門松とともに玄関や神棚、自動車などにも飾ります。しめ縄は、わが国のシンボル的存在です。

　ところで、門松には、なぜ松や竹という素材を使うのでしょうか、門松の竹の切り方には日本独特の考えや教えがあり門松作りにもそれが活かされているなどの意見はありますが、その由来を縄文時代に求める意見は提出されていません。

　竹の切り口には、①斜め切りの「そぎ」と②輪切りの「寸胴(ずんど)」の二種類があります。①の「そぎ」の切り口は◖（眼形）であり、②の

「寸胴」の切り口は〇（円形）です。🌑形と〇形が、どのような意味をもっているかについては、これまで何も説明されていませんでした。

　縄文の歴史は、その答えをもっています。門松の二種類の切り口は、日本独特の考え方が活かされています。門松の「そぎ→🌑」と「ずんど→〇」は、円形の連鎖から導かれる眼形の連鎖を暗示しています。なお、円形と眼形の関係は、しめ縄にも生じています。

　この🌑形は、わが国の基層文化は縄文にあることを物語る斜格子文にも現われています。この斜格子文は、およそ1万有余年に渡って受け継がれてきたわが国の歴史において重要な文様です（第3章参照）。

　わが国の神道には教義はなく、ほかの宗教と比べて拘束性はありません。神社へ二礼二拍手一礼してお参りすれば「神様はすぐに許してくれますよ」と子供の頃に誰とはなしに教えてくれました。その神様とは大自然の摂理、そのものではないでしょうか。

〰 形の鏡像現象

　縄文草創期の縄文人は、①両性具有、②180度の反転、③永遠の継続性が生命誕生の原理に必要不可欠であることを大自然の動植物の観察を通して学びとっていたと考えられます。

　以上のことは、森の住人であった縄文人の面目躍如たるものがあります。この原理を最もわかりやすくしてくれるのが鏡像現象です。とはいってもしめ縄の意味に気づくことがなかったら、この鏡像現象を理解することはかなり困難になります。さきに私はしめ縄と言いましたが、正確には撚る前の2本の縄、それは 〰〰〰 形→らせん形のことです。縄文人は葦や茅を使って縄を撚っていたと考えられます。縄文時代草創期に針金はなかったから、葦・茅・蔓など植物や土で 〰 形を作り、それを水鏡に映し 〰 形を確認し鏡像現象を理解していたと考えられます。実際には、撚る前に2本の縄の起点をしっかりと固定して、最初、右手にもった縄を左側にもって行くと右撚りのしめ縄ができます。同様にして左の縄から撚り始めると左撚りのしめ縄を撚ることができます。

図73

もの誕生理論を裏づける 鏡像現象

右巻き
らせん形 　左巻き
らせん形 　逆S字
トンボ 　正S字
トンボ

左巻きらせん形・右巻きらせん形と 正逆S字トンボの意味

① 左巻きらせん形・右巻きらせん形は、@両性具有をもち、⑥180度の反転によって、生きとし生けるものに共通する©永遠の継続性を生みだしています。

② 左巻きらせん形と右巻きらせん形のもつ「同質でありながら異形の二者の合体によって新しいかたちが生まれる」から ∞ → ∞ 形が導かれ、さらに （壺形）が導かれます。壺形は生命誕生の原理を内包しています。

③ 左巻きらせん形・右巻きらせん形と正逆S字トンボが、異形同質の関係にあることは、上記の鏡像現象によって証明されます。この鏡像現象の産みの親は二重らせん構造＝しめ縄です。なお、正逆S字渦文としめ縄及び、正逆S字渦文は異形同質の関係で結ばれています。

縄文時代草創期の縄文人は、土器に二重らせん構造を描いていました。彼らが 形に**母胎の意味をもつ壺形**を見出していたことは十分に考えられます。

2本のメビウスの帯から
生じる壺形

二重らせん構造から
生じる と ♥ は
生命誕生の原理を
共有しています。

だから、天の御柱の件でイザナギノミコトは、イザナミノミコトに向かって「汝は右より廻り逢へ。我は左より廻り逢はむ」と仰せられたわけです。

　鏡の前の　⌣　形と鏡に映る　⌣　形は、小学生でも理解できる鏡像現象です。つまり、異形同質の二者は合体して母胎の意味をもつ壺形　🏺　を生みだしています。この鏡の前の⌣形と鏡に映った⌣形は、縄文人にとっての統一理論、**宇宙創成の原理**と**生命誕生の原理**を組み立てるためになくてはならないカタチだったのです（これに関しては、再述します）。

ＤＮＡの二重らせん構造　〈その１〉

　ＤＮＡ（デオキシリボ核酸 地球上の多くの生物において、遺伝情報の継承と発現を担う高分子生体物質「ウィキペディア」より）が二重らせん構造の上に存在していることは、よく知られています。他方、なぜ、二重らせん構造の上にのっているのかについては、「二重らせん構造は安定している」と説明されております。図74に見るＤＮＡが載る二重らせん構造は、わが国のしめ縄と同じパターンです。

　しめ縄は、かたちの素粒子）形の180度の反転の繰り返しによって生じるらせん形を基本形としています。起点を固定した二本のらせん形を左巻、右巻きというように撚って行くと、左巻きらせん形と右巻らせん形の合体形が生まれます。これが二重らせん構造といわれるカタチです。二重らせん構造が「同質でありながら、異形の二者の合体によって新しいカタチが生れる」という意味をもち、上記の文中の「カタチ」のところへ「生命」の二文字を挿入すると生命誕生の原理が生まれます。

　新しいカタチと生命誕生は、同質の二者の合体によって新しいパターンが生みだされるわけです。上記の表現を共有しています。

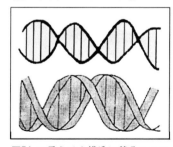

図74 二重らせん構造に載るＤＮＡ

再考‼ ヨコ並びの眼形 ⬡⬡⬡⬡⬡

　図75の［第1のパターン］は、ヨコの並びの眼形とタテ並びの眼形の集合体です。これを「眼形の連鎖」と呼ぶことにします。この眼形の連鎖から斜格子文が導かれることを、縄文人は知っていたのかどうか、検証することが求められると思います。

　縄文前期の長野県高風呂遺跡出土土器(第5章、図53)には、⬡⬡⬡⬡ 形が描かれています。第5章の図 57 に示す方法に従って、実際にヨコ並びの眼形を描いてみると、◯╳◯ 形から ⬡ 形が生じることが解ります。縄文前期の京都市北白川遺跡、および、福井県鳥浜貝塚出土の浅鉢には双曲図形()()形、楕円図形(◯形)による文様が描かれており、これらが正六角形と正八角形を表わすカタチであるとする結論を得ることができました。⬢(正六角形)の存在に気づいていた縄文人が、意味も解らずにヨコ並びの眼形を描くわけがありません。

　豆粒文・隆起線文・爪形文から始まり、京都・北白川遺跡の浅鉢文様と福井・鳥浜貝塚の浅鉢文様、長野県高風呂遺跡の土器を経て、縄文後期から晩期の土版・岩版へと受け継がれています。そして、およそ1万年後、縄文時代草創期の斜格子文の ⬡ 形は、福岡県の王塚古墳壁画で開花します。その色分けされた ⬡ 形は幾何図形の正六角形です。

◯╳◯ 形から ⬡ 形へ

　福岡県の王塚古墳壁画が存在しなかったら斜格子文の産みの親が◯╳◯形(双曲図形、楕円図形)であったことに気づいていたかどうかわかりません。いずれにしても ◯╳◯ 形から ⬡ 形への変遷によって ◯╳◯ 形が六角形を表わすカタチであることが解っただけでも大きな収穫です。ここでも六は媒介者の役割を果たしています。

　◯╳◯ 形から ⬡ 形への図式は、ヨコ並びの眼形とタテ並びの眼形をつなぐ架け橋であることを再確認しておきます。斜格子文は、生命体の基本構造である二重らせん構造を産みの親とするヨコ並びの眼形とタテ並びの眼形の集合体であり、それらをつなぐのが ◯╳◯ 形、つまり、⬢

図75

眼形の連鎖に隠れている

壺形 ・ 正六角形 ・ 七宝文

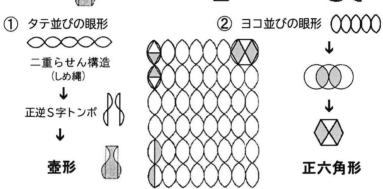

① タテ並びの眼形

二重らせん構造
（しめ縄）

↓

正逆Ｓ字トンボ

↓

壺形

② ヨコ並びの眼形

↓

↓

正六角形

③ **七宝文** の基本形は 形と 考えることができます。 このかた
ちの特徴は、 4個の 形による円形〇と正方形口が、 それぞれ
の2分の1の 形を共有しながら形成されているところ示され
ています ＝ ＋ 。 このような七宝文の相即不離は、 タテ
並びの眼形とヨコ並びの眼形、 つまり、 双曲図形()()と楕円図形
(()から受け継がれた性質です。 **七宝文** ＝ ＋ は、 次の
ような円形と正方形
の関係を生みだして
います。

天地・陰陽の図

① ○○○○ タテ並びの眼形 → 壺形

② ○○○○ ヨコ並びの眼形 → 正六角形

③ 七宝文の基本形 → 円形・ 正方形

上記の①・②・③の形は、 **同質でありながら、 異形の二者
の合体によって新しいかたちと生命が生れるという宇宙創
成と生命誕生の原理**を共有しています❢

正六角形です。

カーボンマイクロコイル（ＣＭＣ）とは

　インターネットは、カーボンマイクロコイル（ＣＭＣ）について、つ
ぎのように書いています。

　ニッケル(Ni)触媒を用いてアセチレンを高温熱分解して得られるの
がＣＭＣです。Ni触媒をコイルの頭につけて人間の鼓(脈拍)と同じ、
約 60 回転/分の速度で回転しながら成長します。その際、触媒から成
長した２本のカーボンハファイバーは互いに絡み合いながら二重らせ
ん構造をつくりますが、その構造は生命体(DNA)の基本構造です。
まるで人間の鼓動を感じこれに共鳴するかのように、生き物のように
成長します。そこには、人間・生命体と共鳴する命が宿り、意識すら
持っているようにも感じられるものです。
　ＣＭＣは人間・生命体にやさしく共鳴する高度の新規機能と無限の
応用の可能性を秘めています。既存材料では得られないような新規で
かつ高度機能を示し、電磁波吸収材、センサー、エネルギー変換材な
どの工業分野から、健康・医療分野まで、非常に幅広い分野への応用
が期待されている世界的な革新的新素材です。ＣＭＣは、岐阜大学教

授(現名誉教授)の元島栖二博士
らにより 1990 年に世界で初
めて発見され以降、20 年間
以上に渡り精力的な研究開
発が進められ、ノーベル賞
級の革新的新素材として世
界的にも大変注目されるよ
うになりました。

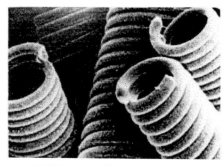

図76　カーボンマイクロコイル

図 77

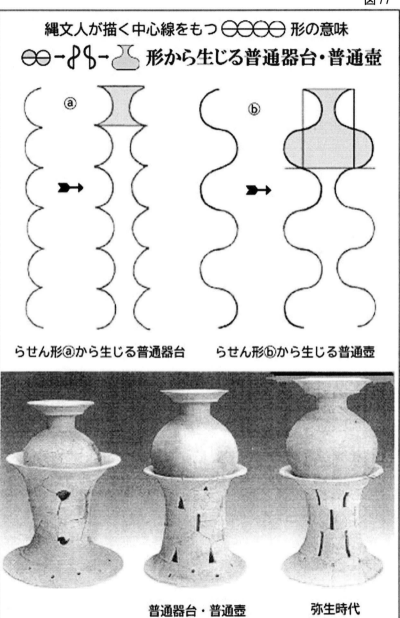

縄文人が描く中心線をもつ ⊖⊖⊖⊖ 形の意味

⊖⊖ーか々ー形から生じる普通器台・普通壺

ⓐ

ⓑ

らせん形ⓐから生じる普通器台　　らせん形ⓑから生じる普通壺

普通器台・普通壺　　　　弥生時代

図78

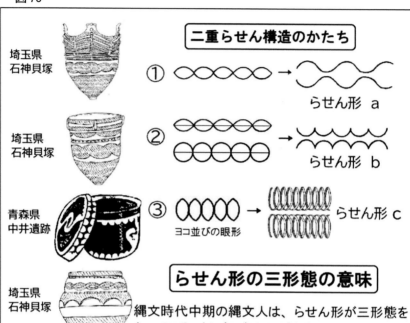

二重らせん構造のかたち

埼玉県
石神貝塚

① ○○○○○ → らせん形　a

埼玉県
石神貝塚

② ○○○○○○ → らせん形　b

青森県
中井遺跡

③ ○○○○○ → らせん形 c
ヨコ並びの眼形

埼玉県
石神貝塚

↑縄文土器各種

らせん形の三形態の意味

縄文時代中期の縄文人は、らせん形が三形態を
もっていることに気づいていました(第1章、図14参照)。
この「**らせん形の三形態**」は、しめ縄(二重らせん構造)
の意味を考える上で、極めて重要です。

∞・○○ 形から生じる壺形

ⓐ
180度の
反転

しめ縄(二重らせん構造)から
生じる 壺形

ⓑ
180度の
反転

∞ 形と ○○ 形に中心線を引くと、異形同質の関係をもつ
正逆S字トンボ(メビウスの帯)が生じます。この正逆S字トンボは壺
形を作ります。この壺形は「母胎の意味」をもっています。

図79

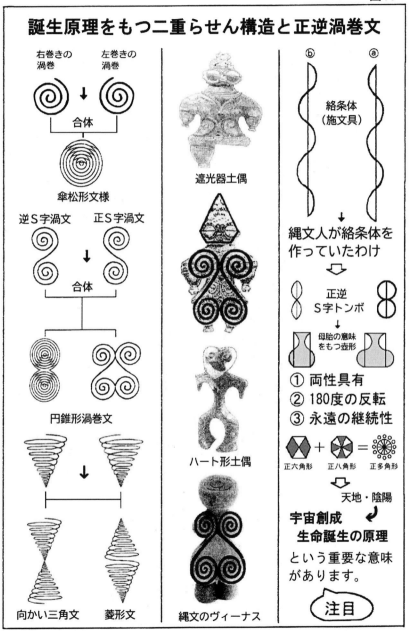

誕生原理をもつ二重らせん構造と正逆渦巻文

図80

眼形の連鎖 に生じるいろいろなカタチ

下記のカタチは、(◊+◆)形を礎に形づくられております。

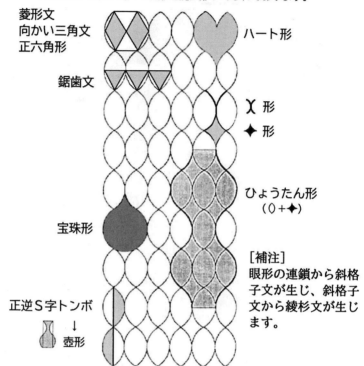

菱形文
向かい三角文
正六角形

ハート形

鋸歯文

Ⅹ 形

◆ 形

ひょうたん形
（◊+◆）

宝珠形

［補注］
眼形の連鎖から斜格
子文が生じ、斜格子
文から綾杉文が生じ
ます。

正逆Ｓ字トンボ
↓
壺形

　私たちは、縄文人の描くヨコ並びの眼形から正六角形が生
じることを知ることができました。このヨコ並びの眼形は、
タテ並びの眼形と異形同質の関係を結んでいます。上図はそ
のタイル貼りというべきパターンです。
　らせん形の三形態は、① 〰 形・② 〰〰 形・③
（〰〰〰〰）形に分別されます。①と②はタテ並びの眼形に、③
はヨコ並びの眼形に現われています。このカタチは縄文時代
草創期の斜格子文に結ばれます。このように「らせん形の三
形態」は、双曲図形）（（）（）、楕円図形（◊）によって形づくられ
ていることがわかります。

ＤＮＡの二重らせん構造 〈その２〉

　図 75 を見る多くの人は、「眼形のタイル貼り」をイメージされたのではないでしょうか。

　ところで、縄文時代草創期の縄文人は、斜格子文を土器に描いていました。この斜格子文が眼形の連鎖から導かれるものであることは、前述してきました。円形の連鎖から眼形の連鎖へ、さらに斜格子文土器へカタチの変遷に際して、**X** 形はなくてはならない存在です。つまり、**X** 形は「同質でありながら異形の二者の合体によって新しいかたちが生まれる」という「ものの誕生理論」に基づく ()X() 形と **米** 形から導かれるカタチであり、以下に示す図式に適合するカタチをもっています。

　　ⓐ ()X()形 → ()X()形 → ⬙X⬘ 形→ ⬢ 正六角形→ X形
　　ⓑ 米形 ────→ ✳ 形──→ ⬢ 正八角形→ ◆形

　上記のⓐ()X()形は X 形に置換され、ⓑ米形は ◆ 形に置換されます。縄文人が採用していた異形同質の関係に基づく「アナロジーの連鎖」による「ものの誕生の原理」、すなわち「生命誕生の原理」は、双曲図形 ()()形、楕円図形(0 形)の性質である相即不離の関係に置かれていることになります。それはまさに二重らせん構造そのものでもあります。ここに「しめ縄」の意味が発見されます。

　ヨコ並びとタテ並びに展開する眼形の連鎖の中には、母胎の意味をもつ壺形とそれを護る超強靭性をもつ正六角形の集合体が存在しています。それらは人間が作りだしたものではなく、そのカタチ(二重らせん構造)の中に「同質でありながら、異形の二者の合体によって新しい生命が生れる」という生命誕生の原理が確認されます。縄文人の描いていた斜格子文は、現代にいうＤＮＡが載る二重らせん構造の連鎖といえるでしょう。縄文人は「しめ縄(二重らせん構造)」というカタチの上に、**ものの誕生原理**を読み取っていたと考えられます。

第7章
ひょうたん形の幾何学

第1節　かたちの素粒子) 形から生じるひょうたん形

ひょうたんからコマがでる

「ひょうたんからコマ」ということわざがあります。『広辞苑』は、つぎのように書いています。

① 意外の所から意外のものの現われることのたとえ。ふざけ半分のことがらが事実として実現してしまうことなどにいう。

② 道理の上から、あるはずのないことのたとえ。

　『広辞苑』は、「こま」を「駒」と表記しています。駒は将棋の駒と考えられます。いっぽう、「こま」には「独楽」があります。独楽を『広辞苑』で検索してみます。

① 子供の玩具。円い木製の胴に心棒(軸)を貫き、これを中心として回転させるもの。種類が多い。

② 一点が固定され、この点すなわち支点の周りを自由に回転する剛体。

図81

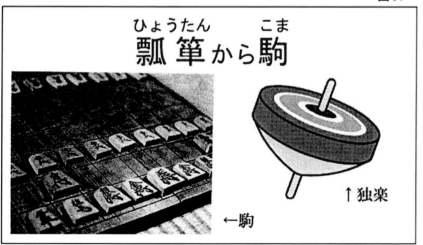

図82

⊞ と ✦ のタイル貼りから生じる ∞ 形と◯•◯ 形

この図を見て、あなたの目に飛び込んでくるカタチは何でしょう
か。𝑋形と✦形を念頭に見直すと、 ∞ 形と◯•◯ 形に気づくこ
とができます。この ∞ 形と◯•◯ 形は、異形同質の関係で結
ばれ、⊞形を形づくっています（図87参照）。

ところで、一見無関係にみえる「駒」と「独楽」は、同じ読みだけではなく、結びつく要素をもっています。それは多角形と渦巻の組合せです。将棋の駒は五角形をもっています。いっぽう子供の玩具の独楽は円錐形をもち、これに紐を巻きつけて床など平面の上で回します。これに円錐形渦巻を連想することができます。わが国の古代人は、「駒と独楽に対し、同じ「コマ」の読みを与え、将棋の駒に正多角形を、玩具の独楽に渦巻を与えていたのではないかという仮説が成り立つ可能性があります。

ひょうたん形の重要性

　歴史学者・考古学者は、縄文時代草創期の豆粒文土器・隆起線文土器・爪形文土器に対し、かたちの素粒子）形の 180 度反転による〇形や）（形、〰〰 形の視点から、なぜ考察しなかったのでしょうか。

　放射性炭素年代測定法・フィッショントラック法などによる年代測定値が、豆粒文土器が約 1 万 2500 年前、隆起線文土器が約 1 万 2000 年前という結果が出されたとしても、それらのカタチである「〇形と〰〰形」は、ともに「かたちの素粒子）形の 180 度反転から生じるカタチ」であることに変わりはありません。この視点から見れば、豆粒文土器と隆起線文土器の作られた年代差が 500 年あったとしても、両者のカタチの産みの親が、かたちの素粒子）形であることに変わりはありません。

　ここに爪形文の意味が発見されます。豆粒文土器・隆起線文土器・爪形文土器は、同じ縄文時代草創期に属しているわけです。同じ縄文時代草創期に斜格子文を描く土器と波状口縁をもつ土器が作られています。かたちの素粒子）形を念頭にこれらの意味を考えることが求められます。

　ところで、かたちの素粒子）形は、180 度の反転を繰り返して図 82 に見る円形の連鎖を生みだしています。この円形の連鎖の基本形は、⊗形と考えることができます。柿という植物の果実に現われている柿の蔕形⊗は、縄文人の幾何学において、正多角形の花のかたちと共に重要な意味をもっていたことになります。

第2節　伏犠・女媧伝説

　伏犠・女媧伝説は、長江(揚子江＝中国最大の川)上流に居住していた古モンゴロイド系の苗族によって語り伝えられてきたと言われております。それは「大洪水の時、伏犠と女媧はひょうたんの中へ逃げ込んで命が助かった」という説話です。なお、古モンゴロイド系の苗族と縄文人は、二重らせんに載るＤＮＡ、血筋がつながっています。

　他方、日本列島の縄文人はかたちの素粒子)形を土器や土偶に描き、この)形の 180 度反転による ()形や 〜〜〜 形を土器に表現しています。このようにかたちの素粒子)形の 180 度の反転を繰り返し行うと図 82 に示す柿の蔕形と名づけた 88 形には ∞ 形と ○○ 形が現われています。

　縄文時代草創期から前期の遺跡である福井県鳥浜貝塚からひょうたんの種子が発掘されております。その後の日本列島において、前方後円墳に対し、瓢箪塚とかひょうたん山という名称が存在しています。縄文人をはじめとするわが国の古代人が、ひょうたんを重視していたことが推測されます。

柿の蔕形 88 形の ∞ 形と ○○ 形の関係

　第5章の図 68 と同図 69 において、かたちの素粒子)形の 180 度の反転の繰り返しから生じるカタチは ⓐ 88 形と ⓑ ✖ 形のパターンがあります。このⓐとⓑのパターンを、先程と同様に 180 度の反転を繰り返すと、それぞれ ⓒ と ⓓ のパターンが生じます。この ⓒ と ⓓ は、ともに ∞ 形と ○○ 形が現われております。∞ 形を連続円文、○○ 形をひょうたん形と呼ぶことにします。

　　ひょうたん形は、二つの凸形(＝○形)と一つの凹形(＝ ◆ 形)をもっています。他方、連続円文は、二つの凸形(＝○形)と一つの凹形(＝ ✗ 形)をもっています。上記のように表現したわけは、∞ 形(連続円文)と ○○ 形

（ひょうたん形）とは、それらの二つの円形を結ぶ X 形と ◆ 形によってそれらのカタチが決定されているからです。

　かたちの素粒子）形から生まれる柿の蔕形 ⌗ 形の４個の円形は、X 形と ◆ 形を介して ◯◯ 形と ◯◆◯ 形を形づくり、異形同質の関係を生みだしています。逐次、述べて行きますが、この X 形と ◆ 形こそ、**縄文人の幾何学の特徴的なかたちです。**

　この ◯◯ 形と ◯◆◯ 形がどのように結ばれ、どのような意味をもっているのか、現代ではトポロジー（位相幾何学）から説明されていますが、中学生でもわかるような証明方法は提出されていません。縄文人の発見した X 形と ◆ 形の視点をもてば、一目瞭然に理解することができます。

　X 形と ◆ 形は異形同質の関係で結ばれています。X 形は ◯◯ 形を形づくり、◆ 形は ◯◆◯ 形を形づくっております。ここに、柿の蔕形 ⌗ の存在意義があります（第４章、図 43 参照）。つまり「同質でありながら異形の二者」である ◯◯ 形と ◯◆◯ 形は合体して ⌗ 形を形づくっています。

〜〜〜〜〜 形と ◯◯◯◯◯ 形の関係

　二本撚りのしめ縄は、図 83 の@に見るパターンです。しめ縄は、二本の縄の先端を固定して、最初に左巻きに撚ると左巻きのしめ縄が生じ、最初に右巻きに撚ると右巻きのしめ縄が生じます。図 84 のⓑは、それをフリーハンドで描いたものです。

　@のしめ縄は、二本の縄が立体的に重なり合っています。一方、ⓑは、左巻きのらせん形と右巻きのらせん形が繋がっているように見えます。このように紙面にしめ縄と二本のらせん形を描くと、@は三次元の形であり、ⓑは二次元の形であることがよく理解されます。

　図 84 において、二本のらせん形を図に見るように移動させると、壺形が現われます。縄文人も同じように地面に二本のらせん形を描いているうちに、この壺形に気づいていたと考えられます。この壺形の出現は、三次元図形の二次元化によって生じます。眼形の連鎖から正六角形が生じる図形現象も、これと同じです（第５章、図 52 参照）。

縄文人の視点は、〇(円形)と◯(円形)を結ぶ ✗ 形と ◆ 形に置かれています。このような理解によって、長野県八ヶ岳西南麓に居住していた縄文中期の縄文人が土器や土偶に ◆ を描いていた意味がわかるようになります。これまでの研究者は、この視点が欠如しています。話は飛びますが、邪馬台国の女王卑弥呼は、しめ縄に読み取れる ✗ 形と ◆ 形は、円と円を結ぶ媒介者(シャーマン)の役割を担っていたのではないでしょうか。

　フリーハンドで描かれたしめ縄は〇形と◯形が結ばれていますが、実際のしめ縄も二本の縄は密着しています。しめ縄は左撚り右撚りを繰り返しています。二本の縄の交差するところが ✗ 形の中心、ここで、新しい生命誕生に繋がる 180 度の反転が行われているということになります。

伏犠・女媧伝承と伏犠・女媧図

　図 84 に見るようにしめ縄からひょうたん形が生じ、さらに、このひょうたん形から母胎の意味をもつ壺形が生じていることがわかります。以上から、大洪水の時、ひょうたん形へ逃げ込んだ伏犠と女媧の命が、なぜ助かったのか、伏犠・女媧伝承の謎の一つを解くことができます。

　ところで、伏犠と女媧のもう一つの謎は、伏犠・女媧図に描かれる下半身に蛇の交尾するかたちをもち、伏犠はサシガネをもち、女媧はコンパスをもっていることです。

　女媧が手にもつコンパスは天に、伏犠が手にするサシガネは地に対応するとの意見は提出されていますが、サシガネとコンパスと下半身の蛇の交尾形との関係に触れる意見は何もありません。伏犠・女媧図において、伏犠と女媧が手にもって頭の上に掲げるサシガネとコンパスの間に 🌼 形が描かれています。この 🌼 形の中に ✳ 形が描かれており、円接正多角形を表現するものと考えられます(図85 参照)。

　伏犠・女媧図が私たちに問いかけていることは、上半身に描かれる 🌼 形、つまり正多角形と、下半身に描かれる蛇の交尾形の組合せの意味は、前後しますが、第6章でのべてきたしめ縄から生じる壺形と正六角形ということになります。

図83

伏犠・女媧図

コンパス

サシガネ

円接正多角形に
特徴的なかたち

・円形―――曲線
・正多角形―――直線

伏犠・女媧の下半身
のかたち

ⓐ

ⓑ

しめ縄

二重らせん
構造

・女媧－コンパス（規）→曲線
・伏犠－サシガネ（矩）→直線

「伏犠・女媧」と「規矩」は、
同質でありながら、異形の二者
の合体によって新しい生命が生
れるという生命誕生の原理をも
っています。

サシガネとコンパスから生じる
かたちは、正十二角形です。日
本列島の縄文人は、およそ１万
年前に眼形の連鎖から正六角形
の集合体を形づくる斜格子文を
土器に描いていました❣
正六角形・正十二角形・正二十
四角形は密接に繋がっています。

伏犠・女媧図はインターネット
「ウィキペディア」より

図84

しめ縄から生じるひょうたん形

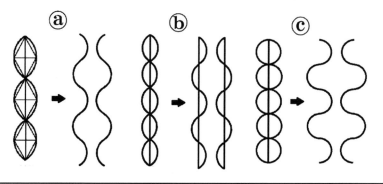

ⓐ　ⓑ　ⓒ

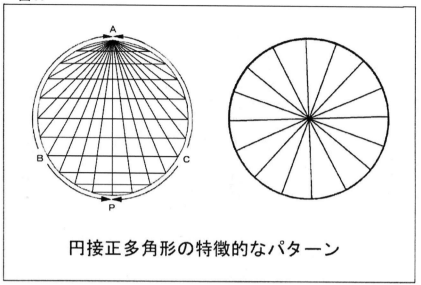

図85

円接正多角形の特徴的なパターン

人類とひょうたんの関係

　伏犠と女媧は、大洪水の時にひょうたんの中へ逃げ込んで、九死に一生を得たとする伝承があります。この伝承で注目されることは、ひょうたんの役割です。

　伏犠・女媧伝説は、縄文人と血筋がつながる長江上流に居住していた古モンゴロイド系の苗族によって語り継がれてきたものです。他方、日本列島の縄文人はかたちの素粒子）形を土器や土偶に造形しています。

　ひょうたん形はかたちの素粒子）形から導かれるカタチです（第5章、図68～図69）。このかたちの素粒子）形は、縄文人が世界で最初に発見したものです。このかたちの素粒子）形を基に思想をカタチで表わすという考え方は、日本列島の縄文人から中国に居住する同じDNAをもつ苗族（ミャオゾク）へ伝えられたものと考えられます。

　たとえば、らせん形と正多角形の関係を裏づけるような波状口縁をもつ土器、斜格子文土器、円形丸底土器・方形平底土器に類似する史料は、中国大陸に存在しているでしょうか。私は寡聞にして知りません。

図86

自然界の動植物と幾何学
との関係……

人類とひょうたん形

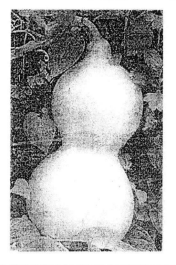

ひょうたんは、人類が利用した最初の植物と言われております。ところで、縄文時代草創期の日本列島の縄文人は、〇形や〰〰形が「)」の180度の反転 から生じるカタチであることに気づいておりました。

このかたちの素粒子) 形の180度の 反転から生じる 88 形にひょうたん形 〇〇 は隠れております。

88 形は「同質でありながら異形の二者の合体によって新しいかたちが生じるという図形現象をもっています。ここに縄文人は、生命誕生の原理を読み取っていたと考えられます。

ひょうたんの種子が発掘された縄文草創期の鳥浜貝塚

縄文時代草創期から前期の遺跡である福井県鳥浜貝塚からひょうたんの種子が発掘されております。その後の日本列島において、ひょうたん塚とかひょうたん山という名称の前方後円墳が存在します。縄文人をはじめとするわが国の古代人が、先祖代々ひょうたん形に関心を抱いていたことはまちがいありません。ひょうたん形を産みだしているしめ縄も日本列島に根づいています。

X形と◆形は媒介者

連続円文はX形によって円形2個が結ばれ、ひょうたん形は◆形を介して円形4個が結ばれています。X形と◆形は、2個と4個の円形をつなぐ媒介者の役割をもっています。さきに私は 88 形を柿の蒂形と呼んできましたが、実際の柿の蒂は、円形部分が4個の ◊ (宝珠形)です。

ネリー・ナウマン氏（ドイツの日本学者）は土器や土偶に造形される 〰 形などから、三日月を連想されています。三日月の 🌙 形を観察すれば、🌙形が「凹・凸」という両性具有のカタチをもっていることに気づくことができます。◯ 形を連続的に描くと、そのとなりに 𝖷 形が必然的に現われています。

このような図形現象は、〇〇〇〇〇 形（ヨコ並びの眼形）を見ればよくわかります。◯ 形と𝖷 形は、それぞれの二分の一を共有して 〇𝖷〇 形を形づくっています。このように三日月と満月は双曲図形（)（形と楕円図形（◯ 形）を介して密接につながっていることがわかります。**縄文人が 〇𝖷〇 形に①両性具有、②180 度の反転、③永遠の継続性を読み取っていたことは、現代人の幾何学を凌駕するものがあります。**

⊗ 形（＝◇𝖷◇）が、京都市北白川遺跡出土浅鉢と福井県鳥浜貝塚出土浅鉢に描かれる 𝖷 形と ✳ 形を受け継いでいることは、それらが両性具有のカタチであるところに明らかです。長野県八ヶ岳西南麓に居住していた縄文時代中期の縄文人は、● 形を土器に造形しています。● 形は双眼と呼ばれています。この双眼には、柿の蔕形 ∞ 形が隠れています（第8章、図 94 参照）。

新しいカタチを生みだす𝖷形と✦形

正六角形と正八角形は、異形同質の関係を結んでいます。その合体形である正二十四角形は、30 度・60 度・90 度の内角度をもつ直角三角形による長方形と 45 度・45 度・90 度の内角度をもつ直角三角形による正方形を特徴的なカタチとしてもっております。この正二十四角形は、正十二角形とともに正多角形の出発点といっても過言ではありません。こればかりか、縄文人は正六角形と正八角形がもつもう一つの不思議な性質に気づいていました。

それは、正六角形と正八角形を双曲図形（)（形、楕円図形（◯ ）で表現するという裏技というべき方法です。これによれば、𝖷 形＝正六角形、✦形＝正八角形という図式を導くことができます。これを私は「アナロ

図87

異形同質の関係を結ぶ ─┌ 連続円文
                              └ ひょうたん形

A かたちの素粒子）形の180度の反転の繰り返しから
　生じる柿の蒂形（図68〜図69参照）

柿の蒂形を
形づくる
連続円文

柿の蒂形を
形づくる
ひょうたん形

B 連続円文 ─┐
　ひょうたん形 ─┴─ 異形同質の関係

かたちの素粒子）形

かたちの素粒子）形

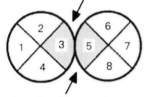

①連続円文

②ひょうたん形

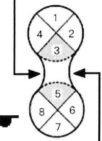

かたちの素粒子）形

かたちの素粒子）形

C 柿の蒂形の意味

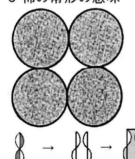

メビウスの帯　正逆S字トンボ　壺形

1. 縄文人が創出した双眼🝘は、ひょうた
　ん形と連続円文を同時に内包しています。
　それらはB①とB②に見るように、異形
　同質の関係で結ばれています。

2. 連続円文に中心線を引くと、正逆S字
　トンボが生じます。この正逆S字トンボ
　は、生命誕生の原理をもつメビウスの帯
　に結ばれます。つまり、ひょうたん形と
　連続円文は、異形同質の関係で結ばれて
　いることになります。

ジーの連鎖」と名づけました。

二つの円形を結ぶ✗形と✦形

　✦形は長野県富士見町藤内遺跡出土の少女土偶に描かれ、土器に造形されています（第8章、図99～図100）。✦形といえば、柿の蔕形❁形が思いだされます。この柿の蔕形❁形は、かたちの素粒子）形の180度の反転の繰り返しから生まれるカタチです。この❁形は、不思議な図形現象をもっています。

　柿の蔕形❁形には、ⓐ連続円文 ∞ とⓑひょうたん形 ⊂⊃ が同時に存在しています。連続円文とひょうたん形を見比べると、2個の円形を共有しながら、2個の円形を結ぶ媒介となるカタチが前者は✗形であり、後者は✦形であるところが相違しています。

　とは言っても、∞ 形と ⊂⊃ 形は、2個の ）形の180度反転によって行ったり来たりすることができる異形同質の関係でがっちり結ばれています。ⓐとⓑは、以下の関係を持っています。

　　ⓐ　✗形 → ∞ → ⟨∞⟩形 → ⟨✗∞⟩形 → ⬢正六角形
　　ⓑ　✦形 → ⊂⊃ ────────→ ✳（骨組）→ ⬢正八角形

　上記のⓐの ⌒ 形とⓑの ✳ 形は合体して ✱ 形を作ります。これが出雲大社の神紋です。この神紋は正多角形で言えば、円接二十四角形に該当します。これらを総じて『記・紀』編纂に携わった人たちは、✗形と✦形を「円結びの神」と呼び、わが国の基層文化は縄文にあったことを理解していたことになります。このように考えれば、出雲大社の**神紋**の由緒と出雲大社の**縁結び神様**と呼ばれる謎が、同時に解けてきます。

縄文文化と世界の文化圏とのつながり ⟨⟨⟨⟩⟩⟩・✗・❁・◈

　図88～図90は、紀元前5400年頃～紀元前4000年頃に栄えた中国青蓮崗文化、ククテニ（ルーマニアの地名）文化、ハラフ文化の特徴的な遺物

とされる彩色土器です。これらの土器には幾何学的な文様が描かれています。中国青蓮崗文化(紀元前 5400 年頃〜紀元前 4400 年頃)の土器には⟨⟨⟨⟨⟩形と＊ 形が描かれています(同図ⓒ)。同図ⓓ・ⓔは縄文時代草創期の斜格子文土器と古墳時代の装飾壁画の文様です。

　ククテニ文化と青蓮崗文化の土器に描かれる ⟨⟨⟨⟨⟩形と＊ 形・⟨⟩ 形は、日本列島の縄文人が描いていた斜格子文(紀元前 1 万年頃)から導かれる正六角形との関連性が注目されます。

　正六角形は2個の◊ 形と1個の⟨⟩ 形から形成されており、この◊ 形と⟨⟩ 形は相即不離の関係に置かれています。このような関係は、正六角形の産みの親である双曲・楕円図形の性質をそのまま受け継いでいます。つまり、⟨⟨⟨⟨⟩ 形と⟨⟨⟨⟨⟩ 形は異形同質の関係で結ばれていることになります。

　この視点から見直すと、紀元前 5500 年頃〜紀元前 4400 年頃のハラフ文化の土器に描かれる幾何学文様は、わが国の七宝文(◇ と ✖)に酷似していることがわかります。縄文人による▲ 形・◼ 形の土器への描画は、中国青蓮崗、およびハラフ文化と同じ紀元前 5000 年頃〜紀元前 4000 年頃ですが、後掲図 95 の米岡遺跡の岩版に見るように、縄文人は渦巻文やらせん形を使って ▲ 形・ ◼ 形を具体的に表現しています。縄文時代草創期の縄文人は、斜格子文を土器に描いておりました。この斜格子文は、[⟨⟩⟨⟩ 形→ ⟨⟨⟩ 形]に示される特別な性質をもつ双曲図形()()形)と楕円図形(◊ 形)から生じる眼形の連鎖から導かれる文様であることは、さきに述べてきました。

　縄文人は、眼形の連鎖の中に隠れている正六角形が[⬢ → ⟨⟨⟩]をもっていることを読み取っていました。これを斜格子文として表現していたわけです。縄文時代前期の福井県鳥浜貝塚出土浅鉢と京都市北白川遺跡出土浅鉢に描かれる文様は、斜格子文を受け継ぐものであり、双曲図形()()形)と楕円図形(◊形)を使った正六角形と正八角形が表現されています[⟨⟩⬡⟨⟩ 形→ ⬢(正六角形)・✖形→ ⬌(正八角形)]。

図88

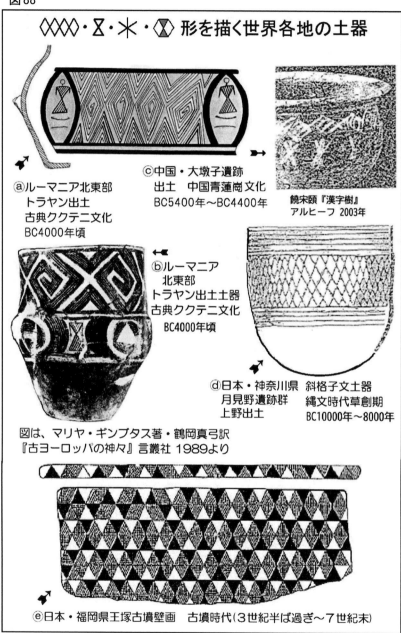

◇◇◇・⊠・✳・⬡ 形を描く世界各地の土器

ⓒ中国・大墩子遺跡
　出土　中国青蓮崗文化
　BC5400年～BC4400年

ⓐルーマニア北東部
　トラヤン出土
　古典ククテニ文化
　BC4000年頃

饒宗頤『漢字樹』
アルヒーフ　2003年

ⓑルーマニア
　北東部
　トラヤン出土土器
　古典ククテニ文化
　BC4000年頃

ⓓ日本・神奈川県　斜格子文土器
　月見野遺跡群　　縄文時代草創期
　上野出土　　　　BC10000年～8000年

図は、マリヤ・ギンブタス著・鶴岡真弓訳
『古ヨーロッパの神々』言叢社 1989より

ⓔ日本・福岡県王塚古墳壁画　古墳時代（3世紀半ば過ぎ～7世紀末）

図89

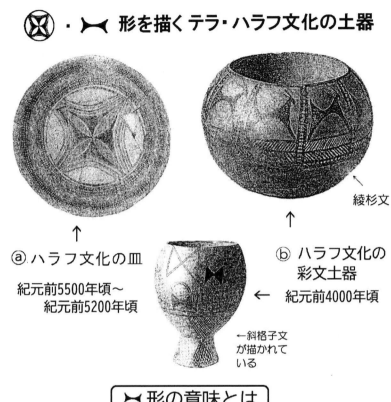

⊗・⋈ 形を描く テラ・ハラフ文化の土器

↑
ⓐ ハラフ文化の皿
紀元前5500年頃〜
紀元前5200年頃

綾杉文

↑
ⓑ ハラフ文化の
彩文土器
紀元前4000年頃 ←

←斜格子文
が描かれて
いる

⌈ ⋈ 形の意味とは ⌉

意味を理解することなく⋈形を描いていたとは、考えられません。4個の〇形による⊗形の描画は、わが国の七宝文⊗形に似ています。しかし、⊗形・⋘形・斜格子文は描かれていますが、七宝文の最大の特徴である〇形と▮形による連続性〇〇〇は示されていません。

第4章で述べてきた縄文前期（紀元前 5000 年頃）の京都市北白川遺跡出土浅鉢、および福井県鳥浜貝塚出土の浅鉢に描かれる文様と同じ双曲図形（）（）と楕円図形（〇）による文様を描く土器が、シリア北東部に位置するテル・ハラフ（紀元前 6000 年〜紀元前 5300 年頃）から出土しています（図89）。年代的にも両者は接近しており、興味深いものがあります。

北白川遺跡出土浅鉢の文様 〇）〇 ➡ ⬡

鳥浜貝塚出土の浅鉢の文様 ✳ ➡ ✳

日本列島の京都・北白川遺跡と福井・鳥浜貝塚出土の浅鉢に描かれる文様は、縄文文明の始まりの豆粒文土器と隆起線文土器・爪形文土器の流れを汲むものと認められます。わが国において、⬡（正六角形）と ✳ （正八角形）を内包する ⬡ 形は、海鼠紋、もしくは七宝文と名づけられ、現代においても土蔵や塀などにデザインされています。なお、六角堂・八角堂は全国各地に建立されています。

[日本列島における縄文時代の年代区分]

草創期―約 1 万 6000 年〜1 万 2000 年前、早期―約 1 万 2000 年〜7000 年前、前期―約 7000 年〜5500 年前、中期―約 5500 年〜4500 年前、後期―約 4500 年〜3300 年前、晩期―約 3300 年〜2800 年前

正六角形を形づくる◇形と⊠形

正六角形を形づくる◇形と⊠形は、双曲・楕円図形のもつ特別な性質を受け継いでいます。このような性質については、これまで繰り返しのべてきましたが、正六角形は、〇）〇 形→ ⬡ 形の図式の上ではじめて認識されるものです。ここに ⬡ 形の意味があります。これに縄文人は気づいていました。

縄文人がかたちの素粒子）形に気づいていたことは、爪形文土器によって裏づけられ、）形の 180 度の反転から新しいカタチが生じることは、隆起線文土器に貼りつけられている 〜〜〜 （らせん形）によって裏づけ

られています。これまでの研究者が、見逃してしまった土器の一つが、隆起線文土器と同じ縄文時代草創期に作られた斜格子文土器です。斜格子文の特徴は、◇◇形を作る◇◇◇◇形に発見されます。

　見逃したのは、どちらか一方をヨコ並びに描くと、そのとなりにもう一方のカタチが必然的に生じているという図形現象です。◇◇◇形と◇◇形がもつ[◇形と✕形]・[◇形と✕形]の関係です。筆者が「見逃した」と言ったわけは、その性質が正六角形◈に現われているからです。◇◇形は、◇◇◇形のもつ特別な性質（相即不離の関係）を受け継いでいます。これに気づかないと眼形の連鎖から生じる正六角形の集合体の意味に気づくことはできません。これまで研究者は、これを見逃してしまったのです。

　ところで、太陽系の惑星の一つである土星の北極付近に生じる六角形はよく知られています。縄文人はこの天体現象を知る術はありませんでしたが、正六角形[◈ → ◇◇]というかたちが、◇形と✕形の相即不離の関係を受け継いでいることを十分に知るところであったと考えられます。

　縄文人は現代の幾何学を凌駕するかたちの素粒子）形の 180 度の反転から始まる正六角形の形成過程の図式に気づいておりました。この正六角形◈は、双曲図形）（、楕円図形（）の特別な性質である◇◇◇形を受け継ぎ、直線図形である菱形文◇と向かい三角文✕による◇◇形を形づくっています。

　この双曲図形）（、楕円図形（）のもつ特別な性質は、草木の花に如実に現われています（「はじめに」参照）。この花びらのつくる「◇形から✴形」に、正多角形の重要性を読み取っていたのです。その最初のカタチが◈＝正六角形ということです。

　わが国の古代人は、六角形の巣を作る虫をいつの日か「蜂（ハチ）」と名づけ、富士山⛰が見える八ヶ岳西南麓に縄文文化の花を咲かせていました。その縄文人は、正八角形✳が正六角形◈を形づくる✕形（向かい三角文）4個から形づくられていることに気づいていたと思います。

縄文人は、ヨコ並びの眼形 ◯◯◯◯◯に生じる◯X◯形を発見していたので
す。◯X◯形の ◯形は楕円図形であり、X形は双曲図形です。ヨコ並びの眼
形 ◯◯◯◯◯ の産みの親は、繰り返しますが、かたちの素粒子)形の 180
度の反転から生じる円形の連鎖です。この円形の連鎖は眼形の連鎖へと
変遷し、正六角形を内包する斜格子文が生まれているわけです。

　縄文人は、正六角形⬢の ◯X◯ 形と◯X◯ 形が同じ性質をもっているこ
とに気づいていました。それは ∞ 形に ◦━◦ 形を、 X 形に ◆ 形を置き
換えているところに示されています。この点が縄文人の優れたところで
す。縄文人が正六角形を◇ 形とX 形で描いていたことを証明する土器な
どは発見されていませんが、先に触れましたが、斜格子文を描く土器を
縄文時代草創期にすでに作っていました。これが何よりの証拠です。こ
の斜格子文こそ双曲図形)()形、楕円図形(◯形)の性質を受け継ぐもの
であり、正六角形の集合体でもあります。この斜格子文は弥生時代の銅
鐸を経て、古墳時代の装飾壁画(福岡県の王塚古墳壁画)へとおよそ 1 万年と
いう長きに渡って受け継がれています。これは有力な状況証拠です。

　以上から、縄文人が正六角形と同時に正八角形を知っていた確率は極
めて高いものがあります。正六角形と正八角形は、共に相即不離の関係
を生みだす◇ 形と X 形という遺伝子をもっていたのです。正六角形を知
った縄文人が正八角形の存在に気づいていたとしても、それは蜂という
昆虫が六角形の巣を作ることができるのと同様に、大自然の神様が与え
てくれた能力であるかも知れません。今後の研究成果が期待されます。

　**正六角形と正八角形は、正多角形の基本形です。縄文人が構築
した「六・八理論」は、このような正多角形の概念なくして構築
することはできません。この「六・八理論」は「天地・陰陽」理
論、すなわち、世界初の宇宙創成(マクロ)と生命誕生(ミクロ)の統
一理論と言っても過言とはならないでしょう。**

正八角形の発見

　縄文人が正六角形と正八角形を知っていたことを確実に示すものは、縄文時代前期（今から7000〜5500年前）の京都・北白川遺跡の浅鉢の文様と福井・鳥浜貝塚の浅鉢文様を挙げることができます(前掲図34参照)。しかし、縄文草創期(今からおよそ1万3000年前〜1万2000年前)の斜格子文土器があり、この斜格子文が正六角形の集合体であることは、図形的に証明が可能です。また、1万2500年前の豆粒文土器の形から()形が導かれ、さらに同じ縄文草創期の隆起線文土器、爪形文土器に描かれる 〜〜 形や))))) 形から双曲・楕円図形が導かれます。この双曲・楕円図形から、()()形と ✖ 形が生じます。さらに、()()形から正六角形が、✖形から正八角形が導かれます。これは図の上に端的に現われています。

　ところで、図89の双曲図形と楕円図形は、ともにかたちの素粒子)形から生じるカタチです。この「)」形の右側を見れば凸形が、左側を見れば凹形が確認されます。つまり、「)」形は「両性具有の性質をもっており、この「)」形は180度反転したカタチである「(」形と合体して

図90

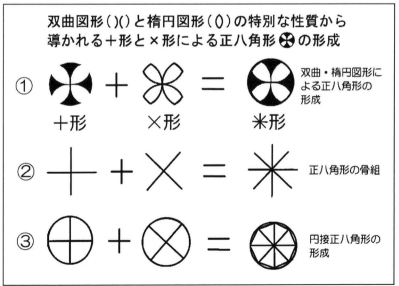

双曲図形( )( )と楕円図形(())の特別な性質から導かれる＋形と×形による正八角形 ✖ の形成

①　＋形　＋　×形　＝　✖形　　双曲・楕円図形による正八角形の形成

②　＋　＋　×　＝　　正八角形の骨組

③　＋　＝　　円接正八角形の形成

○ 形や 𝕏 形、〜〜〜 形などが生まれています。ここに「同質であり
ながら異形の二者の合体によって新しいかたちが生まれる」という新し
いカタチの誕生理論、すなわち、生命誕生の原理を読み取ることができ
ます。

　上の図式は、＋と×の合体、すなわち、双曲図形 ✜ と楕円図形 ✖
の合体による ✚ 形の関係を示しています。＋と×の合体形である ✚
形は正八角形の骨組みでもあります。正八角形は、双曲・楕円図形で表
現されるカタチです。正六角形は眼形の連鎖、すなわち、円形の連鎖か
ら生じ、他方、正八角形は双曲図形)(形と楕円図形 ○ 形による ✚ 形は、
密接に結ばれているわけです。川久保勝夫氏は、

　　円環思想とは、生きとし生けるものすべて、たとえ肉体がほろびて
　も、魂は別のものに生まれ変わる、それはあたかも車輪が回るように
　魂は無始無終に、生死の境をめぐる、という仏教の輪廻の思想です
（『トポロジーの発想』講談社 1995）。

と書いています。出雲大社の縁結びの神様は、円結びにかかっているの
ではないでしょうか。正八角形の骨組である米形は、第5章の前掲図68
〜図 69 に見るかたちの素粒子)形から生まれた柿の蔕形 88 形のひょう
たん形の ✦ 形から導くことができます。この ✦ 形は、七宝文の ✖ 形
と ✖ 形を結ぶという重要な媒介者的役割を担っています。柿の蔕形 88
において、✦形をもつひょうたん形のとなりには、正六角形 ⬡ を生み
だす 𝕏 形による連続円文 ○○ が存在しています。

木葉文 ✖ に隠されたかたち

　図 91 において、木葉文 ✖ の中心線は、①直角(90度)を二等分割して
おり、同 ○○ 形は、②直角(90度)を三等分割していることがわかりま
す。同図の直角三角形は、正八角形の骨組をもっています。同図 92 の
3・4・5の比率をもつ直角三角形は、三平方の定理(ピタゴラスの定理)

図91

半径による直角の分角法

図において、a・bは直角の
三分点。 c は直角の二分点。

楠国男『古代の土木設計』六興出版

右の❋形の中心線は直角を二等
分割し、同じく ∞ 形は直角を
三等分割しています。

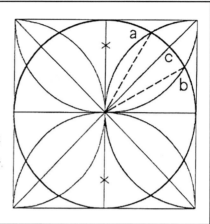

図92

弦図＝三平法の定理の図解

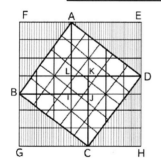

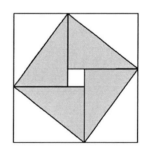

　弦図は、三平方の定理 (ピタゴラスの定理) の図解の一つです。
6と8の関係は、$3^2+4^2=5^2 \rightarrow 6^2+8^2=10^2$ の上に現わ
れています。

を内包しています。ここに、三平方の定理と正六角形・正八角形のつな
がりが発見されます。

第8章
縄文人の最高傑作 双眼の造形

図93

双眼に結ばれる胎児

なぜ、双眼に結ばれているのでしょうか

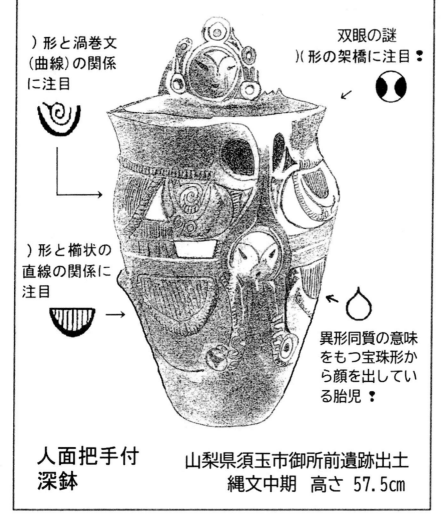

）形と渦巻文
（曲線）の関係
に注目

双眼の謎
）（形の架橋に注目**！**

）形と櫛状の
直線の関係に
注目

異形同質の意味
をもつ宝珠形か
ら顔を出してい
る胎児**！**

人面把手付
深鉢

山梨県須玉市御所前遺跡出土
縄文中期　高さ　57.5㎝

双眼の謎

双眼 ⬤ は、主に縄文時代中期の人面把手付深鉢の口縁部に造形されています。この双眼は、何を目的に造られたものでしょうか。いまだに定説はありません。　図93において、宝珠形から顔を見せているのは、母胎の中の新生児と思われます。双眼 ⬤ 形はその宝珠形を形づくる双曲図形()()と楕円図形(◖◗)によって形成されています。

さて、自然界のクリ・クルミ・ドングリなどの種子に現われている宝珠形と同様に「同質でありながら異形の二者の合体によって新しいかたちが生まれる」という生命誕生の原理をもつ双眼 ⬤ という新しいカタチは長野県八ヶ岳の西南麓に居住していた縄文人が編みだしていたと考えられます。

双眼 ⬤ は、◖形と◗形の間に)(形が見られます。この)(形は、二つの ◖◗ 形をつなぐ役割をもっています。

◖)(◗ 形は、[◎◎→◎◎◎→◎◎◎→◈]に現われています。この図式は、ヨコ並びの眼形 ◎◎◎◎◎ から導かれるものであり、それは正六角形の形成と密接に結ばれています。

ところで、[◎◎→◎◎◎→◎◎◎→◈]は、縄文人が眼形の連鎖から導いた正六角形の形成過程です。これは双眼の ⬤ 形に対し、✸ 形で表わすことができます。ここで、✕形と◆形の出番となります。✕ 形は正六角形に、◆形は正八角形に結ばれていました。したがって、◈ ＝正六角形、✸ ＝正八角形の図式が成立します。このような作業は恣意的なものではなく、アナロジーの連鎖という幾何学に沿って導かれる図式です。その基本となるカタチは ∽∽∽ （しめ縄＝二重らせん構造）です。

⌣⌢ 形と ──── 形の相違点

鏡の前に直線 | を置くと、鏡に映る虚像は実像と同じ直線 | です。つぎに鏡の前に ⌣⌢ 形を置くと、鏡に映るのは ⌢⌣ 形です。らせん形の図形的な性質が注目されます。弥生人が立坂型の特殊器台に描いた 🪢 形には、しめ縄のもつ二つの特徴である ⓐ ◯ 形と ⓑ ✕ 形

図94

縄文人が編みだした 双眼 の 謎

双眼 ◖◗ の解読なくして縄文思想の解明は困難です

読者の皆さん、野球のボールを手にとって試みてください。とても不思議な想いに駆られることでしょう！

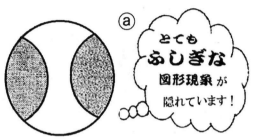

ⓐ

とても **ふしぎな** 図形現象 が 隠れています！

ⓑ

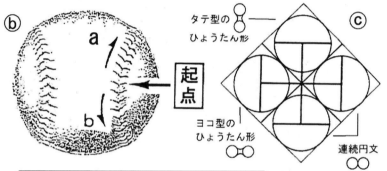

a

b

起点

タテ型の
ひょうたん形

ⓒ

ヨコ型の
ひょうたん形

連続円文

タテ型のひょうたん形とヨコ型のひょうたん形

① 起点から a の方向へボールの縫い目をたどるとタテ並びの
   ひょうたん形がイメージされます。
② 起点から b の方向へボールの縫い目をたどるとヨコ並びの
   ひょうたん形がイメージされます。

◖◗双眼から生じる ⬡ 正六角形と ✳ 正八角形

縄文時代前期の縄文人が
浅鉢に描いていた文様　→　ⓐ ◯)(◯ 京都・北白川遺跡　ⓑ ✳ 福井・鳥浜貝塚

双曲・楕円図形の特別な
性質から導かれる図式　☞　ⓐ ◯◯ → ✗ → ◯)(◯ → [(◯) → (◯◯) → ◯✕◯ → ✕]
　　　　　　　　　　　　　　ⓑ ◯◯ → ✦ → 丞 → [✦ → ✱ → ✳ → ✳]

形が明確に表現されています。しめ縄は二重らせん構造と言い換えることができます。まさにそのパターンは、左撚りから右撚りへ、さらに右撚りから左撚り……を繰り返しています。

このようなパターンをもつ二本撚りのしめ縄は「同質でありながら異形の二者の合体によって新しい生命が生まれる」という生命誕生の原理を、そのカタチの上に表現しています。これに優るシンプルなカタチを探すことはできないでしょう。吉備の弥生人が特殊器台に 形を描いていたわけは、しめ縄が生命誕生の原理と同時に強靭性と永遠の継続性をもっているところにあった、このように考えられます。

双眼に隠れているひょうたん形と連続円文

縄文人の造形した双眼の)(形部分は、川に架かる太鼓橋のように ⌒ 形をもっています。さらに双眼には不思議な現象があります。図 94 をお読みになって、是非、その不思議さを体験して下さい。

図 94 の⑥に示す野球のボールの縫い目である)(形の中心部分をスタート地点として、上方(↑a の方向)へ縫い目をたどって行くと、タテ方向のひょうたん形の存在が確認され、他方、起点から下方(↓b の方向)に縫い目をたどって行くと、ヨコ方向のひょうたん形が確認されます。

このような図形現象に出会って、私はとても不思議な思いに駆られました。この現象にはタネも仕掛けもありません。この不思議な現象を引き起こしているのは野球のボール(円球)上の一本のらせん形です。

タテ方向のひょうたん形とヨコ方向のひょうたん形は、「となり合せの存在」に置かれています。つまり、野球ボールの一本のらせん状の縫い目は、一つのひょうたん形を作っていますが、そのとなりに必然的にもう一つのひょうたん形が存在していることになります。これに類似するものにヨコ並びの眼形があります。 ⋈⋈⋈⋈ 形において、() 形のとなりに必然的に X 形が生じています。すなわち、双眼の２個の () 形と１個の X 形は、一義として柿の蔕形 88 を表わしている、このように考えられます。以上が「双眼の謎」の解釈です。

異形同質の関係を結ぶ ◐ 形と ∞ 形

　双眼の ◐ 形に柿の蔕形 88 形が隠れていることを知ることができました。この柿の蔕形は、かたちの素粒子）形の 180 度の反転の繰り返しから生じるカタチでもあります（第5章、図68〜図69参照）。

　柿の蔕形 88 形を X 形の視点から見ると2組の連続円文が確認され、✦ 形の視点から見ると2組のひょうたん形が確認されます。言い換えれば、88 形において、4個の円形は同一であるとしても媒介するカタチが X 形から ✦ 形へ変遷することによって ∞ 形と ◯─◯ 形が生まれていることになります。なお、∞ 形と ◯─◯ 形は異形同質の関係を結んでいます（第7章、図87参照）。

　縄文時代草創期の縄文人が編みだした「ものの誕生理論」は、かたちの素粒子）形の180度の反転によって生じる◊形（豆粒文土器）から始まっています。縄文人が X 形と ✦ 形の存在に気づいたのは豆粒文土器の製作年代と同時期と考えられますが、それを裏づける物証は縄文前期の京都・北白川遺跡出土の浅鉢と福井・鳥浜貝塚出土の浅鉢に描かれる文様ということになります。

　◊形は2個の円形から生じます（第5章、図57）。また、眼形の連鎖には第6章の図 75 に示すように2種類のパターンがあります。ヨコ並びの眼形とタテ並びの眼形は第1のパターンになります。縄文草創期の斜格子文は、この眼形の連鎖に基づき生まれる文様です（第3章、図30）。他方、鏡像現象に見る ⌣ 形と ⌢ 形は、「異形同質の関係」を何よりもまして解りやすく教えてくれるカタチです（第6章、図73）。この二者は合体して ∞ → 🍶 形を形づくります。壺は母胎の意味をもっています。

　ところで、八ヶ岳山麓に居住していた縄文人が創出した双眼 ◐ は、立体的な二つの穴をもっています。∞ 形は、わが国独自の文化である組紐や茅の輪くぐりなどに表現されています。

　ここで気になることがあります。双眼の ◐ 形は正面から見るカタチであり、真横から見た場合、一つ穴が確認され、それが円筒形に見えることです。このような造作は、なぜ行われたのでしょうか。

縄文人の特異な図形能力

　縄文人の優れた造形力は、波状口縁をもつ土器に確認することができます。第3章の図25〜図26の土器を見直してください。図の土器を水平方向から見つめると、らせん形が、視点を変え垂直方向から見ると、**正多角形**が目に飛び込んでくるはずです。「**らせん形＝曲線**」と「**正多角形＝直線**」の組合せに「**お見事**」の言葉を投げてしまいます。

　続いて、波状口縁をもつ土器と同じ縄文時代草創期に造られた図31に見る斜格子文土器を見つめると、①菱形文◇と②正六角形⬡の集合体を脳裏に浮かべることができます。この斜格子文の形成過程を知ると、縄文人の特異な図形能力に「**賛辞の念**」を抱いてしまいます。

　ところで、後掲図98の土偶の胴体には正中線が描かれ、頭上には⫯形が描かれています。⫯形はいったい何を表現しているのでしょうか。これに類似する⧖形を、私たちは縄文前期の京都市北白川遺跡出土の浅鉢に見てきました(第4章参照)。それは特別な性質をもつ双曲・楕円図形に基づく()X()形を表現するものでした。()X()形は、()()()()()(ヨコ並びの眼形)に現われております。他方、()X()形は◇X◇形に変遷し、この◇X◇形は⬡(正六角形)を形づくっています。⫯形については、再述します。

　縄文時代草創期の縄文人は、以上の図形現象に気づいていました。それは縄文草創期の縄文人が製作した斜格子文土器によって裏づけられます。斜格子文は正六角形の集合体です(第3章、図31参照)。

　眼形の連鎖()()()()()を形づくる()形とX形は、正六角形⬡を形づくる◇形と⧖形に変遷します。すなわち、正六角形の菱形文と向かい三角文は、ヨコ並びの眼形の双曲図形()()と楕円図形(())のもつ特別な性質を受け継いでいることになります。ここで、図式①()()➡()()()➡⬡と図式②()X()➡◇X◇➡⬡が成立します。

　縄文人は、これに気づいていたのです。私たちは、これを知ることが重要です。縄文人は、()形を繋ぐX形と、◇形を繋ぐ⧖形に重大な関心をもっていたということです。X形と⧖形は媒介者の機能をもっていますが、ヨコ並びの眼形()()()()()()を描くと、()形のとなりにはX形が、

図95

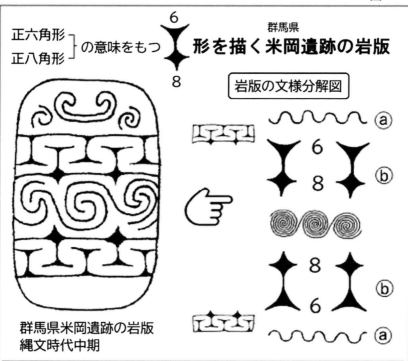

正六角形 ⎱ の意味をもつ **6形を描く** 群馬県 **米岡遺跡の岩版**
正八角形 ⎰ 8

岩版の文様分解図

群馬県米岡遺跡の岩版
縄文時代中期

ⓐ
ⓑ 6 8
ⓑ 8 6
ⓐ

X形は2個の円形を、▲形は3個の円形を、◆形は4個の円形を
それぞれ結んでいます。
X形と◆形は、それぞれ以下に示す正六角形と正八角形を生みだ
しています。

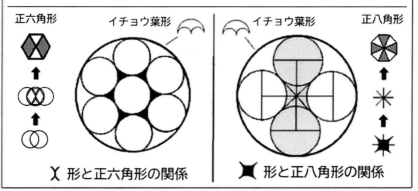

正六角形　　イチョウ葉形

X 形と正六角形の関係

イチョウ葉形　　正八角形

◆ 形と正八角形の関係

図96

6＝正六角形
8＝正八角形

を描く土偶

土偶の胴体上部に✦形が、下部に人形が描かれています。
この意味は

✦形＝8（正八角形）
人形＝6（正六角形）

の組せが成立しています。
6と8は、ともに三平法の定理と生命誕生の原理に密接な関係をもっています。

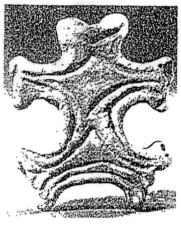

青森県浪岡町舘岡遺跡出土
丹塗土偶　縄文時代後期
高さ7㎝

★ ○○ から生じる 正六角形
★ ◑◐ から生じる 正八角形

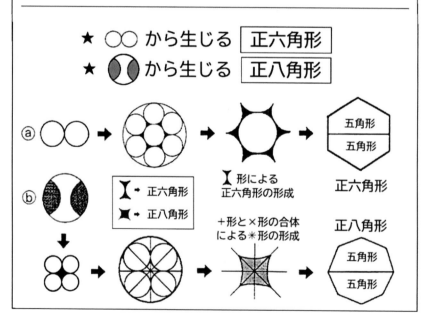

ⓐ

五角形
五角形
正六角形

ⓑ

Σ➤ 正六角形
➤ 正八角形

Σ形による
正六角形の形成

＋形と×形の合体
による＊形の形成

正八角形
五角形
五角形

⟨⟨⟨⟨⟨⟩ 形を描くと、◇形のとなりに X→X 形が必然的に生じていると
ころが特徴的です。

二つ穴の双眼

縄文人の幾何学は、かたちの素粒子）形に始まり、その 180 度の反転
による円形の連鎖は、柿の蔕形 ⊗⊗ 形を形づくっています。この円形の
連鎖から 2 種類の眼形の連鎖が生じます。その一つは、これまでのべて
きた眼形の連鎖です。もう一つのパターンは、このあとにのべる海鼠紋、
すなわち、七宝文です(第 10 章、図 125〜図 127 参照)。

眼形の連鎖のパターンにおいて、ヨコ並びの眼形 ⟨⟨⟨⟨⟨からは正六角
形 ⟨⟩ の集合体が生みだされ、タテ並びの眼形 ∞∞∞∞ からは ∞
形→壺形 🍶 が生みだされます。ヨコ並びの眼形 ⟨⟨⟨⟨⟨とタテ並びの眼
形 ∞∞∞∞ 形は、ともに永遠の継続性をもっています。

この永遠の継続性は直線図形である斜格子文を描くことによって生じ
る正六角形によって強く認識されます。ヨコ並びの眼形を描き、斜格子
文を描いていた縄文人が、正六角形の存在に気づかないはずがありませ
ん。縄文人は「蜂は、なぜ六角形の巣を作ることができるのか」という
命題を縄文人は真剣に考えていたと思います。正六角形の集合体が強靭
性と柔軟性をもっていることまでは気づかなかったとしても、円形の連
鎖と眼形の連鎖における X 形と ◆ 形の果たす媒介者的役割には気づいて
いたと思います。

∞ 形に中心線を引くと ∞ 形からは「同質でありながら異形の
二者の合体によって新しいかたちが生まれる」という生命誕生の原理を
もつ正逆 S 字トンボ(➤・➤)が生じます。ここに母胎の意味をもつ壺
形 🍶 の意味が発見されます。これ以外に 🍶 形に母胎の意味を与える根
拠を見つけることはできないでしょう。壺形 🍶 が母胎の意味をもって
いることは、地球上のすべての人たちの通念となっています。

第 3 章、図 31 において、斜格子文は菱形文 ◇ 形で埋め尽くされてお
ります。王塚古墳壁画においては、2 個の菱形文 ◇ は、媒介形である向

かい三角文 ⟨X⟩ が色分けされ、正六角形 ⬡ が鮮明に形成されています。

　今、 ◯◯ 形を２個の ◇ 形に置き換えると ◇◇ 形が生じます。この場合、接点のカタチは ⋈ 形が想定されます。◇◇◇ 形を描くと、そこには必然的に ⋈ 形が生じています。タテ並びの眼形の集合体は、正六角形を形成する一員でもあるわけです。縄文人は、この正六角形の集合体に対し生命誕生の原理を読み取っていました。

　ところで、正逆Ｓ字トンボを内包する ◯◯ 形は、生命誕生の原理になくてはならないカタチです。この正逆Ｓ字トンボの産みの親である二重らせん構造は、正逆Ｓ字トンボと同じ生命誕生の原理をもっていることになります。

　ところで、第５章、図 65 の茅の輪くぐりに現われている ⦿⦿⦿ 形は、生命誕生を讃歌するかたちであり、それはかたちの素粒子) 形の 180 度の反転を繰り返しから生じる柿の蔕形 ⧳ の再現と考えられます（図 68〜図 69）。この ⧳ 形は、◯◯ 形と ⊶⊷ 形を内包しています。

　ここで、二つ穴の双眼が登場します。先に私は、異形同質の関係に置かれる 〜〜〜 形から ⏜ 形（普通壺）が生じ、〜〜〜 形から ⚊ （普通器台）が生じることを指摘してきました（第６章、図 77）。なお、立坂型の特殊器台の円筒形に対し、その特殊器台に描かれる 〰〰 形をヒントに安定した渦巻が想定されました（第 13 章、図 152〜図 153 参照）。

　双眼 ◐ を見て思いだされることは、縄文人が描いていたヨコ並びの眼形です。このヨコ並びの眼形から ［ ⦿ → ⦿⦿⦿ → ⧳ → ⬡ ］ が導かれ、斜格子文へと発展して行きます。この段階で縄文人は「安定した渦巻き」の存在に気づいていたということです。それもヨコ並びの眼形 ◯◯◯◯◯ を ⟨X⟩ 形と ◆ 形の視点から考察していたことは尋常ではありません。縄文人の考え方は、ＤＮＡの二重らせん構造の交差する二本のらせん形に ⟨X⟩ 形を読み取ったワトソンとクリック（1962 年ノーベル生理・医学賞を受賞）に並ぶものがあります。

　双曲図形)(と楕円図形（◊）は、重要な幾何学的な意味をもっています。それは ◊ 形と ⟨X⟩ 形が作る「相即不離」の関係です。ヨコ並びの眼形

図97

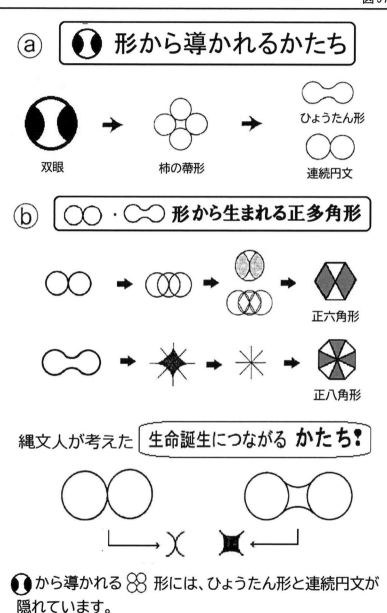

ⓐ 形から導かれるかたち

双眼 → 柿の蔕形 → ひょうたん形 / 連続円文

ⓑ ○○・◯◯ 形から生まれる正多角形

正六角形

正八角形

縄文人が考えた **生命誕生につながる かたち！**

から導かれる 形には、ひょうたん形と連続円文が隠れています。

○○○○○形を描くと○形の隣に必然的に Ⅹ 形が生じるという図形現象です。このような関係は⬢（正六角形）を形づくる◇形とⅩ形にも受け継れています。

　日本列島の縄文人がこれに気づいていたことは、第4章でのべてきました。わが国において菱形文（◇）と向かい三角文（Ⅹ）は、古来、随所で造形され、描画されています。第3章、図 33 に見る虎塚古墳壁画には、●● と Ⅹ が描かれています。わが国の古代人は、双曲・楕円図形[○○・○○○]と正六角形⬢は「生命誕生に関わる重要なカタチ」である、このように考えられていたと思います。

　縄文草創期の縄文人が描いていた斜格子文から正六角形の集合体が生じています。およそ1万有余年前の縄文人は、土器に斜格子文を描いておりました。この斜格子文の原形は、眼形の連鎖であると推定され、さらに円形の連鎖までさかのぼることができます（第5章、図52）。

　この眼形の連鎖の段階で、ヨコ並びの眼形 ○○○○○ と安定した渦巻き（○○○○○○）に結ばれ、タテ並びの眼形 ∞∞∞∞ にらせん形ⓐ 〜〜〜・・ⓑ 〜〜〜 が結ばれるという結論を得ることができます。　因みに、縄文人は、らせん形の三形態「〜〜〜・〜〜〜　・（○○○○○）」に気づいていました（第2章、図20〜図21 参照）。

双眼の二つ穴の意味

　双眼 ❶ がひょうたん形 ○○と連続円文 ○○ 形をもっていることは前述してきました。双眼 ❶ が二つ穴であることはまぎれもない事実です。「一つ形で二つの意味」という考え方に縄文人の造形力の高さをうかがい知ることができます。

　今、二つ穴をもつ双眼 ❶ から柿の蔕形 ❀ 形が導かれました。この ❀ には連続円文とひょうたん形が存在しています。この連続円文はⅩ形を媒介に二つの円形が結ばれています。他方、ひょうたん形は◆形を媒介に二つの円形が結ばれています。

　円形の連鎖から生じる眼形の連鎖は、その円形の特質であるⅩ形と◆

形によるヨコ並びの眼形とタテ並びの眼形の集合体を形づくっています。この集合体は正逆S字トンボによる壺形(曲線図形)と正六角形(直線図形)を作りだしています。

ⓐ　母胎の意味をもつ壺形
ⓑ　円形の連鎖(柿の蔕形)から生まれる正六角形と正八角形は、合体して正二十四角形を作ります。

わが国の基層に流れていた縄文文化

　先に私たちは、双眼に結ばれる宝珠形◊の中に胎児の顔を見てきました(図 93)。◊(宝珠形)は左巻きのらせん形と右巻きのらせん形によって生じるカタチの一つです。宝珠形に「同質でありながら異形の二者の合体によって新しいかたちが生まれる」という生命誕生の原理を読み取ることができます。

　この宝珠形◊に対し、アナロジーの連鎖で結ばれるのが、壺形🍶です。この壺形を生みだすしめ縄(二重らせん構造)は、永遠の継続性をもっています。この永遠の継続性は、直線図形である斜格子文を描くことによって生じる正六角形⬡によって強く認識されます。

　ヨコ並びの眼形を描き、斜格子文を描いていた縄文人が、正六角形の存在に気づかないはずがありません。縄文人は蜂の巣の六角形に気づき、「なぜ、蜂は六角形の巣を作ることができるのか」を真剣に考えていたと思います。正六角形の集合体(ハニカム構造)が、強靭性と柔軟性をもっていることに気づいていたかどうか、定かではありませんが、円形の連鎖と眼形の連鎖におけるX形と◆形の果す役割に気づき、さらに、生命誕生に正六角形、正多角形が深く関わっているという認識はもっていたと考えられます。その後に、わが国に六角堂と八角堂が造られたのは、わが国の基層に縄文文化が流れていたからであると考えられます。

形の意味

図 98 の土偶の頭部上面に 形が描かれています。これによく似たカタチは、第 4 章の図 35 に示す京都・北白川遺跡出土浅鉢に描かれる 形があります。「)」形と「(」形は合体して、新しいカタチである「 」形を生みだします。換言すれば、「同質でありながら異形の二者の合体によって、新しいカタチである「 」形が生みだされるというわけです。

ところで、かたちの素粒子)形は 180 度の反転を繰り返し、 形を生みだしています。この 形には、以下に示す二種類のカタチが確認されます。

ⓐ 2 個の円形は、 形を介して ○○ 形を形づくっています。
ⓑ 2 個の円形は、✦ 形を介して ○─○ 形を形づくっています。

上記は「同質でありながら異形の二者の合体によって、新しい形が生まれる」という「ものの誕生理論」の具体的な例が示されています。○○ 形と ○─○ 形を形づくる 形と ✦ 形は「同質でありながら異形の二者」を生みだす媒介者的機能をもつかたちと言えるでしょう。

以上から「 」形は、 形と ✦ 形を同時にもつカタチではないか、と考えられます。つまり、 形は 形と ✦ 形をつなぐ架け橋であったわけです。だから、縄文人は ✦ 形を背中に描く少女土偶(図 99、長野県富士見町藤内遺跡出土・井戸尻考古館)を作り、さらに、◖◗(双眼)に接続する ✦ 形をもつ土器(図 100)を作っていたと考えられます。

正逆Ｓ字トンボに生命誕生の原理を読み取っていた縄文人

╌ 形は 180 度反転しているでしょうか。読者の皆さんはどのように思いますか。╌ 形は、〜 形とその 180 度の反転形である 〜 形との合体形であるから、その巻き方の変わるところ(形を呈す箇所)に 180 度の反転を予測することができます。

ところで、後掲図 108 に見る大森貝塚出土の土器に描かれる 8 の字形

図98

⧓正中線の意味⧓

中心線（正中線）を引くことによって相対性が生まれます。これは新しい形や概念・生命を生みだす要素です。

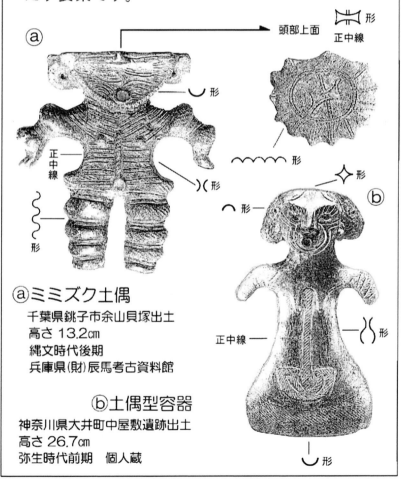

頭部上面

⧓形　正中線

ⅶ形

正中線

)(形

∿形

✦形

∩形

⟩}形

正中線

⌣形

⌣形

@ⓐミミズク土偶
　千葉県銚子市余山貝塚出土
　高さ 13.2㎝
　縄文時代後期
　兵庫県(財)辰馬考古資料館

ⓑ土偶型容器
神奈川県大井町中屋敷遺跡出土
高さ 26.7㎝
弥生時代前期　個人蔵

図99

長野県井戸尻考古館所蔵の
少女土偶に表現されるかたち

図100

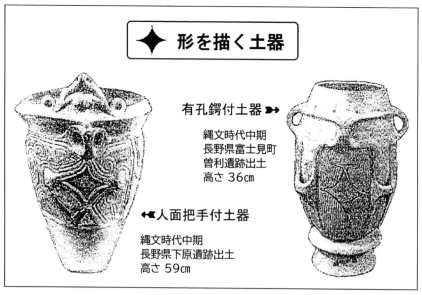

◆形を描く土器

有孔鍔付土器 ➤➤

縄文時代中期
長野県富士見町
曽利遺跡出土
高さ 36㎝

◄◄人面把手付土器

縄文時代中期
長野県下原遺跡出土
高さ 59㎝

180 度の反転が確認されます。同様に寺改戸遺跡の注口土器に描かれる
8の字形にも 180 度の反転が視認できます（第9章、図116～図117）。

　これまで私は、ヨコ並びの眼形から正六角形が生じ、タテ並びの眼形
から正逆Ｓ字トンボを媒介に壺形が生じることを指摘しました。本来は
三次元の形をもつしめ縄は、いつの間にか眼形の連鎖に姿を変え、二次
元の世界において、正六角形が ∞∞∞∞（ヨコ並びの眼形）から生じ、
三次元の形をもつしめ縄は、二次元の眼形の連鎖に姿を変え、∞∞∞∞
（タテ並びの眼形）から壺形 が生まれます。この壺形は、しめ縄（二重らせ
ん構造）のもつ**生命誕生の原理**を受け継ぐ正逆Ｓ字トンボから生まれるカ
タチです。

　∞ 形と ∞ 形に中心線を引くことによって正逆Ｓ字トンボが生じ、
さらに壺形が生まれます。つまり、⊖ 形と ⊖ 形は、正六角形と壺
形の産みの親ということになります。換言すれば、正六角形と壺形を生
みだしている ∞ 形と ∞ 形は、**生命誕生のＤＮＡ**をもっていると言
い換えることができます。

双眼 🔴 の意味

　縄文人の造形した双眼 🔴 の特徴は、隆起した「)(」形部分に認めら
れると思います。この ）（ 形は、「現代の野球ボールの縫い目」に相当
する部分です。野球ボールの縫い目をたどって導きだされたのが、柿の
蔕形 ✿です。

　八ヶ岳山麓に居住していた縄文時代中期の縄文人は、なぜ、🔴 形を
土器に造形していたのでしょうか。この 🔴 形にどのような意味を読み
取っていたのでしょうか。

　縄文時代草創期の縄文人が、かたちの素粒子)形の 180 度の反転から
✿ 形が生じることに気づいていたであろうことは、同じ 180 度の反転
形である()形や 〜〜 形、)))))形を土器に表わしていたところから
十分考えられるところです。他方、🔴形に潜む ✿ 形に気づくことは、

かなり困難であったと思います。いずれにしても、縄文時代中期の八ヶ岳西南麓の縄文人が、双眼 🟡 を造形していたことは事実です。

　縄文時代中期の八ヶ岳西南麓の縄文人は、◆形を描く土器を造っておりました(図100)。この土器は、双眼 🟡 と◆形がダイレクトに結ばれています。前掲図93 の山梨県御所前遺跡出土の深鉢に造形される双眼 🟡 の)(形部分に繋がる宝珠形 ⬥ の中に胎児の顔が造形されております。さらに 🟡 と ⬥ の左右には 🌀形と🏔形が確認されます。

　この 🌀 形と 🏔 形は 🔯 形を形づくっています(図 105 参照)。この 🔯 形は、曲線と直線による異形同質の関係を表わしていると考えられます。異形同質の二者は合体して新しいかたちを生みだします。つまり、「宝珠形の中の胎児」に見る造形は、**生命誕生の原理**を表現するものであると理解することができます。このように双眼 🟡 に施された**立体構造**は、縄文人の製作した数多くの土器や土偶の中でも最高傑作とするに足るものがあります。

アマミホシゾラフグが造る驚異のミステリー・サークル

　アマミホシゾラフグが幾何学的なミステリー・サークルを作れるのは、どのようなところにあるのでしょうか。その産卵床は第6章の図 85 に掲げる円接正多角形に特徴的なパターンをもっています。魚類であるフグがこのような幾何学的な構造をもつカタチをどうして作ることができるのでしょうか、これを読む多くの方々は「六角形の蜂の巣」を連想されることでしょう。

　アマミホシゾラフグの産卵床✳と蜂の巣⬡の共通点は、ともに正多角形に特徴的なカタチであるということです。✳形と⬡形は、それぞれの生命に深く関わっています。それらは「同質でありながら異形の二者の合体によって新しいかたちが生まれる」という生命誕生の原理をもつ**斜格子文**にダイレクトに結ばれています。

　換言すれば、現代にいう「DNAの二重らせん構造」は「同質でありながら異形の二者の合体によって新しい生命が生まれる」という「生命

図101

奄美大島　アマミホシゾラフグが作る驚異のミステリー・サークル

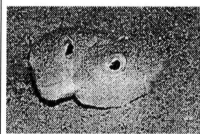

海中のアマミホシゾラフグが作る世界で日本列島の奄美大島でしか見られない不思議なミステリー・サークルです❣一匹のオスのフグが鮮明な正多角形を造形しています。

写真・インターネットより

誕生の原理」をもっています。このような意味をもつ二重らせん構造にDNAが載っていることは必然的な現象であり、森羅万象は、この法則性の基に形成されているのではないかと考えることができます。

　話は変わりますが、土星の六角形に対し、安定した渦巻現象から生じる正六角形を想定することができます。つまり、天体現象である土星の六角形は、図形現象である[眼形の連鎖→正六角形]と「DNAの二重らせん構造」に結ばれて行きます。土星の六角形は明確な直線図形です。そこには曲線図形から生じる直線図形という幾何学が確実に存在しています。土星の六角形は、ミクロの世界とマクロの世界が正六角形で結ばれていることを如実に物語っています。因みに縄文人は、二重らせん構造(しめ縄)に双曲・楕円図形の特別な性質(相即不離の関係)を発見しておりました。この性質は、図式 ◯✕◯ 形と ✕ 形→ ◯✕◯ 形に示されています。

　以上のことを日本列島の縄文人は、双曲図形()()、楕円図形(◯)と正六角形 ✕ という図形を介して理解していた、このように考えられます。「かたちは文字以上に意思の疎通を豊かにする」は、縄文コミュニティの合言葉であったのではないでしょうか。

正多角形を知っていた縄文人

- ⓐ　蜂は、なぜ六角形の巣を造ることができるのでしょうか
- ⓑ　2012 年に奄美大島で発見された「アマミホシゾラフグ(2015 年に命名された)」は、なぜ、正多角形に特徴的なカタチの産卵床を造ることができるのでしょうか

　蜂は六角形の巣を形づくり、フグは正多角形に特徴的な形の産卵床を形づくっています。このような蜂の巣とフグの産卵床は、共に新しい生命を生みだす機能を備えています。蜂の巣の ✕ 形とフグの産卵床の ✳ 形は、同じ正多角形の図形範疇に属しています。このようなパターンは、動物だけではなく植物の花のかたちの上にも現われています(第1章の稿参照)。生命誕生の原理を知っていたのは、人類だけではなかったのです。

昆虫の蜂、魚類のフグ、植物の花は、なぜ、縄文人と同様に自らの生命誕生と正多角形の概念を結ぶことができるのでしょうか。

　ところで、縄文草創期の縄文人は、ⓐ豆粒文土器・ⓑ隆起線文土器・ⓒ爪形文土器を造っていました。これらの土器に表われているⓐ◖◗形とⓑ〰〰形は、ⓒかたちの素粒子）形の180度の反転から生じるカタチです。かたちの素粒子）形は、両性具有という性質をもっています（第2章、図15 参照）。このような性質は、**新しい形や新しい生命を生みだす原理**を内包しています。その生命誕生の原理は「**同質でありながら異形の二者の合体によって新しい生命が生じる**」と表現することができます。

　ⓐ豆粒文土器の ◖◗ 形と、ⓑ隆起線文土器の 〰〰 形がⓒ爪形文土器に造形される）形の 180 度の反転から生じるカタチであるところから裏づけられています。また、縄文人は、眼形の連鎖 〰〰〰〰 から正六角形が生じ、さらに正六角形と正八角形の関係から正二十四角形が導かれるという図形現象にも気づいていました。これは、縄文前期の長野県茅野市高風呂遺跡出土土器にヨコ並びの眼形（第5章、図53 参照）を描いているところに示されています。

　なお、正六角形◈と正八角形✳は「同質でありながら異形の二者の合体によって新しいカタチを生みだす」という生命誕生の原理をもっていることは、さきに述べてきました。ここにおいても縄文人は、正六角形と正八角形の合体から生じる正二十四角形の重要性、すなわち、正多角形に**生命誕生の原理**を読み取っていたと考えられます。

円形の連鎖・眼形の連鎖と正六角形・正八角形の関係

　さて、ここで見逃してはならないのは、ヨコ並びの眼形 〰〰〰 形は安定した円筒形の渦巻き（〰〰〰〰〰）にアナロジーの連鎖で結ばれているということです。らせん形の三形態からは、母胎の意味をもつ普通器台・普通壺・正六角形が生みだされています。

　① 〰〰 → 〰〰〰〰 形 ➡ 🍶 ・ 🍶 壺形

　② 〰〰 → 〰〰〰〰 形 ➡ ⟨X⟩ 器台

図102

双眼●最大の謎、それは 中央部分 ⅄ 形の造形です❗

　図93に見る双眼●の⅄形部分は、太鼓橋のごとく盛り上がっております。縄文人は、なぜ立体的な構造を施したのでしょうか、この⅄形は、縄文人の幾何学になくてはならない特別な**かたち**です。二つの円形を結ぶ役割を担っています。

　このような解釈は、二次元図形に基づいていますが、双眼●の媒介者である太鼓橋⅄形は、三次元の宝珠形を形づくり、新生児を生みだしています。

　双眼から導かれる柿の蔕形の産みの親は、三次元の円球に描かれた●形です。 双眼から生じる正六角形と正八角形は、わが国において、それぞれ六角堂と八角堂へと生まれ変わっております。

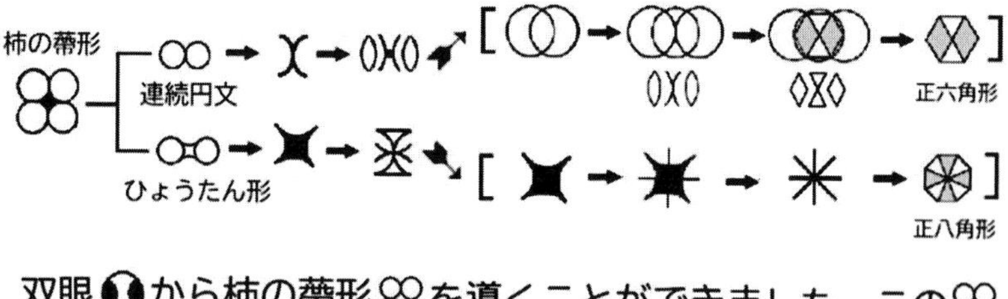

柿の蔕形
連続円文
ひょうたん形
正六角形
正八角形

　双眼●から柿の蔕形❀を導くことができました。この❀形から∞形と◦◦形を導くことができます。 連続円文∞とひょうたん形◦◦は、上の図式に示される通り、χ形と◆形を介し、正六角形◈と正八角形✹を生みだし、異形同質の関係を維持しております。

③　（洨洨洨洨洨）形 ➡ 洨洨洨洨 ➡ 正六角形 ⬢

　今からおよそ 1 万 2500 年前の縄文人が、二重らせん構造に母胎の意
味をもつ壺形を見いだし、さらに永遠の継続性をもつフラクタルな正六
角形の集合体に気づいていたとしても、蜂・フグ・花、そして人類は、
ともに生命誕生を心から願う地球上に生きる運命共同体の一員であるこ
とに変わりはありません。縄文人はヨコ並びの眼形に現われている正六
角形に気づいておりました。森羅万象は、それぞれの存在意義を正多角
形の上に持っていたと考えられます。その根幹は二重らせん構造のもつ
らせん形の三形態にあるのではないでしょうか。
　縄文人は正六角形と同時に正八角形の存在に気づいていました(第4章
参照)。双曲・楕円図形という図形がミステリアスなカタチであることに
気づいていた縄文人にとって、Ⅹ 形＝正六角形と ✦ 形＝正八角形の図
式に至ることは必然というべきでしょう。
　また、Ⅹ 形と ✦ 形は正六角形と正八角形を形づくっています(図102)。
正六角形と正八角形は、それらを二等分割すると 2 個の五角形が生じて

図103

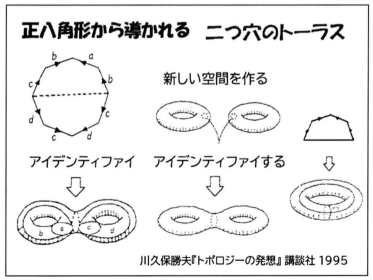

正八角形から導かれる　二つ穴のトーラス

新しい空間を作る

アイデンティファイ　アイデンティファイする

川久保勝夫『トポロジーの発想』講談社 1995

います(第4章、図44)。

　連続円文 ∞ とひょうたん形 ∞ は、それぞれ二つの円形○が Ⅹ形と◆形を媒介に結ばれて誕生しています。換言すれば、Ⅹ形と◆形は、∞ 形と ∞ 形の異形同質の関係を生みだしていることになります。

[補遺]　フランスのポアンカレに始まるといわれる現代数学の一分野であるトポロジー(位相幾何学)の啓蒙書において、「正八角形から生じる二つ穴のトーラス」という命題が取り上げられています。それによれば、正八角形を二等分割した五角形から2個の一つ穴のトーラスが生じ、この一つ穴のトーラスをアイデンティファイすると二つ穴のトーラスが生まれると解説されています(図108)。「アイデンティファイ」という言葉を使うことに異論はありませんが、「**眼形の連鎖から母胎の意味をもつ壺形を形づくる正逆S字トンボを導くことができる**」という縄文人の幾何学をもって説明すれば、トポロジー初心者にはより解りやすいのではないでしょうか。

再考！二重らせん構造の意味

　斜格子文の原形が眼形の連鎖であることは、第3章で述べてきました。その眼形の連鎖から、以下の二つの図式を導くことができました。

　ⓐタテ並びの眼形 ∞∞∞∞ ―正逆S字トンボから母胎の意味をもつ
　　　　　　　　　　　　　　　壺形 が生じる
　ⓑヨコ並びの眼形 (((((　―【 ◎ ➡ ◎◎ ➡ ◆ 】が生じる

　ところで、渦巻きは、二重らせん構造の一つのパターンであり、天体に見られる自転・公転は安定した渦巻き現象と考えられます。縄文人は爆発する渦巻きと安定する渦巻きの存在に気づいており、両者を使い分けていたと思います。渦巻文は土器や土偶にらせん形とともに描かれ造形されています。

図104

リンゴのかたち

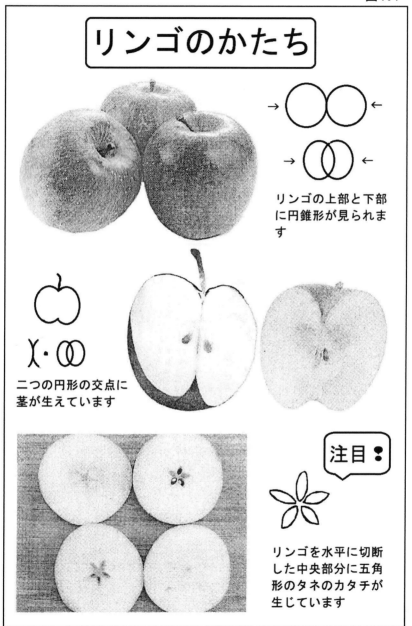

リンゴの上部と下部に円錐形が見られます

二つの円形の交点に茎が生えています

注目！

リンゴを水平に切断した中央部分に五角形のタネのカタチが生じています

これを知っておれば、斜格子文が縄文時代、それも草創期から弥生時代の銅鐸を経て、古墳時代の装飾壁画まで、およそ1万年以上に渡って描き続けられた重要なカタチであることを認識できるはずです。これを現代の考古学者・歴史学者は見逃しています。かつて「渦巻文はフィクションである」と発言した考古学者がおりました。

　古墳時代の装飾古墳の壁画に描かれる斜格子文は、明確に色分けされています。壁画に描かれる図を見ていると、向い三角文 ⊠ を介した正六角形 ⬡ が目に入ってきます。他方、茨城県の虎塚古墳壁画には、2個の同心円文 ◉◉ の少し上に向かい三角文 ⊠ が描かれています。その左右の壁画には渦巻文が描かれています。これを ⊠ 形と ◆ 形の視点から見ると、虎塚古墳の壁画に描かれる文様は ◉◉ 形に結ばれます。このカタチは二つの穴をもっており、縄文時代の双眼 ◗ に類比的に結ばれています。

種子を宿す果実のかたち

　土壌から吸い上げられた水分や養分は、果樹の茎の維管束を通り、⊠ 形部分を通って ⌣ 形の果実まで運ばれます。新たな生命の種を宿す果実のカタチは ⌣ 形です。⌣ 形は ⦵ 形から生じるカタチです。これを象徴するカタチは、◎◎ 形と ◎-◎ 形です。

　図104はリンゴに現われているカタチです。果実を垂直に切断したカタチに ⦵ 形をイメージすることができます。他方、次郎柿の表面には、裏側の蔕に現われている ⊗⊗ と同じ ◆ 形がうっすらと現われているものがあります。柿の実にとってアマミホシゾラフグの正多角形と同様に ◆ 形は、みずからの生命を護るために必要なカタチであることを訴えているかのように感じます。このようなカタチ ⧓ の中に新しい生命を育むタネが生まれているのです。

縄文人の優れた発想力

　縄文人が発見した双曲・楕円図形と正六角形と正八角形の関係、「も

のの誕生理論」を六・八理論と呼んできましたが、斜格子文からは正逆S字トンボによる壺形、および、【 ⊚ ➡ ⊚⊚ ➡ ◈ 】の図式が導かれていたと考えられます。

　六・八理論は、双曲・楕円図形の()形に始まり、二重らせん構造から円形の連鎖・眼形の連鎖が導かれ斜格子文へ至ります。六・八理論はその名に示されるとおり、正六角形と正八角形はなくてはならない概念です。ここに縄文人が正多角形と正多面体の幾何学を学習する機会があったのです。忘れてはならないことは、それらの基本となる正六角形と正八角形は、相即不離の性質をもつ双曲図形()(形)と楕円図形(()形)と密接に結ばれているということです。縄文人はこれに気づいておりました。

双眼の特別な性質

　図 106 において、双眼ⓐ＝正六角形、双眼ⓑ＝正八角形が成立しています。双眼ⓐと双眼ⓑの違いは✕形と◆形にあります。

　ところで、生命誕生は「同質でありながら異形の二者の合体によって新しい生命が生まれる」という法則性をもっています。今、⚬⚬ 形(連続円文)と⚭⚭ 形(ひょうたん形)に対し、生命誕生の原理を適用することができるでしょうか、と問えば、それらは「同質同形の二者」に該当するのでは、という答えが返ってくるように思います。

　ここで、図 105 を見てください。東京都中原遺跡出土土器を双眼の上部の左右に ⚇ 形と ⛰ 形が描かれています。他方、双眼の真下にも同じ文様が描かれています。後者の場合、⋈ 形を介して曲線図形と直線図形が強く認識されます。この認識は恣意的なものではありません。

　⚇ 形の渦巻文と ⛰ 形の直線は、「同質でありながら異形の二者」に該当し、それらは合体して新しいかたちである「曲線図形と直線図形の融合体」を生みだしている、このように解釈することができます。図105 の土器を製作した縄文人は ❀ 形(柿の蔕形)に現われている ⚬⚬ 形(連続円文)と⚭⚭ 形(ひょうたん形)に対し、異形同質の関係を表現していたと考えられます(第7章、図87参照)。

図105

融合する曲線と直線

縄文人の造形力の源泉は、①水平と垂直の中心線と②✕形と◆形に求めることができます。特に②の媒介者的意味をもつかたちに気づいていた点は、現代の幾何学を凌駕するところがあります。

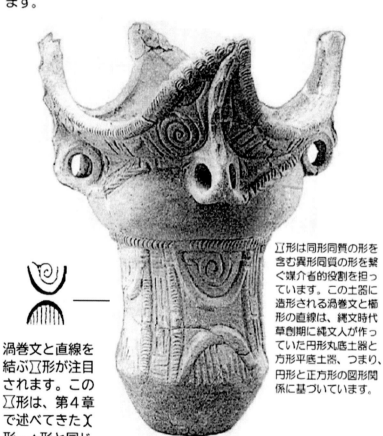

渦巻文と直線を結ぶ✕形が注目されます。この✕形は、第4章で述べてきた✕形・◆形と同じ役割を担っています。

✕形は同形同質の形を含む異形同質の形を繋ぐ媒介者的役割を担っています。この土器に造形される渦巻文と櫛形の直線は、縄文時代草創期に縄文人が作っていた円形丸底土器と方形平底土器、つまり、円形と正方形の図形関係に基づいています。

東京都中原遺跡
縄文時代中期　高さ 37.5㎝

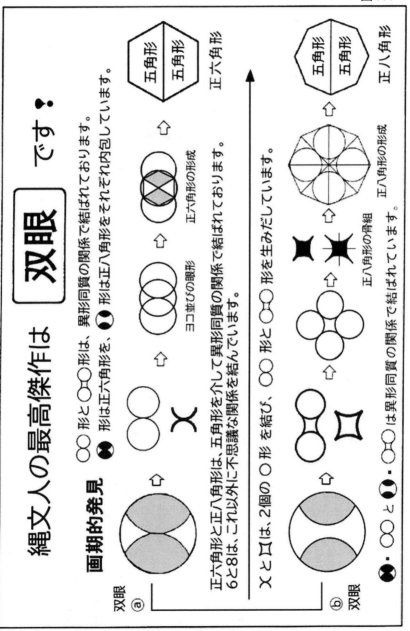

縄文人の最高傑作は 双眼 です！

画期的発見

双眼 ⓐ

○○形と ∞形は、異形同質の関係で結ばれております。
●形は正六角形を、◐形は正八角形をそれぞれ内包しています。

ヨコ並びの眼形 → 正六角形の形成 → 五角形／五角形 正六角形

正六角形と正八角形は、五角形を介して異形同質の関係で結ばれております。
6と8は、これ以外に不思議な関係を結んでいます。

Xと口は、2個の○形を結び、○○形と ∞形を生みだしています。

双眼 ⓑ

●・∞と◐・○○形は異形同質の関係で結ばれています。

正八角形の骨組 → 正八角形の形成 → 五角形／五角形 正八角形

図106

図107

縄文人の考えた かたちの原点

縄文人が創出した双眼🌑から柿の蔕形🔘が生じることが明らかになりました。さらに興味深いことは、この柿の蔕形🔘は、連続円文∞とひょうたん形∞を併せもち、🔷正六角形と✳正八角形が導かれることです。これを発見したのは、日本列島の縄文人です。

縄文人は、柿の蔕形🔘を形づくる連続円文∞とひょうたん形∞のㄨ形とㄨ形に視点を合わせていました。そのㄨ形とㄨ形の図形的な意味は、2個の円形を結んでいるところに求めることができます。ㄨ形とㄨ形は、円結びの神様、つまり、縁結びの神様と言い換えることができます。

2個の円形を結ぶㄨ形とㄨ形に🔷正六角形と✳正八角形が隠れていることに気づいていた縄文人の幾何学は、現代の幾何学に優るものがあります。

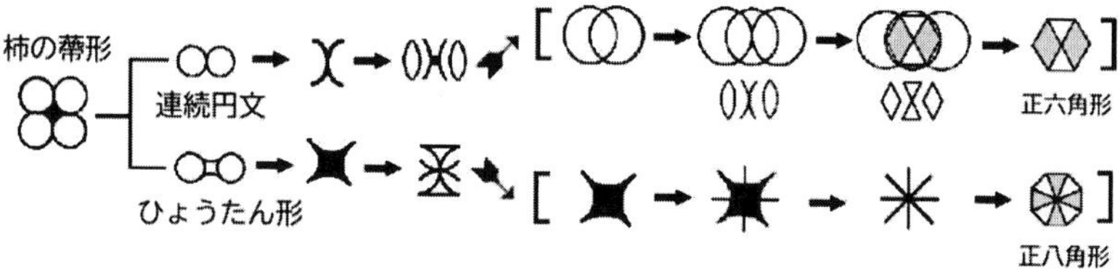

縄文前期の京都市北白川遺跡出土浅鉢と福井県鳥浜貝塚出土の浅鉢に描かれる文様は、ㄨ形とㄨ形に基づく正六角形🔷と正八角形✳を内包しています。この正六角形と正八角形は、正多角形の象徴的な図形であり、三平方の定理 $3^2+4^2=5^2$ と「同質でありながら、異形の二者の合体によって新しい生命が生れる」という生命誕生の原理をもっています。

メビウスの帯は裏と表が区別されない現象をもっておりがました。これに両性具有の概念をもてば、どちらか一方が180度反転すれば、異形同質の関係が成立し、両者は合体して新しいカタチを生みだすことが可能になります。私たちの生きる自然界には両性具有の生命体(魚類など)が存在します。それらは発情期になると、オスからメスへ、もしくはメスからオスへ変態します。つまり、茅の輪くぐりの ◯◯ 形において、1回目は左廻り、二回目は右廻りと旋回する向きが違っています。◯◯ 形を ◯◯ 形に置き換える時、2個の円形は「同形でありながら異質の二者」という関係に置かれています。それは 「「)」形の中に ◐ 形と ◠ 形が描かれているところに端的に示されております。曲線図形と直線図形は、✕ 形を介して結ばれていることになります(図110参照)。

縄文人の最高傑作、それは双眼 ◖ の造形です

　縄文人が創出した双眼は、◖ 形の中にいくつもの形や意味をもっています。その代表的な一つが連続円文 ◯◯ とひょうたん形 ◯◯ です。

　双眼 ◖ が平面形であったならば、私は野球ボールを手にすることはなかったでしょう。双眼に酷似する野球ボールの縫い目の ◖ 形が目の前にあったからこそ、「)(」の謎を解くことができた、と思います。

　円球◯に描かれる 「)(」→ ◖ 形から導かれるひょうたん形と連続円文の組合せは、かたちの素粒子)形の 180 度の反転の繰り返しから生じる ✽ 形(柿の蔕形)に合致しています。

　上の図式に見るように、縄文人が ◖◗ 形から ◈ 形を導き、 ✳ 形から ❀ 形を導くことができたわけは、縄文人が ✕ 形と ✦ 形のもつ特別な性質に気づいていたという洞察力の高さに最大の要因が求められます。

正六角形と正八角形の融合

　縁結びの神様と言えば、出雲大社がとみに有名です。加えて出雲大社には、⬡(正六角形)の中に ✳ (正八角形)を描く神紋 ✳ があります。この状況は、神武天皇即位前紀が記す「六合を兼ねて都を開き、八紘を掩ひて宇にせむこと、亦可からずや」に符合しています。

　しめ縄、つまり、二重らせん構造が、かたちの素粒子)形のDNAを受け継ぎ、生命誕生の原理と宇宙創成の原理をもっていることを、縄文人は気づいていたのです。Ⅹ形＝正六角形・◆形＝正八角形の図式の援用は、現代の幾何学を凌駕しています。縄文人が創出した双眼 ❶ 形は、茅の輪くぐりの ∞ 形と同一の発想で結ばれています。つまり、❶ 形と ∞ 形は「ものの誕生」というDNAを共有していることになります。

　以上から、双曲図形( )(形)と楕円図形(◯形)のもつ特別な性質を理解していないと「双眼」というカタチを創出できなかったと思います。このような双眼 ❶ を造形した縄文中期の縄文人は、思想をカタチで表わす**「かたちの達人」**といえるでしょう。

第 9 章
180 度反転の意味

図108

縄文時代後期〜同末期の
東京都大森貝塚出土の土器文様は、

180度反転する円環 です！

180度反転する円環

作図：筆者大谷

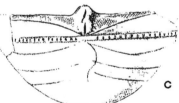

a

↑

180度の反転が認めら
れる∞形を描く大森
貝塚の土器

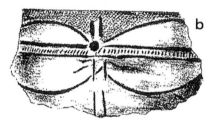

b

b・c・dの⊖⊖形は、aに
示す180度反転するかたちをも
っています。⊖⊖形を正逆S
字トンボと名づけました。

c

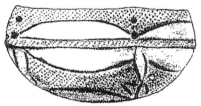

d　なぜ、aの帯と⊖⊖形（遮
光器）を描いているのでし
ょうか。180度の反転に、そ
のような表現の意味が発
見されます。

東京都大森貝塚出土の土器文様

図版：加藤緑著『大森貝塚』新泉社 2006より　文責：筆者大谷

大森貝塚出土の土器に描かれる円環はメビウスの帯

　図 108 は、アメリカの動物学者エドワード・S・モースが 1877 年に発見した東京都品川区の大森貝塚(縄文後期)から出土した土器に描かれる文様です。

　縄文人はこのようなカタチをなぜ土器に描いたのでしょうか。これを見る多くの人はメビウスの帯をイメージされるのではないでしょうか。川久保勝夫氏は、その著『トポロジーの発想』(講談社、1995)の中で「メービウスの帯の不思議」と題して、つぎのように書いています。

　　メービウスの帯、この図形のもつ神秘さのためか、曲名や椅子のデザインなどに使われたり、ファッション関係の店の名前に使われたりと、一般社会でもよくお目にかかるようになりました。
　　この帯は評判だけあって、いろいろと面白い性質をもっています。まず、表と裏の区別がありません。今、帯の表面を蟻がどんどん歩いて行くとします。ねじらない帯では、一回りしてもとに戻りますが、メービウスの帯では、蟻は帯の裏側に戻ってきます。歩くのを続けてもう一回りすると、初めてもとの場所に帰れることになります。つまり、二回りして初めてもとに戻ります。
　　　いいかえれば、ある場所から色を塗り始め、それを続けていくと、一色だけですべての面が塗り尽くされる、ということです。ローカルに見ると、表と裏の両面がありながら、グローバルに見ると、一つの面しかもたないというわけです。
　　つぎに、縁に注目してみましょう。普通の帯の縁は二つの円に分かれますが、メービウスの帯の縁は一本の閉じた曲線、つまり一つの円になっています(図 109)。
　　最後に、メービウスの帯をはさみで切ってみましょう。ふつうの帯をまん中で切ると、もちろん二つの帯に分かれます。同様にメービウスの帯をまん中で切ってみると、驚くことに、二つに分かれないでねじれた一つの帯になります(図 109)。

図109

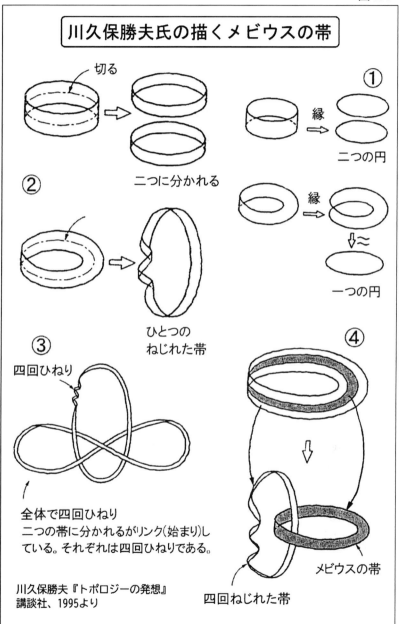

川久保勝夫氏の描くメビウスの帯

切る

二つに分かれる

① 縁 ⇒ 二つの円

② ひとつの
ねじれた帯

縁 ⇒ ⇓≈ 一つの円

③

四回ひねり

全体で四回ひねり
二つの帯に分かれるがリンク（始まり）し
ている。それぞれは四回ひねりである。

川久保勝夫『トポロジーの発想』
講談社、1995より

四回ねじれた帯

④ メビウスの帯

できあがった帯は、メービウスの帯でしょうか？　実はそうではないのです。帯の面をたどっていきますと、一周でもとに戻ります。つまり、この帯は二つの面をもっているのです。しかも意外にも、この帯は 180 度のねじれを四回行ったものです。ちょっと見には、一回ねじって作ったメービウスの帯を二回繰り返すのですから、ねじれの回数は二つのように思えますが、まん中で切ったあとに広げるときに、ねじれが二回増えるからです。

　さらに不思議なことに、四回ねじったこの帯は、ふつうのねじらない帯と同相なのです。「そんなバカな！　どんなに伸ばしたり縮めたりしたって、ねじれのないふつうの帯に重ねられないよとクレームがきそうです。

　おっしゃるとおり、私たちが住んでいる 3 次元の世界では、それはできない相談です。ところが、四次元の世界に身を投じれば、それはいとも簡単に重ねられるのです。

　続いて、四回ねじれた帯をもう一度真ん中で切ってみます。今度は、帯は二つに分かれますが、　二つの帯は互いに絡まっています。それぞれの帯は、切り離す前の帯と同様に、四回ねじった帯になっています（図 109）。

　さらに、この二つの帯のそれぞれにはさみを入れると、複雑にリンク（絡み合う）した同じ長さの四つの帯になり、あとはなん回はさみを入れても長さは変わらず、帯の数だけ増えていきます。そしてそれらは、ますます複雑にリンクしていくのです。

　最後に、帯の幅を三等分したところにはさみを入れてみます。すると帯は、三つではなく二つに分かれます。しかも、短いのと長いのと二種類です。短い方はメービウスの帯になり、長い方は四回ねじった帯になります（図 109）。

　メービウスの帯は、なんと不思議な性質をもっているのでしょうか。

川久保氏の説明で納得できないところがあります。それは、切れ込み

図110

メビウスの帯と多角形の不思議な関係

メビウスの帯は、五角形・六角形・八角形を内包しています！

← ⓐ
メビウスの帯の折りたたみ方から生じる五角形

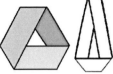

← ⓑ
メビウスの帯から生じる六角形

原図 橋本伸

ⓒ

メビウスの帯に1回目の切れ込みを入れ、それを折りたたむと八角形が生じます。

← 家紋
折りたたみ井筒

メビウスの帯に2回目の切れ込みを入れると、繋がった2個の円環が生じます。これを折りたたむと、右図に見る2組の八角形が生じます。

正六角形と正八角形の不思議な関係

六角形の中の4個の五角形

五角形
五角形　五角形
五角形

ⓐ正六角形

五角形
五角形

正六角形→線分の二等分割

正六角形と正八角形の二等分割から生じる五角形

五角形

五角形

ⓑ正八角形

五角形
五角形

正八角形→対峙する頂点による二等分割

六と八の密接な関係は、正多角形に限らず三平方の定理である $3^2+4^2=5^2$ にも現われています。このような図形現象を世界で初めて提起したのは、日本列島の縄文人です。宮崎 興二・V・L・ハンセン両氏がいう「文字より前にかたちがあった」を文字通り実践していたのは縄文人です。それも六と八の関係の産みの親である［双曲図形〕〔と楕円図形〔〕→ X 形と ◢◣ 形］に気づいていた**縄文人の幾何学**は、驚嘆に値するものがあります。

図111

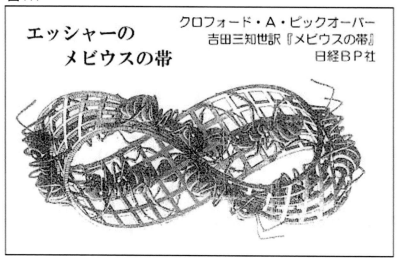

を入れる前のメビウスの帯には六角形が現われており、さらにメビウスの帯に最初の切れ込みを入れて生じる帯には変則八角形が生じています。この場面で、川久保氏はメビウスの帯と六角形・八角形との図形的な関係を指摘すべきではないでしょうか。

メビウスの帯と双曲図形()()形、楕円図形(◯形)の関係

　エッシャーのメビウスの帯に見るとおり、メビウスの帯が①裏と表が区別されない現象と②折りたたむと六角形が生じる現象をもっていることを知ることができました。①の現象はヨコ並びの眼形 ◯◯◯◯◯ の◯形と ✕ 形の相即不離の関係(区別がつかないほど密接な関係)につながるものがあります。

大森貝塚の土器と寺改戸遺跡の注口土器の意味

　大森貝塚から出土した土器に描かれる円環は、180 度の反転が確認されます。これがメビウスの帯とすれば、縄文人は、ドイツのアウグスト・フェルディナント・メビウスの発表(1865 年)よりおよそ 3000 年遡っ

図112

メビウスの帯の誕生原理と不思議な現象

細長い紙片など

| A | B |

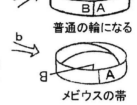

右図の紙片Bの変化に注目してください。aの普通の円環では正常なBですが、bにおいては反転したBとなっています。このように180度の反転しているのが、メビウスの帯の最大の特徴です。

以上から、細長い紙片などの両端のAとBは、表裏一体となり、新しいかたちを生みだしています。メビウスの帯の場合、円環の連鎖は無限に続きます。

すなわち、メビウスの帯は、① 両性具有、②180度の反転、③永遠の継続性という「三大要素」をもっています。この三大要素は**生命誕生の原理**になくてはならない要素です。

文責：筆者大谷

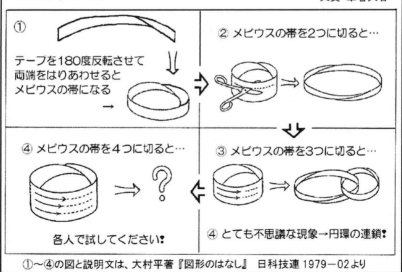

①〜④の図と説明文は、大村平著『図形のはなし』 日科技連 1979−02より

図113

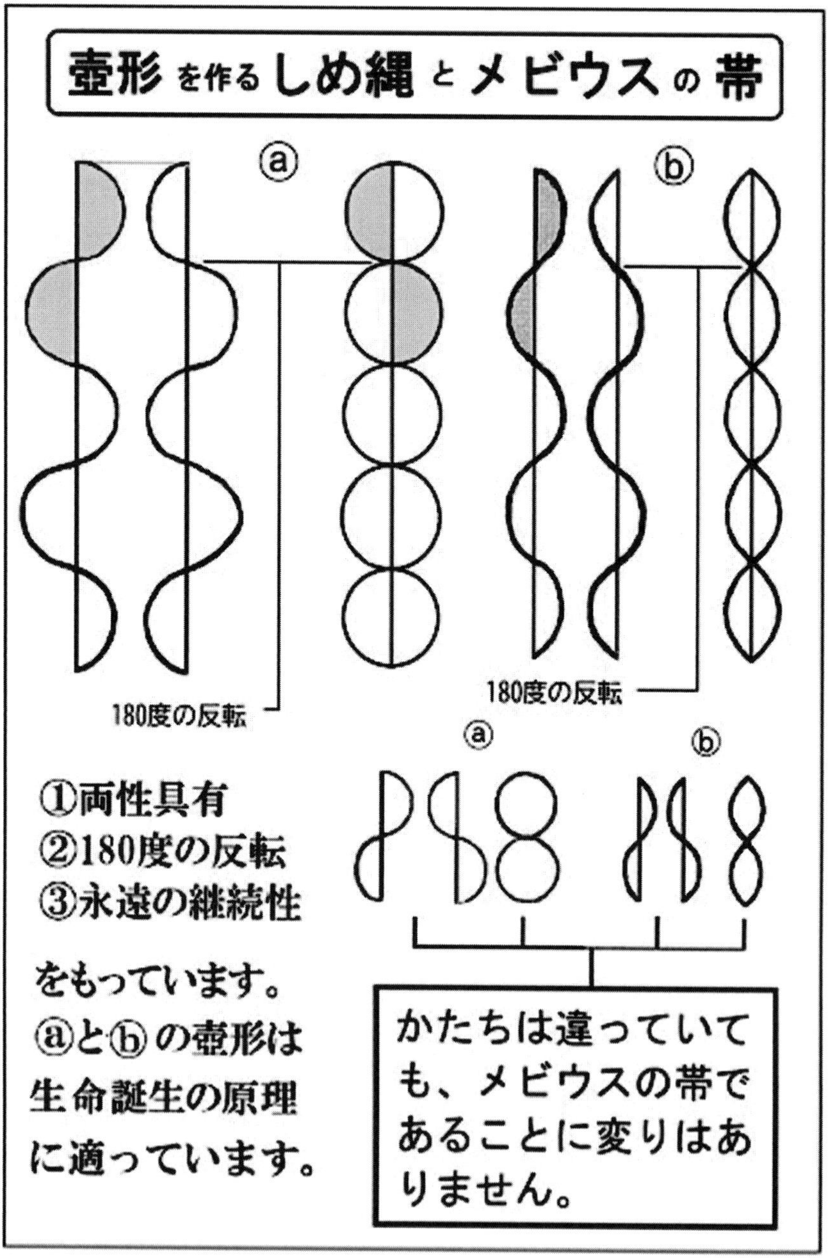

壺形 を作る しめ縄 と メビウス の 帯

180度の反転

180度の反転

ⓐ　　　ⓑ

①両性具有
②180度の反転
③永遠の継続性

をもっています。
ⓐとⓑの壺形は
生命誕生の原理
に適っています。

かたちは違っていて
も、メビウスの帯で
あることに変りはあ
りません。

図114

メビウスの帯を折りたたむ→六角形

メビウスの帯を折りたたむ
と生じる六角形

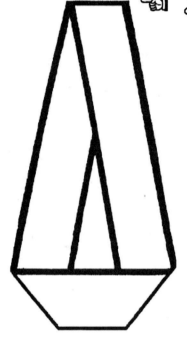

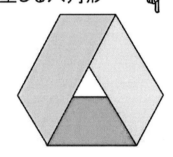

メビウスの帯を折りたたんで生じる六角形(右上)と
縄文人が作った浅鉢のカタチ(右下)を見比べて見
てください！ 酷似していることがおわかりいただ
けるものと思います。

縄文人がトポロジー的発想法をもっていたことは、図118に見
る異形同質の土器を造っていたところに発見されます。

図115

貴重な存在の縄文土器です。この六角形には、
メビウスの帯と正多角形の意味が隠れています‼

一つカタチで
二つの意味をもつ
┌ 正多角形
└ メビウスの帯
＞ 六角形の縄文土器

浅鉢　福島県大畑貝塚出土　縄文中期　高さ 16.1cm

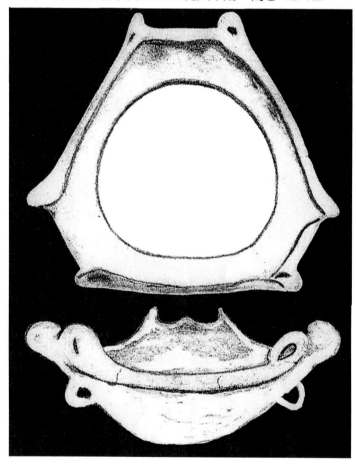

図116

わが国の歴史を塗り替える注口土器

この注口土器は縄文時代後期に出現して以来、その後姿を消し、江戸時代になって再現し現代に至っております。しめ縄状文様とメビウスの帯が描かれているところに、この土器がもつ謎が隠されているようです。

注口土器（表）　　加曾利Ｂ１式　　縄文時代後期

東京都青梅市寺改戸遺跡　青梅市立博物館蔵　高さ12.7㎝

図117

異形同質の関係

注口土器に描かれる∞形は、180度反転する円環、すなわち、メビウスの帯と考えて間違いないと思います。

注口土器
（裏）

縄文時代後期　加曾利ＢⅠ式
東京都青梅市寺改戸遺跡出土
写真提供　青梅市教育委員会

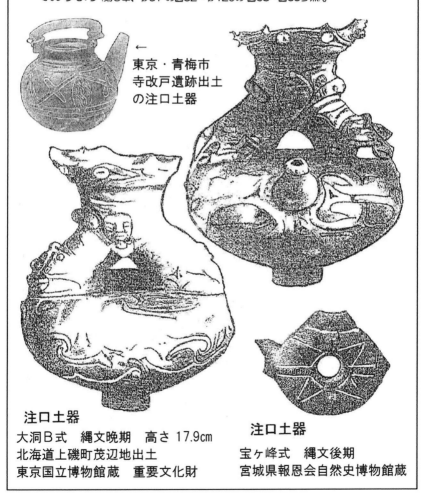

図118

注口土器と異形同質の関係にある土器

縄文人は、生命誕生の原理につながる「異形同質の関係」を土器や土偶に文様を描き、造形を施しておりました。それらのかたちの源泉は、「円形の連鎖→眼形の連鎖」から始まっております(第5章、p97の図52〜p120の図68〜図69参照)。

← 東京・青梅市
寺改戸遺跡出土
の注口土器

注口土器
大洞B式　縄文晩期　高さ17.9cm
北海道上磯町茂辺地出土
東京国立博物館蔵　重要文化財

注口土器
宝ヶ峰式　縄文後期
宮城県報恩会自然史博物館蔵

図119

∞形をもつ縄文後期の土偶

ⓐ180度反転して
いない∞形

ⓑ180度反転して
いる∞形(メビウスの帯)

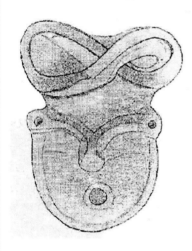 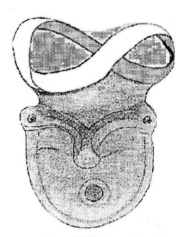

上図の長野県大花遺跡出土の土偶の被る
∞形をメビウスの帯と説明してきま
したが、知人から「この土偶の∞形
は180度の反転が確認されない」と指摘
されました。なお、この土偶を製作した
縄文人のミスによるものと考えられます。
縄文人がメビウスの帯を知っていたこと
に変わりはありません。

図120

ねじれた８字形はメビウスの帯

８字形を描く漆椀
埼玉県寿能遺跡出土　縄文後期
（８字形は実物、椀は想定図）

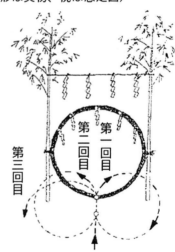

８の字形にくぐり抜ける茅の輪

神社における茅の輪を８字形にくぐりぬける行事には、180度のねじれを作りだすメビウスの帯の原理が発見されます。

（インターネット・http：//www.shinmeisya.or.jp/html/tinowa01.html）

図121

なぜ、8の字形に見えるのでしょうか

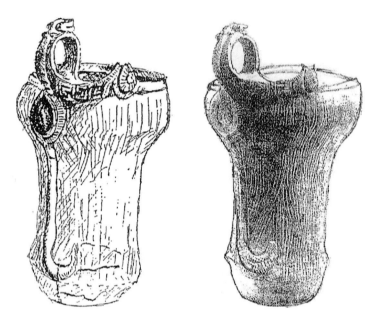

山梨県甲州市柳田遺跡出土の土器　縄文時代中期

8の字に見える理由

図の土器には「蛇を持つ土器」という名称がつけられています。確かに8の字形に蛇が這うのが確認されます。しかし、8の字形に対する説明がありません。

8の字形は中央あたりでねじっています。メビウスの帯と考えて間違いないでしょう。8の字に見えるのは、この土器を作った縄文人は、現代の私たちが「メビウスの帯」と呼ぶ現象を知っていたからであると考えられます。東京都大森貝塚出土の土器に描かれる180度反転する円環は、それを裏づけています。

てメビウスの帯に気づいていたことになります。

〇〇 形に中心線を引くと 〜〜 形と 〜 形（正逆S字トンボ）が生じます。180 度の反転をもつ正逆S字トンボは、「同質でありながら異形の二者の合体によって新しいかたちが生まれる」という「ものの誕生原理」をもっています。その新しいかたちのところへ「壺形」を入れ替えることができます。すなわち、壺形は母胎の意味をもつことができます。

以上を裏づけているのが大森貝塚出土土器に描かれる 〜〜 形であり、東京都青梅市の寺改戸遺跡の注口土器です。正逆S字トンボに見る 〜 形と 〜 形への 180 度の反転はらせん形 〜〜〜 を形成します。らせん形は永遠の継続性をもっています。

後者の寺改戸遺跡の注口土器には、 〇〇〇〇 形と 〜 形が紐で結ばれ同じ向きに描かれています（第9章、図116〜図117）。さきのメビウスの帯に発見される⒜表裏一体の図形現象と⒝円環の連鎖の意味を導くには、寺改戸遺跡の注口土器に描かれる 〇〇〇〇 （二重らせん構造）のもつ「同質でありながら異形の二者の合体によって新しいかたちが生まれる」という概念が必要になります。

二重らせん構造が⒜正逆S字トンボによる母胎の意味をもつ壺形を作り、その超強靱性と永遠の継続性は⒝正六角形の集合体から生じていることを、縄文人が理解していたことは、斜格子文の稿でのべてきました。

縄文草創期の斜格子文を描く土器と縄文後期の注口土器に描かれるメビウスの帯は、二重らせん構造によって結ばれています。寺改戸遺跡の注口土器以外にも、長野県大花遺跡の土偶など ∞ 形を造形する土器・土偶があります。

縄文人のクラインの壺

「縄文うずまきの会」の講演会へ参加していただいた方から「現代のトポロジーにいうクラインの壺に酷似する皿型土器が長野県茅野市尖石考古館に陳列されています」という情報をいただきました（2017 年）。さっそく現地（尖石考古館）へ飛び、それがクラインの壺であると確信しま

図122

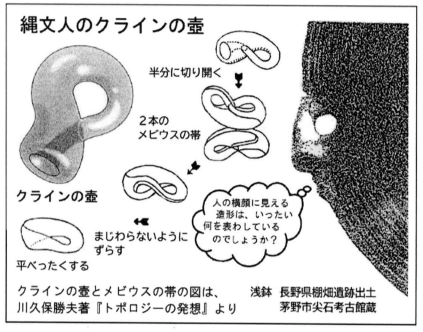

縄文人のクラインの壺

半分に切り開く

2本の
メビウスの帯

クラインの壺

まじわらないように
ずらす

平べったくする

人の横顔に見える
造形は、いったい
何を表わしている
のでしょうか？

クラインの壺とメビウスの帯の図は、
川久保勝夫著『トポロジーの発想』より

浅鉢　長野県棚畑遺跡出土
茅野市尖石考古館蔵

した。人間の鼻にイメージされる穴と目にイメージされる二つの穴の存在が決め手になりました。

　ところで、○○形に中心線を引くと２個の正逆Ｓ字トンボ ∞ → が生じます。この正逆Ｓ字トンボは、第６章の図73に見るように180度の反転が確認されます。正逆Ｓ字トンボとメビウスの帯は、新しい形を生みだす①両性具有、②180度反転を共有しています。両者から生みだされるカタチは壺形です。ここに壺形が母胎の意味をもつ根拠が発見されます。つまり、壺形は「ＤＮＡの二重らせん構造」と同様に、「同質でありながら異形の二者の合体によって新しいかたちが生まれる」という生命誕生の原理をもつ二重らせん構造から生まれているのです（図74）。繰り返しますが、二重らせん構造は永遠の継続性をもっています。

第10章
七宝文の幾何学

柿の蒂形⊕から生まれた七宝文⊗

　縄文人の幾何学は、豆粒文土器の〇形から始まり、　隆起線文土器の〜〜〜形、爪形文土器の)))) 形へとアナロジーの連鎖を拡げ、斜格子文土器（連続菱形文・正六角形の集合体）、波状口縁をもつ土器（らせん形＋正多角形）、縄文時代前期の京都市北白川遺跡出土浅鉢と福井県鳥浜貝塚出土浅鉢に描かれる文様（双曲・楕円図形による正六角形と正八角形の表現法）は、現代の幾何学を凌駕するものがあります。

　縄文時代中期に至って、かたちの素粒子「)」形を描く土偶や土器、および �■ 形を描く土偶や土器が出現します。縄文人の造形の最たるものは双眼 ⬮ です。双眼には ⊕ 形が隠されていました（第8章参照）。

　図123は縄文晩期の壺です。この壺に描かれるカタチは、〇形と ◢ 形が確認されるところから ⊗ 形を描くものと考えられます。

　ところで、かたちの素粒子)形の 180 度反転の繰り返しによって生じる ⊕ （柿の蒂形）の中心部分の ◢ 形に外接する円形を描くと、⊗ 形が生じます。

　縄文人が ⊗ 形を創出することができたのは、かたちの素粒子)形の180 度の反転から柿の蒂形が生じる図形現象を発見していたからです。柿の蒂形は、つぎのようなかたち（図形）をもっています。

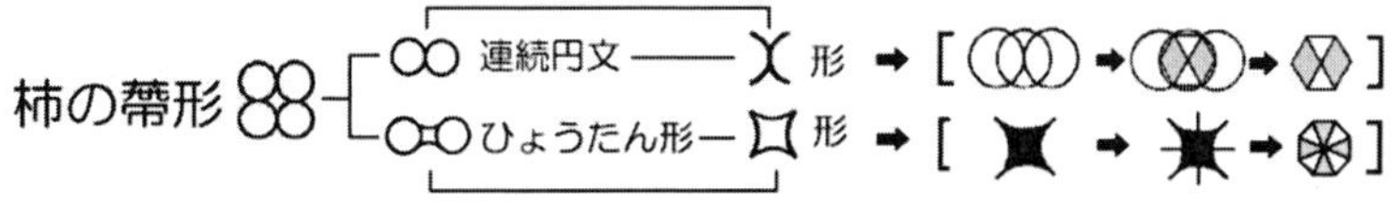

柿の蒂形⊕ ── 連続円文 ── X 形 → [∞ → ⊗ → ⊗]
　　　　　　── ひょうたん形 ── ◀▶ 形 → [◆ → ✦ → ❋]

　X形と◢形は、円形と円形をつなぎ、[⊕ ＝∞ ＋ ◦∞◦]という新しいカタチのパターンを生みだしています。この[⊕＝∞＋◦∞◦]は「同質でありながら、異形の二者の合体によって新しいカタチが生れる」という生命誕生の原理に適っています。

X 形と◢形の特別な性質
　縄文人が X 形と◢形の存在に気づいていたことは、これまでにのべ

図123

縄文晩期の壺　亀岡式土器　高さ22cm
国学院大学蔵

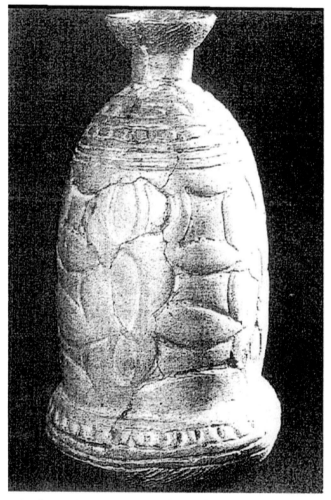

　〇形を使って円形と正方形の「異形同質の関係」を
表わすことができます。この意味は極めて重要です。

てきました。加えて国学院大学蔵の壺の ⬡ 形は、縄文人が七宝文を知っていたことを裏づけています。

　柿の蔕形 ✿ の二つの円形を結ぶ◆形は ⚬⚬ （ひょうたん形）を生みだしています。ひょうたん形の ◆形は、第3章の図 33 の虎塚古墳壁画に見る ◉◉ 形をつなぐ 𝕏 形に該当します。再三繰り返しますが、このように ◆形は𝕏形とともに媒介者の役割を果たしているわけです。この𝕏形と ◆形のもつ特別な性質に縄文人は気づいていました。縄文人はしめ縄(二重らせん構造)を 𝕏 形と ◆形の視点(柿の蔕形)に置き換えていたからこそ、眼形の連鎖に壺形 🝐 と正六角形 ⬣ の集合体(斜格子文)を読み取ることができ、さらに、正六角形と正八角形をもつ七宝文に生命誕生と宇宙創成の統一理論の構築を果たすことができたと考えられるのです。これが「**縄文人の幾何学**」です。

　かたちの素粒子)形の 180 度の反転から生じる柿の蔕形 ✿ (双眼に隠されたカタチ)は、二種類の円形の結び方をもつ ⚬⚬ 形と ⚬⚬ 形をもっています。図 124 はその二種類の円結びのパターンを表わしています。図に見るとおり𝕏形と ◆形は、①**眼形の連鎖**と②**七宝文**を形づくり、正六角形と正八角形との関係を生みだしています。

図124

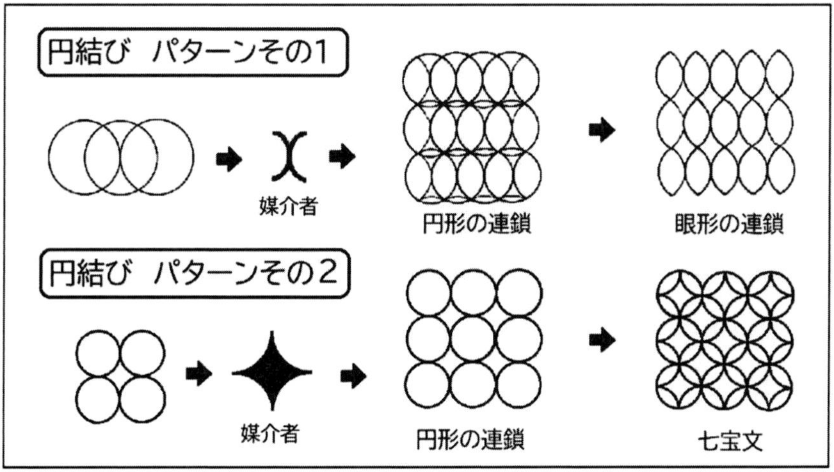

出雲大社の神紋

　〇〇 形と〇〇 形を生みだすχ 形と◆形は、 2個の円を結んでいました。これをお読みになって、縁結びの神様といえば、出雲大社を脳裏に描かれた読者がおられることと思います。出雲大社には、正六角形の中に正八角形の骨組が描かれる神紋⊛があります（第5章、図70参照）。

七宝文の形成

　七宝文は、 図 125ⓒの七宝文に示す方法で編みだされたものと考えられます。その原型は、かたちの素粒子）形の 180 度の反転の繰り返しから生じる円形の連鎖であると考えられます。

　円結びは、二種類のパターンがあります（図 124 参照）。①「χ」形から眼形の連鎖→タテ並びの眼形 ∞∞∞ とヨコ並びの眼形 〇〇〇〇 の集合体が生じ、以下の図式が導かれます。

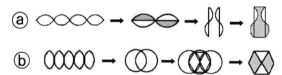

　円結びのもう一つのパターンは、いわゆる七宝文と呼ばれる4個の◯形による ◈ と ✖ を基本形としています。図 125 のⓒをじっと見つめると、◈形の集合体 ◈◈◈◈ に見えたり、✖ の集合体 ✖✖✖✖ に見えたりと二つの形が行ったり来たりします。

　◈ 形と ✖ 形は、それぞれ2分の1を共有しあい、◈✖ 形を形成しています。換言すれば、同質でありながら、異形の二者である ◈ 形と ✖ 形は、合体して新しいかたちである ◈✖ 形を生みだしています。すなわち、◈✖ 形は**生命誕生の原理**を内包していることになります。

　4個の ◯ 形をもつ海鼠紋について、インターネット「ウィキペディア」は、「形が永遠に連鎖し繋がるこの柄に、 円満、調和、ご縁などの願いが込められた 縁起の良い柄 です。また 人の御縁や繋がりは、 七宝と同等の価値がある事を示している柄でもあります」と解説されています。なお、

図125

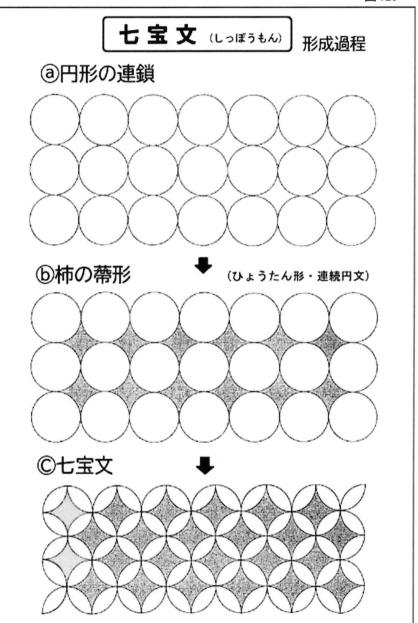

七宝文 （しっぽうもん） 形成過程

ⓐ円形の連鎖

ⓑ柿の蒂形 （ひょうたん形・連続円文）

ⓒ七宝文

図126

形と形の不思議な関係

ヨコ並びの眼形 ⟨⟨⟨⟨⟨⟨ において、◊形と𝕏形は相即不離の関係をもっております。これを受け継ぐ◊形と𝕏形は、ヨコ並びの菱形文 ⟨⟨⟨⟨⟨⟨ を形づくります。

双曲図形(𝕏)形、楕円図形(◊形)

菱形文・向かい三角文⟨𝕏⟩

◊形と𝕏形は、相即不離の関係を維持しています。縄文人がこのような図形現象に気づいていたことは、前述してきました。この◊形と𝕏形の特別な性質は、七宝文 ⟨𝕏⟩ にも現われております。これは極めて重要です。

 形は をつなぎ …… 連続形を生みだしています

 形は をつなぎ …… 連続形を生みだしています

異形同質の 円形 と 正方形 の組合せをもつ 七宝文

ⓐ → 4個の◊形から円形が形づくられ、その中心部分に✦形が確認されます。

ⓑ → 4個の◊形から木葉形が形づくられ、その外郭に正方形を想定することができます。また、中心部分には𝕏形が確認されます。

𝕏形と✦形は、異形同質の関係を結ぶ ∞ 形と⊂⊃ 形を形づくります。他方、異形同質の関係を維持する》形と《形は合体して ◇形と✕形を作ります。七宝文 ⟨𝕏⟩ は、⟨⟨⟨⟨⟨⟨形における ◊形と𝕏形の相即不離という特別な性質を受け継ぎ、宇宙創成と生命誕生の原理を同時に導くことができる[○=天・□=地]と[✕→𝕏=陰・◇→✧=陽]を内包しています。

図127

天地(○・□)・陰陽(✖・✚)を繋ぐ「✗形と✦形」

円形と正方形の関係は、
① [✗形 → ◈ → ○]
② [✦形 → ✖ → □]
に現われております。

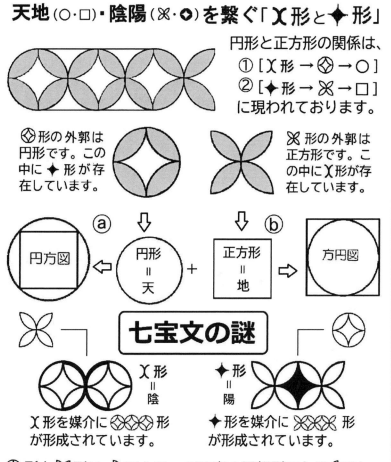

◈形の外郭は
円形です。この
中に✦形が存
在しています。

✖形の外郭は
正方形です。こ
の中に✗形が存
在しています。

ⓐ

円方図

円形
＝
天
＋
正方形
＝
地

ⓑ

方円図

七宝文の謎

✗形
＝
陰

✗形を媒介に〈✖✖✖〉形
が形成されています。

✦形
＝
陽

✦形を媒介に〈✖✖✖〉形
が形成されています。

◈形と✖形は、⟩形とその180度の反転形である⟨形との
合体形です。このようなパターンは、「同質でありながら、
異形の二者の合体によって新しい生命が生まれる」とする
生命誕生の原理に適合しています。七宝文✖は、天地・
陰陽、すなわち、宇宙創成と生命誕生の原理を内包してい
ます。なお、七宝文〈✖✖✖〉……は無限の継続性を併せもっ
ています。ここに、七宝文✖の存在意義が発見されます❣

図128

天地・陰陽の図

◉と✖は、異形同質の関係を維持し、新しいカタチである天地
「◈」と陰陽「✖」を生みだします。「◈」と「◈」は、
)(形と ◯ 形のもつ性質を受け継ぎ、永遠の継続性を持つフラク
タルなパターンを特徴としています。これは天地＝宇宙創成と陰陽
＝生命誕生の統一理論の構築を可能にしています。

◉ = 円形 ◯ → 天	✖ = ꓴ → ⬡ → 陰
✖ = 正方形 □ → 地	◈ = ✦ → ◈ → 陽

縄文人の発想法 森羅万象をかたちで表わす

天照大神と大日霊尊の正体

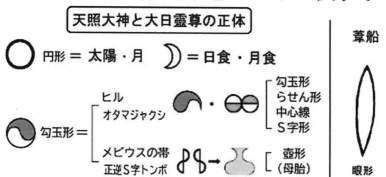

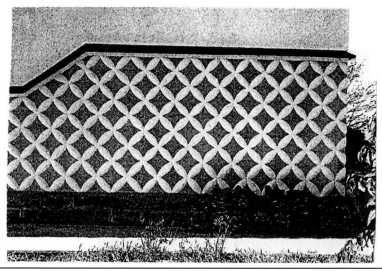

図129

土蔵にデザインされた海鼠紋

図130

自然界を記述する言語が **幾何学である！**

　図形と文様は、文字や言語と同様に思想を語って
いる。V・L・ハンセンは、その著作『自然の中の
幾何学』（井川俊彦訳 ㈱トッパン 1994)の「あと
がき」において、つぎのように書いています。
……「自然界を記述する言語が幾何学である」と
いうことであった。ちょっとみただけでは不思議
な現象も、この言語を使って解読することができ
るのである。この世界を構成している形や模様を
説明するものが幾何学であり、それを抽出したも
のが幾何図形である。

七宝は、金・銀・瑠璃・瑪瑙・珊瑚・シャコ・水晶という7個の宝石の意味をもっていると書かれています。ところで、七宝文の「七」には、正六角形と正八角形をつなぐ意味が隠されているのではないか、と私は考えております。

幾何学の原点

七宝文は、⬦形と❈形の相即不離の関係に気づかなければ形成されることはなかったと思います。以下の図式は、✗形と◆形から導かれています。幾何学の原点は、かたちの素粒子）形の 180 度の反転から生じる柿の蔕形、すなわち、柿の蔕形 ❀ 形＝ひょうたん形 ∞ と連続円文 ∞ の組合せにあるということです。わかり易く言い直せば、二つの円を結ぶ ✗ 形と◆形は、かたちの素粒子）形に続いて、縄文人の幾何学の原点にあると捉えることができるのではないでしょうか。

双曲図形()()と楕円図形(())から導かれる **天地・陰陽**

⬦ ＝円形　　○→天　　❈ ＝✗ → ⬡ →陰

❈ ＝正方形　□→地　　⬦ ＝✹ → ❋ →陽

宇宙創成の原理　　|　　**生命誕生の原理**

第 11 章
縄文人の発想法

第1節　挫折していた縄文研究

異次元に踏み入る有効な方法論はあるのでしょうか

　磯前順一氏は、その著『記紀神話と考古学』「第四章　土偶論の視座」（角川学芸出版、2009)の中で、縄文人の信仰内容の究明に関して、つぎのように書いています。少し長い引用になりますが、ご容赦ください。

　その後、1980 年代後半から 1990 年にかけて八重樫純樹・小林達雄を中心とした「土偶とその情報」研究会が組織され、1980 年前後から急増していった行政発掘の資料を、型式研究に収斂させるべく、コンピューターを駆使したデータベース処理によって一万点を超える土偶の情報収集が推し進められた。その研究は『土偶研究の地平　一〜四』（勉誠社 1997〜2000 年)に結実することとなり、各地域の実態に即した型式変遷がより具体的に把握されるようになった。しかし、その研究の総括として、代表者である小林が次のように述べざるを得なかったことを見落としてはならない。[以下は磯前順一氏が引用した小林達雄氏の所感です(筆者注)]

　土偶の観念技術の具体的な内容を把握することは困難である。しかも努力を重ねさえすればその困難を克服して、いずれは正体を明かすことができるという期待も容易ではないのだ。それが縄文人の世界観にかかわるからであり、いまの我々にとっては縄文人の物質文化から世界観を理解することは到底なし難いことなのである。努力があればよいというものではなく、少なくとも現代では、その異次元に踏み入る方法論がないのだ。

　このような観念の解釈問題をめぐる研究者の当惑は土偶研究だけのものではなく、直接には物質的な生産行為にはかかわらず、観念との関係をもっぱらとする遺物や遺構について全体的に当てはまることで

ある。たとえば、藤木強・小林達雄他編『縄文文化の研究　九　縄文人の精神文化』(雄山閣出版、1983)。では、おもな諸形式の遺物論や遺構論が網羅されているにもかかわらず、「縄文人の精神文化」に関する総論の執筆は事実上断念されている。

　ここで筆者の見解を述べれば、結局のところ、厖大なデータ集積をとおして明らかになったことは、そのデータ処理をおこなう研究者自身の枠組み次第で土偶の背後に潜む観念は多様な図柄を描きえるものだということであった。

　「過去に、土俗学や民族学、宗教学などそれぞれの分野の研究者が、自分の分野の知識を土台に、勝手な解釈を施してきた遺物の代表が「土偶」であった」(傍点は磯前)というような、いささか清算主義的な総括が、土偶研究の行き詰まるたびに繰り返されてきたのもまた、実はそのような考古資料と観念の関係のあいだに横たわる溝が避けられないものであるが故なのである。もはやそれを型式研究の推進のみによって充当すべきとは言いがたい状況にあることは、1920 年代の甲野や八幡に始まり、1990 年代の「土偶とその情報」研究会にいたる約 80 年におよぶ土偶研究の歴史が如実に物語っているところといえよう。むろん、考古学が先史社会の実態をふまえた学問である以上、型式研究は依然として欠かすことのできないものである。しかし、従来の型式研究から宗教観念を探ろうとする試みが座礁したことが明らかな以上、問われるべきは、どのようなかたちで型式から観念を探るべきなのか、その問いの立てかたを吟味することであり、同時に型式研究とは一体何なのか、型式の内実をきちんと検討することなのである。

　上記で磯前順一氏は、ほぼ 30 年前の縄文考古学の研究状況をのべておられます。現在(2020 年〜2021 年)においても、その状況は変化していないように思います。

小林達雄氏の「いまの我々にとっては縄文人の物質文化から世界観を理解することは到底なし難いことなのである」として「その異次元に踏み入る有効な方法論がない」という発言を受けて、磯前順一氏の「従来の型式研究から宗教観念を探ろうとする試みが座礁したことが明らかな以上、問われるべきは、どのようなかたちで型式から観念を探るべきなのか、その問いの立てかたを吟味することであり、同時に型式研究とは一体何なのか、型式の内実をきちんと検討することなのである」と問いかけています。

縄文思想の出発点

　縄文人は土器や土偶に）形を描いていました。その出発点は、）形の180度の反転の繰り返しから生じる88形に置かれていたと考えられます。繰り返しますが、この 88 形には、 ○○（連続円文）＝X形と○-○（ひょうたん形）＝◆形が隠されております。これを図式で表現すれば、

となります。このように正六角形と正八角形が登場し、正多角形という図形が介入するところが、日本文明が基本的な側面で中国の文明と異なるところであり、日本の文明と西欧の文明の相違するところでもあります。

　縄文時代草創期の縄文人が興味をもったしめ縄（二重らせん構造）は、双曲図形（）（）形、楕円図形（〇形）がもつ特別な性質、つまり、ヨコ並びの眼形○○○○ を描くと、〇 形のとなりに必然的にX形が生じるという図形現象が存在します。この性質をダイレクトに受け継いでいるのが、X形と◆形です。この図式を踏まえ、縄文人は正二十四角形が正六角形と正八角形の組合せから生みだされていることを知り得たと考えられます。

正六角形に対し、線分の二等分割を施すと五角形が生じ、同様に正八角形に対し、頂点による二等分割によって五角形が生じるという図形現象を知ることができたと考えられます。

　このような縄文人の幾何学は、現代の幾何学を超えるものがあります。それは、双曲図形（）（）、楕円図形（)）から導かれる図式が如実に物語っています。縄文人をして正多角形は、永遠の継続性を教えてくれるだけではなく、森羅万象の誕生に必要なカタチであったのです。

　そのキーワードは三内丸山遺跡の巨大木柱の間隔に示される「4m20㎝」がもっています。これについては、第 15 章の「青森県三内丸山遺跡の巨大木柱遺構」を、是非、お読みいただきたいと思います。

　縄文人は狩猟・採集・漁労を行い、みずからの生活を守っていました。現代の私たちより、森や川、海と接する機会が多かったことは容易に想像されます。それだけに自然観察力も優れていたと考えられます。たとえば、 ⑥ ・ ◎ 形の渦巻きは貝殻やカタツムリや羊歯植物のゼンマイやワラビに見いだされます。蔓科の植物は 〜〜〜 らせん形の茎をもち、多くの魚類は （） 形（眼形）をもっています。

このように私たちの周りを見渡しただけでも、縄文人が土器や土偶に施していた文様と一致するものが数多くあります。中でも特に注目されるのが、渦巻と綾杉文の組合せをもつゼンマイです。

　後世の和琴(わが国固有の弦楽器)のかまぼこ形の弦を張る本体の裏には綾杉文 ≪≪≪≪≪ が彫られております。このような組合せは、渦巻＝曲線図形と綾杉文＝直線図形と捉えることができます。このようなカタチを楽器に表現すれば、良い音がでることを経験的に知っていたのではないでしょうか。これに類似するものがひょうたん形のバイオリンやビオラ・チェロであると思います。

　縄文人の作った土器や土偶を自然界の動植物に照合し、カタチの視点から縄文人の発想法を考える必要があるのではないでしょうか。縄文人の優れた発想法は、縄文草創期の斜格子文に発見されます。

図131

自然界の不思議な現象

渦巻文（曲線）
綾杉文（直線）の組合せ

縄文中期の長野県棚畑遺跡出土の土器には、① 形と② 形がイメージされます。前者は渦巻文、後者は綾杉文と呼ばれるパターンです。この「渦巻文＋綾杉文」の組合せは、植物のゼンマイに現われています。

↕ 深鉢

長野県棚畑遺跡出土
縄文中期
茅野市尖石考古館蔵

ゼンマイの渦巻文　と　ゼンマイの綾杉文

 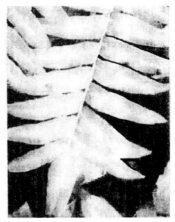

ゼンマイの写真はインターネット「ウィキペディア」より

ⓐ　縄文人が創出した斜格子文から正六角形が導かれます。

ⓑ　縄文人が土器や土版・岩版に描いていたヨコ並びの眼形から正六角形が導かれます。

　以上のⓐとⓑは、斜格子文が眼形の連鎖から導かれることが示されています。なお、正六角形はヨコ並びの眼形に発見される特別な性質を受け継いでいます。その特別な性質は ◯◯◯◯◯ 形がもっています。すなわち、◯◯◯◯◯形において、◯ 形と ✕ 形は相即不離の関係に置かれております。この相即不離の関係を正六角形は、◯✕◯ 形→ ◇✕◇ 形という図式の変換を可能とする性質を受け継いでいることになります。

　さて、自然界の草木の花も、昆虫の蜂や海中のアマミホシゾラフグに負けてはいません。花弁の眼形◯とその数から生じる正多角形 ✹ の組合せは、双曲・楕円図形と多角形の組合せをもっています。同様にこの組合せは、みかんの実にも現われています。

　Ｖ・Ｌ・ハンセン、宮崎興二両氏が指摘する「自然界を記述する言語が幾何学である」に従って歴史を考えることが、縄文人の思想に近づく最も有効な方法であると思います。

第2節　超難問！縄文の歴史考察

未開民族について

　現在の歴史学では、未開民族という表現は使用されていないと聞きました。インターネットは、つぎのように書いています。

　　言語はあるが文字をもたない人間集団をさして用いられた用語。かつては文化をもたない、あるいは文化の程度が低い集団とみなされていたが，現在では否定されており，未開民族の語は用いられなくなっ

た。これは，人類社会であるからには，なんらかの文化をもち，また
その文化に優劣はないという認識が定着したためである。

①　縄文人は文字をもっていなかった。
②　縄文人は狩猟・採集・漁労で生活の糧を得ていた。

上記の二つの状況は、縄文文化がどのようなものであったかを考える
上でいまだに足かせになっていることは、否定できません。私の最近の
講演で「縄文人は現代人が見逃してきた幾何学の知識をもっていたと考
えられます」と発言した直後、7～8人の講演会参加者が会場から黙っ
て出て行ってしまいました。旧態依然の歴史観をもつ人たちが、まだま
だいるのだと思いました。

松木武彦氏(国立歴史民俗博物館教授)は、中日新聞に「歴史への冒険」と
題して、土偶の造形に関してつぎのように書いていました(2016 年 8 月 22
日中日新聞夕刊から要点を引用)。

土偶とは、いうまでもなく、人の形をした縄文時代の造形だ。(中
略)……。「ヴィーナス」も「ライオンマン」も、妖怪好きには仲間
に入れられそうである。

人間の姿をしていながら、どこかで人間とは異なるものを妖怪に含
めていいなら、私たち人間にはない力の表現だ。もしくは神や幽霊の
ように、外見は人間と変わらなくても、能力や行動に人間との違いを
みせるものもある。要害、神、幽霊、あるいは宇宙人のような架空の
存在を創り出し、語り合い、造形するのは、ホモ・サピエンスに共通
した脳の特性からくる、古今東西の人類に共通した行為だ。考古学者
が「スーパー・ナチュラル・ビーイング(超自然的存在)」と呼ぶこうし
た存在は、ときに恐れられ、ときにあがめられ、ときにはそれと交感
する力が一部の人に託されたりして、社会の複雑化や階層化に大きな

役割を果たしてきた。あるいはまた、癒しや娯楽の対象として、文化を豊かに彩る存在にもなってきた。(中略) ……。

　超自然的存在は、スマホで捕まえられる遊びの相手にもなれば、その名をかたって人を殺す名目にもなる。文化に巣くって社会を動かすのだ。妖怪ウオッチと並べ置くことによって、縄文の人々にとっての土偶の役割を洞察しなおしてみるのも有意義だろう。

　松木武彦氏は、土偶と「妖怪ウオッチと並べ置くことによって、縄文の人々にとっての土偶の役割を洞察しなおしてみるのも有意義だろう」の言葉で締めくくっています。ところで、縄文の考古学を専門とする日本の歴史学者、考古学者である松木武彦氏が、以下に掲げる『土偶研究の地平 1〜4』(勉誠社)をお読みになっていないはずはありません。

超難問の出現

　小林達雄氏は『土偶研究の地平 1〜4』(勉誠社 1997〜2000)の中で、つぎのようにのべています。

　　土偶の観念技術の具体的な内容を把握することは困難である。しかも努力を重ねさえすればその困難を克服して、いずれは正体を明かすことができるという期待も容易ではないのだ。それが縄文人の世界観にかかわるからであり、いまの我々にとっては縄文人の物質文化から世界観を理解することは到底なし難いことなのである。努力があればよいというものではなく、少なくとも現代では、その異次元に踏み入る有効な方法論がないのだ。

　これを知る松木武彦氏は、縄文人の創った土偶と人類に共通する脳の特性による「妖怪・神・幽霊、あるいは宇宙人のような架空の存在」という発想を得たのではないでしょうか。

縄文人は格差のない情報交換を行っていた

　同じ長野県から出土した縄文のヴィーナス(縄文中期、棚畑遺跡)と仮面の女神 (縄文後期後半、長野県中ッ原遺跡出土)、それに遮光器土偶をカタチの上から比較検討し、考察するという方法をとっていたならば、小林達雄氏の「縄文人の物質文化から世界観を理解することは到底なし難いことなのである」という発言は避けられたのではないかと思います。

　二つの考古学的遺物を比較する場合、最初に具体的なものを連想することは避けなければなりません。それらが異形同質の関係をもつカタチであるかどうかを確認することが肝要です。たとえば、仮面の女神は顔面に三角形が造形されています。縄文のヴィーナスは、頭部が円形で渦巻文が描かれています。同様に遮光器土偶の顔面や頭部を見ると三角形や五角形をもつものがあることに気づきます。円形と正多角形の関係は、縄文人の発見していたヨコ並びの眼形から生じる正六角形の図形現象につながっています。

　遮光器土偶の胴体には渦巻文が描かれています。ハート形土偶や坂上遺跡出土の土偶の胴体は)(形です。これが双曲図形であることは否定できません。つまり、)(形は、双曲・楕円図形に属し、ヨコ並びの眼形は渦巻文に結ばれます。

　特に ♥ (ハート形)は、「蜻蛉の臀呫の如くにあるかな」と『万葉集』に詠われています。イトトンボの雌雄の交尾はハート形を作っています。正逆S字渦文の合体形 🌀 もハート形を作ります。さらに、この正逆S字渦文を合体させると傘松形文様))))) が生じます。この傘松形文様は三角縁神獣鏡に造形されています。)形は縄文人のかたちの素粒子に結ばれています。

　各種土偶の顔面と頭部のカタチに見る△・○・□ 形などは幾何学の範疇にあります。縄文人は、特に二重らせん構造と正多角形の組合せに関心を寄せていたところが注目されます。

　縄文人の造形した土偶や土器に描いた文様解読のキーワードは曲線図形と直線図形の組合せにあります。この意味を認識することが重要です。

図132

<ruby>蜻蛉<rt>あきづ</rt></ruby>の<ruby>臀呫<rt>となめ</rt></ruby>の<ruby>如<rt>ご</rt></ruby>くにあるかな

『記・紀』は、わが国を「あきづ、トンボの国」と
呼んでいました。

この図は http : // ja. wikipedia. org/wiki より

♡形を形づくるイトトンボの交尾（左がオス）

「あきづしま」は大和にかかる枕詞です。大和は「大いなる
和」と解釈できます。イトトンボの雌雄の交尾は、♥ハート
形を形づくっています。また、白鳥の雌雄も寄り添って♥形
を作っています。

♡ハート形は、異形同質の関係
をもつ二者の合体によって生じ
るかたちです。

写真：動物ライター・写真家 鈴木欣司

図133

縄文のヴィーナス

左巻き渦巻と右巻き渦巻は生命誕生の原理である「同質でありながら異形の二者の合体によって新しいかたちが生まれる」をもっています。女性像とされる土偶にとって母胎の意味は必要不可欠です。理に適っています。

頭部の ◎ 形と ⋓・⋀ 形は、まさにそのことを裏づけているといえるでしょう！

長野県茅野市棚畑遺跡出土　縄文時代中期

頭部の渦巻文

凹凸のカタチ

図134

国宝指定

仮面の女神

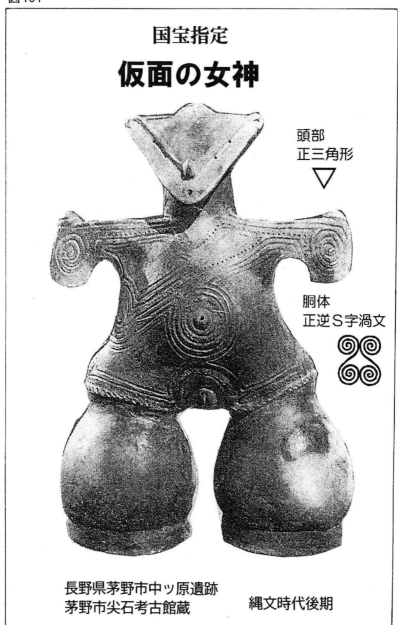

頭部
正三角形
▽

胴体
正逆S字渦文

長野県茅野市中ッ原遺跡
茅野市尖石考古館蔵

縄文時代後期

図135

縄文人の考えた 遮光器土偶の造形法

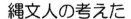

 形と  形と 形

五角形 　正逆S字トンボ 　正逆S字渦文

注目

遮光器土偶を形づくる主なカタチ

1、頭部→五角形（正多角形）
2、両眼→正逆S字トンボ
3、胴体→正逆S字渦文

縄文人が選択した両眼の ⊖⊖ 形と胴体の 形は、同質でありながら、異形の二者の合体によって新しい生命が生れるという意味をもっています。他方、正六角形と正八角形を二等分割すると、それぞれ五角形が生じます。この正六角形と正八角形は合体して正二十四角形を生みだします。

縄文人が動植物、特に植物の花に生命誕生の原理を読み取っていたことは、繰り返し述べてきました。ここに正多角形の意味があります。縄文人を始めとして弥生人、古墳時代人が正多角形を銅鐸や前方後円墳に表現していた理由が発見されるわけです。

遮光器土偶
縄文時代晩期

宮城県遠田郡田尻町
恵比寿田遺跡出土

図136

正逆S字渦巻文の合体と正三角形による造形　縄文時代後期

青森県つがる市亀ヶ岡遺跡出土の　遮光器土偶

図137

渦巻文から生まれる ♥ ハート形

ハート形は「同質でありながら、異形の二者の合体によって新しい生命が生れる」という生命誕生の原理をもっています。

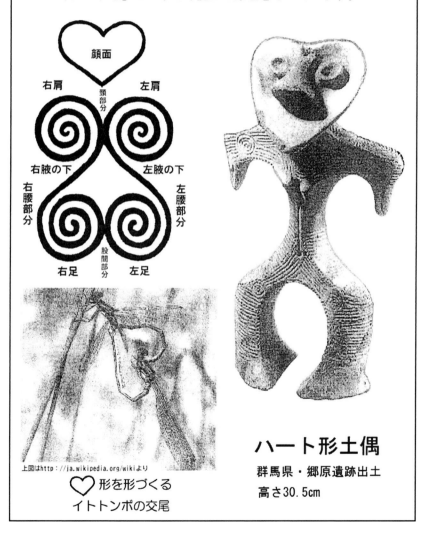

上図はhttp://ja.wikipedia.org/wikiより

♥ 形を形づくる
イトトンボの交尾

ハート形土偶

群馬県・郷原遺跡出土
高さ30.5cm

図138

〇形・▽形・𝟔形をもつ土偶

下記の土偶の頭部は、ⓐ水平方向→〜形と
ⓑ垂直方向→◯形を念頭に造形されたもの
と考えられます。

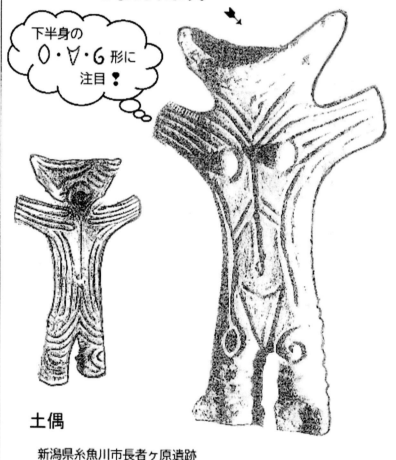

下半身の
〇・▽・𝟔形に
注目！

土偶

新潟県糸魚川市長者ヶ原遺跡
出土　縄文時代中期

東京国立博物館蔵

図139

新しい**カタチの誕生**は、
新しい **いのちの誕生**につながっています！

A 　ⓐ・ⓑ・ⓒは、一筆書きで描くことができます。
三者は異形同質の関係にあります。

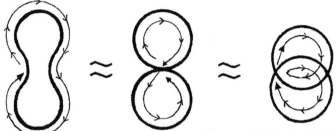

ⓐ ひょうたん形　　　ⓑ 連続円文　　　ⓒ ヨコ並びの眼形作図法に
　　　　　　　　　　　　　　　　　　　　生じているかたち

B 　新しいカタチの誕生→ 　矢印→で示すかたち

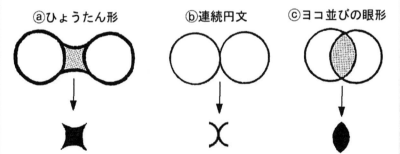

ⓐひょうたん形　　　ⓑ連続円文　　　ⓒヨコ並びの眼形

同質でありながら、異形の三者である ◣・Ⅹ・◆ 形は、それぞれ2個
の円形を結び新しいかたちを生みだしています。さらに、これらのカ
タチから正六角形と正八角形が生じ、その合体形である正多角形は天
地・陰陽、つまり、生命誕生と宇宙創成の原理に繋がっています。

図140

ニニギノミコト
コノハナノサクヤビメ
聖婚の意味

神武天皇即位前紀は、つぎのように書いています。

　六合を兼ねて都を開き、八紘を掩ひて宇にせんこと、亦可からずや。観れば、夫の畝傍山の東南の橿原の地は、蓋し国の墺区か。治るべし。

これまで、「六合と八紘」に対し、「6と8の関係」を指摘する研究者は、誰一人としておりませんでした。ここに言う「6と8の関係」とは、縄文前期の浅鉢に描かれる正六角形と正八角形の文様です。

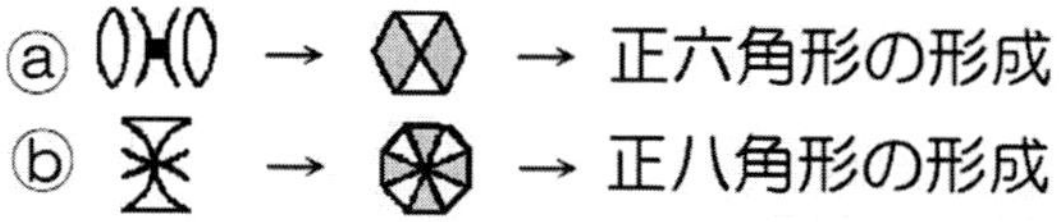

　ⓐ 〇)〇(→ ⬡ → 正六角形の形成
　ⓑ ✳ → ✴ → 正八角形の形成

上記の文様は、わが国独自の文様と言われる七宝文 ✪✪ に受け継がれています。縄文前期の浅鉢に描かれる 〇)〇(・✳ の由来は、縄文草創期の円形丸底土器と方形平底土器、すなわち、円形〇と正方形□に始まっています。

　縄文人は双曲・楕円図形のもつ特別な性質に「同質でありながら、異形の二者の合体によって天地・陰陽が生れる」という法則性を読み取っていました。これが先に言う ⊛・✳、つまり、七宝文 ✪✪ の意味です。

　縄文人の知恵を受け継いだわが国の古代人は、正六角形と正八角形に特徴的な角度をもって天地創造・陰陽（生命誕生の原理）のランド・スケープとして、この地上に現わしていたと考えられます（図169〜図171）。

縄文人は、柿や桃などの実のなる草木の花を観察して 〰️形（曲線図形）から 🏛️形（直線図形）が生じる経緯を観察していたと考えられます。これについては、「はじめに」で書いてきました。

　キキョウの蕾は、みごとな五角形を呈し、五つの ◊ 形（眼形）の花弁は五角形を作っています。一般的に植物は花を咲かせ実がなり、そこに種子が生じています。蜜をだす花もあります。これは新しい生命の誕生と存続のための現象であると考えられます。植物の花は、この段階で正多角形を形づくっているわけです。昆虫の蜂、魚のアマミホシゾラフグも、それぞれの生命誕生に関わる巣・産卵床に正多角形に近いカタチを造形しています。

　東京都中原遺跡の出土土器(第8章、図105)には、波状口縁と双眼が造形され、曲線図形と直線図形の融合する 🝔 形が描かれています。それらには正多角形が確認できます。東京・青梅市の寺改戸遺跡出土の注口土器(第9章、図116〜図117)には、折りたたむと六角形が生じるメビウスの帯がしめ縄とともに描かれています。なお、この土器は二つ穴 ◯◯ をもっています。

　自然界の一員である縄文人が、ヨコ並びの眼形から正六角形が生じることに気づき、正多角形が生命誕生に関わるカタチであると認識していたとしても何ら不思議ではありません。

第 12 章

縄文時代から弥生時代へ

第1節　銅鐸に描かれる文様と絵画

かつて私は銅鐸の眼形について、つぎのように書いてきました。

　「銅鐸は音を出す機能をもっていた」ことは先学によって研究されています。とすれば、その底部は眼形ではなく円形であったとしても、音を出す機能に差し支えがなかったはずです。また円形よりも眼形の方が高度な設計と製作技術が必要になります。しかし、実際の銅鐸は眼形を呈しています。ならば眼形でなければならなかった特別な理由が存在していたことになります。

　梅原末治・藤芳義男・梱国男各氏が、銅鐸の眼形の図やその設計法について書いていますが、なぜ眼形構造を施したのか、その理由に触れる研究は見当たりません。この眼形が銅鐸の基本的な形状を決定づけていることを考えると、なぜ、この問題が放置されてきたのか、納得できません。

　銅鐸に描かれる渦巻文についても、眼形と同じことがいえると思います。銅鐸にはおびただしい数の渦巻文が描かれていますが、研究者はなぜか無言のままです。故佐原眞氏は、銅鐸の文様と絵画について、つぎのようにのべています。

　藤森栄一氏は、流水文は水だ、袈裟襷は水田を表している、銅鐸は水でわりきれる、と書いている(藤森 1964)。その文章の巧みさは、読む者をしてなるほどとうなずかせる力をもっている。しかし、原始・古代の紋様の意味を論じることは、むしろ文学の領域の仕事である。私自身は、紋様の意味に挑戦する意志はない。しかし、紋様の性質、働きには関心がある。第一、絶対多数の銅鐸が紋様をそなえる事実は、紋様を飾ることが銅鐸の果す機能にとって必要だったことを意味しよ

う。このことは、鋳造の失敗で紋様がうまく出なかった場合には、鉄
鏨で紋様を刻み彫って補い、紋様を少しでも完全なものに近づける努
力のあとがうかがえる実例が数多いことからもわかる。紋様が完全で
あって、初めて銅鐸はその機能を果すものと理解されていたのだ、と
考えたい。

　紋様の具体的な働きとしては、酒井龍一氏も説くように、銅鐸の外
周をとりかこむ鋸歯紋には、古墳時代の盾の鋸歯紋にも似て邪悪なる
神霊や敵を寄せつけない威力が期待された可能性もある(酒井 1978)。

　絵画を飾る銅鐸は、およそ 40 個。銅鐸全体の一割に過ぎない。銅
鐸にとって絵画は必須のものではなかった。このことは、右にあげた
紋様の場合とは違って、鋳損じで絵画がよくみえなくても絵画を補刻
したものがない事実からもいえる。絵画は、銅鐸にとって、あくまで
も二義的なものにすぎなかった。

　しかし、紋様とは違い、絵画はたいてい何を表わしたかがわかる。
銅鐸の働きに邪悪なものを描くはずはないから、銅鐸の絵の解釈に成
功すれば、銅鐸の用途・意義の理解は一歩前進できるだろう。

佐原氏の意見を、以下にまとめてみました。

銅鐸の文様に対して、
　ⓐ　紋様が完全であって、初めて銅鐸はその機能を果すものと理解さ
　　　れていた。
　ⓑ　私自身は、紋様の意味に挑戦する意志はない。しかし、紋様の性
　　　質、働きには関心がある。
銅鐸の絵画に対して、
　ⓐ　銅鐸にとって絵画は必須のものではなかった。絵画は、銅鐸にと
　　　って、あくまでも二義的なものにすぎなかった。
　ⓑ　銅鐸の絵の解釈に成功すれば、銅鐸の用途・意義の理解は一歩前
　　　進できるだろう。

筆者(大谷)は、銅鐸に描かれる渦巻文の意味がわからなければ、銅鐸の性質・機能はわからないと思います。佐原氏の発言は続きます。

　　弥生人が銅鐸の紋様を重視し、絵はそれほどでもなかったことがわかります。―中略
　　しかし、銅鐸の謎を解こうとする我々にとっては、紋様よりも絵の方がずっと大切です。なぜならば、紋様は、何の意味をもったのか、単なる飾りかわからないからです。

　佐原氏は、上記の理由を掲げ文様より絵の方が大切であるとのべています。銅鐸に描かれる「流水文」が水を表すものなのか、「袈裟襷文」が水田の畔を意味するものかどうかの判定は、難しいところがあります。何が描かれているかは、絵の方が文様よりわかりやすいことは、誰もが認めるところでしょう。しかし、銅鐸には流水文や渦巻文のほかに鋸歯文・綾杉文・斜格子文・重弧文などが描かれています。これらがどのような関係で結ばれているのか。眼形との関係など総合的に検証することが求められます。
　岡本健一氏は、その著『古代の光』の中で、「文様意匠はすべて何らかの思想がその奥に流れている。古代において思想をもたない文様は存在しない」という井上正氏(『蓮華紋』)の意見を紹介しています。
　この意見に私は賛同したいと思います。らせん形は、①サインカーブ〜〜〜〜と②サイクロイド〜〜〜〜〜、③スパイラル(〇〇〇〇〇)という三つのパターンを一つかたちの中にもっています(第2章、図20〜図21)。佐原氏は、これに関しては、何も指摘されていません。続いて、佐原氏は、つぎのようにのべています。

　　紋様は主観的な解釈を招きやすいという面をもっている。その主観的な解釈は、一つの紋様に対して、いくつもの解釈が生れてくる。それらはフィクションであり、文学の領域の仕事である。

図141

銅鐸に描かれる文様と絵画

岡山県足守銅鐸
（あしもり）

大阪府神於銅鐸
（こうの）

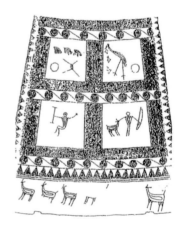

神戸市神岡４号銅鐸

銅鐸の写真：三木文雄『銅鐸』柏書房 1989

佐原氏は、このように考えたから、藤森氏の「流水文は水だ。袈裟襷は水田を表わしている……」という発言に対して、主観的な解釈とみなし、文学の領域の仕事である、とズバリ切り捨てたわけです。しかし、藤森氏の見解は、たとえ論拠が示されていなくても、文様の意味を解く一つのヒントを与えている可能性があります。流水文や渦巻文は、ともに水が引き起こす現象にみいだされ、それらが銅鐸に描かれていることから、銅鐸を作った人が、銅鐸と水を結んでいた可能性は十分に考えられます。水を音で聞く水琴窟はわが国の文化遺産の一つです。

　他方、銅鐸の絵は、鹿、鳥、スッポンなどの動物やトンボ、カマキリ、トカゲなどの昆虫、小動物、弓をもつ人物、臼を突く人物など、私たちの人間の生活に身近な具体的なものが描かれています。確かにこれらは抽象的な文様より誰の目にも容易に理解されます。それらを結ぶ要素を見つけることができれば、ストーリー性を考えることは可能ですが、ここに「主観」という大きな隘路が待ち構えております。主観的解釈を招く点において、文様よりそれらの共通点をみつけることは厳しいものがあると考えられます。

　たとえば、昆虫や小動物、臼を突く人物などが描かれているところに、私たちはのどかな田園風景を連想し、豊作を期待する予祝の祈りを捧げたであろう弥生人の姿を結ぶことができます。しかし、そういった祭りごとに対して渦巻きは、どのような意味をもっていたのでしょうか。さらに音を出す銅鐸との関係はどのように説明されるのでしょうか。銅鐸に描かれる絵画・渦巻文・音を出す機能という三つのことがらが、同時に整合性をもって説明される必要があります。

銅鐸に描かれる渦巻文

　このように銅鐸には、文様や絵画の意味、眼形構造、土中埋納など、未解決の問題が多く残されています。このためにもあらゆる視点から考察し究明することが求められています。

ところで、佐原眞氏が著した『銅鐸の絵を読み解く』(1997年)に流水文・袈裟襷文・鋸歯文・直弧文の文字は見えても、「渦巻文」という三文字は見あたりません。本のタイトルからすれば、やむを得ないかも知れませんが、銅鐸研究者でもあった佐原氏自身が、弥生人が銅鐸の渦巻文を重視していたと指摘しているにもかかわらず、銅鐸に数多く描かれている渦巻文にまったく触れていないということは、とても考えられないことです。

　双頭渦文や正逆Ｓ字渦文は、拡張性と収縮性を表すカタチをもっています。ところで、**鏡像現象**の最もわかりやすい説明方法の一つは、正Ｓ字渦文◉◉を鏡の前に置くことであると思います。この場合、鏡に映るのは逆Ｓ字渦文◎◎です。◉◉形は左巻き→右巻き、◎◎形は右巻き→左巻きであることが一目瞭然にわかります。これらは、合体して ❀ 形（ハート形）を形づくります。すなわち、同質でありながら、異形の二者である正逆Ｓ字渦文は、合体して新しいかたちを生みだしています。このようなパターンは、**生命誕生の原理**に結ぶことができます。

　渦巻文はフィクションではありません。かたちで思想を表していた縄文人は正逆Ｓ字トンボ［🌀→🌀］と同様に正逆Ｓ字渦文［❀＋❀＝❀❀］に生命誕生の原理を託していたと考えられます。

　佐原氏は、流水文、袈裟襷文に「何の意味をもったものなのか、単なる飾りかわからない」とのべていますが、渦巻文に対しても同じように考えておられるのでしょうか。鋸歯文に触れたところで、「三角形を連ねる奈良時代の隼人の盾と共通します」と書いています。この「隼人の盾」には鋸歯文のほかに銅鐸に描かれているものと同じ逆Ｓ字渦文が描かれています。佐原氏は、隼人の盾に描かれる逆Ｓ字渦文を見ているはずです。とすれば、意識的に「渦巻文」についての発言を差し控えたのではないか、このように考えざるを得ません。

　執拗に佐原氏の発言を追ってきましたが、この段階で佐原氏の真意が読めてきました。銅鐸製作者が、「鋳造の失敗で紋様がうまく出なかった場合には、鉄鏨で紋様を刻み彫って補い、紋様を少しでも完全なもの

図142

平城京跡の井戸から出土した「隼人の盾」
（奈良国立文化財研究所蔵）

に近づける努力のあとがうかがえる実例が数多い」と指摘しているのは
佐原氏です。このような文様修正の痕跡のある銅鐸を実際に手に取り観
察することができた佐原氏が、文様の重要性に気づかないはずがありま
せん。佐原氏の書いた文言を読むかぎり気づいていたと思います。

　このように考えてきたとき、論文を書く時の留意点をのべられた「古
代史の海」代表であった秦政明氏の言葉を思いだしました（季刊『古代史の
海』第5号巻頭言、1996）。

　　文献なり考古史料から閃いた発想を裏付けるために、都合の良い資
　料だけを収集して論文にされる方々がおられる。自分の発想に不都合
　な資料を克服してこそ研究の名に値することを忘れないでほしい。あ
　と一言、分からないことを判らないという勇気を持ちたい。

眼形の意味

　銅鐸に描かれる渦巻文の謎が解けました。残された問題は、銅鐸の眼
形構造です。現在、銅鐸のはじまりと考えられている朝鮮式小銅鐸から
聞く銅鐸、見る銅鐸に至るまでに共通する要素は、その眼形構造です。

　絵画は出土した全銅鐸に描かれているわけではありません。一方、眼
形はさきに触れましたが、すべての銅鐸に共通する要素です。銅鐸とい
う祭器を作ろうと考えていた人は、最初にこの眼形部分を構想していた
はずです。

　銅鐸が音を出す機能だけを目的に作られた祭器とすれば、その眼形構

図143

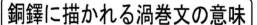

銅鐸に描かれる渦巻文の意味

 ← 右巻きと左巻きの渦巻文は、異形同質の関係が表現されています。

↑ 上記の正逆S字渦文は、異形同質の関係と共に継続性が表現されています。

渦巻文はフィクションではありません❢

ⓐ 斜格子文
ⓑ 鋸歯文
ⓒ 綾杉文

の意味とは？

↑ 神戸市桜ケ丘6号銅鐸

同じ銅鐸に描かれる直線による①斜格子文、②鋸歯文、③綾杉文と曲線の渦巻文は、**眼形の連鎖**から導かれる**壺形**と**正六角形**とアナロジーの連鎖で結ばれています。

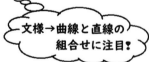

文様→曲線と直線の組合せに注目❢

← 浜松市伊場遺跡出土
渦巻文を描く司祭服

（国立歴史民俗博物館蔵）

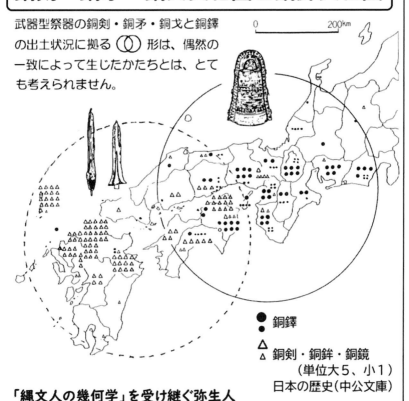

図144

銅剣・銅矛・銅戈文化圏と銅鐸文化圏

武器型祭器の銅剣・銅矛・銅戈と銅鐸の出土状況に拠る ◎ 形は、偶然の一致によって生じたかたちとは、とても考えられません。

0　　　　　　200km

● 銅鐸
●
△ 銅剣・銅鉾・銅鏡
△ （単位大5、小1）
日本の歴史（中公文庫）

「縄文人の幾何学」を受け継ぐ弥生人

　◎ 形に生じている眼形 ◖ 形の中心線に沿って出雲―岡山―徳島が続いています。これらの地域からは、銅矛と銅鐸が出土しています。これも偶然の一致とは考えにくいものがあります。銅矛と銅鐸に見られる一つ穴のパターン→⌂は、アナロジーの連鎖で結ばれており、両者が異形同質の関係で結ばれていることが示されています。このような銅矛と銅鐸の配置図は、縄文人の幾何学に立脚し策定されたものと考えられます。

造は、絶対的に必要とされません。なぜなら、その後に作られた音を出すことを目的とする梵鐘や半鐘の本体は円形です。なぜなら、音を出すためには眼形より作りやすい円形で十分にその機能を果すことができるからです。このように考えると、眼形には重要な意味が付与されていると考えられます。

　前著『古代渦巻文の謎』の段階では、銅鐸の眼形構造は、二つの円弧によって形づくられるものと考えておりました。これは間違ってはいませんが、眼形には、別の意味があることがわかりました。それは、円形の連鎖から生じる眼形の連鎖です(第5章の図 52 参照)。二重らせん構造のタイル張りの中に眼形の連鎖が生じていると言い換えることができます。この意味は、これまで繰り返し述べてきました。

第2節　銅鐸と水の関係 第3節

太陽の象徴化

　太陽は、私たちの住む大地へ光と熱を照射し、生きとし生けるものの生命の根源です。このような太陽の類比は、どのように結ぶことができるのでしょうか。最初に思いつくことは、太陽の形状からイメージされる円形です。つぎに光があります。森の樹木や雲の切れ目から射し込む太陽光線、薄暗い洞窟に射しこむ太陽の光は、至極印象的な光景です。太陽の存在を強く感じることができます。鏡に反射する光も印象的です。つぎのような記述が『古事記』応仁天皇条に書かれています。

　　新羅国(しらきくに)に一つの沼ありて、名は阿具奴摩(あぐぬま)といふ。この沼の辺に一つの賤(いや)しき女昼寝(おみなひるい)したり。ここに日の耀虹(ひかりにじ)の如くその陰(ほと)の上を指しき。

『記・紀』に登場する天照大神(以下、アマテラスと記す)は、一つに太陽神の性格が付与されていることは定説化されています。『古事記』は、「この鏡はもはらわが御魂として、わが前を拝くが如いつき奉れ…」と記し、アマテラスと鏡の結びつきを記しています。鏡は円形をもち、その磨き抜かれた鏡面は太陽光線を反射し、顔などを映す機能をもっています。二つの要素である①円形、②太陽光線を反射することから、鏡は太陽の象徴であると考えることができます。

水の象徴化

　水は太陽とともに、生きとし生けるものにとってなくてはならないものです。特に稲作農耕を始めた弥生時代において、稲の生長を左右する日照降雨のバランスが保たれることは、何ものにも増して重要です。

　太陽の光は目で見ることができます、水の音は耳で聞くことができます。このように太陽と水は人間の感覚に作用し感知されます。天の雲間の太陽光線、暗闇の洞窟に差し込む太陽光線は、その存在が確認される現象であり、雨だれの音、川のせせらぎの音などは、それぞれの旋律によって聞き分けられます。水琴窟やシシ落としは、「水の音」で静寂さをより強く感じることができます。

　ところで、銅鐸に音をだす機能を想定すると、以下に示す銅鏡と銅鐸の関係が導かれます。

　ⓐ　太陽＝鏡＝円形→太陽の光は目で見ることができます。
　ⓑ　水＝銅鐸＝眼形→水の音は耳で聞くことができます。

　太陽と水の関係は、人間社会において重大問題です。日照降雨のバランス、すなわち、貯水池と堤防を造り、干ばつと洪水に対応する施策は、統治者の行うべき必須の事業です。

銅鐸と雷雨

　天空がピカッと光り、しばらく経ってドドーンと雷鳴が轟き、やがて雨が降ってきます。ときに雹(ひょう。積乱雲から降る氷の塊。大きさは豆粒ぐらいから鶏卵ぐらいにおよぶ。雷に伴うことが多い。岩波版『国語辞典』より)が降ってきます。

　このような雷雨現象は、必ず稲光と雷鳴がとどろき、降雨をもたらします。「降雨は光と音を伴ってもたらされる」、このように言い換えることができます。他方、光→目は太陽に、音→耳は水に結ぶことができます。太陽と水は、生きとし生けるものにとって無くてはならない存在です。『記・紀』において、水はなぜか火を伴って、太陽に対峙します。太陽(＝天照大神)・火(饒速日命)・水(長髄彦)は、目(視覚)・鼻(嗅覚)・耳(聴覚)、人間の感覚器官に見立てられ、土器に描かれています(第 15 章、図 179)。

銅鐸に造形された眼形

　2個の眼形(連続円文 ○○ に一本の中心線を引くと、正逆S字トンボが生じます。この正逆S字トンボは「同質でありながら、異形の二者の合体によって新しい生命が生れる」という生命誕生の原理に適合するかたちをもち、壺形を形づくりっています(◎◎ → 🍡 → 🍶)。ここに、新しい生命を育む**母胎**の意味をもつ壺が生まれています。これを見つけたのは、日本列島の縄文人です。

　日照りに際して雨乞いを行い、また洪水忌避を願い豊作を心から願っていた人たちは、この雷雨現象をどのように感じとっていたのでしょうか。時に雷雨は、人や農作物、樹木や森に棲む小動物などの生命を奪ってしまいます。「イナビカリ」は、「稲光」と表記されます。また「稲妻」とも呼ばれています。『広辞苑』によれば、稲妻とは「稲の結実の時期に多いところから、これによって稲が実るとされた」と解説されています。

図145

水琴窟断面図

古代人の優れた発想法と造形力

わが国の古代人は、「水琴窟」を造っていました。この水琴窟は、水＝耳、光＝目、匂い＝鼻の関係を巧みに使った水の音によって静寂さを演出する装置です。このような「水を音で感じとる」という古代人の発想法は、すばらしいものがあります。

水琴窟の写真の出典は、インターネットに拠るものです。入れ替わっている場合が多々見られます。

ⓐ　銅鐸には音を出す機能がある。

ⓑ　銅鐸には光輝を意識した形跡(表面処理)がある。

という銅鐸研究の成果を考慮する時、銅鐸製作者が稲妻および雷雨現象を想定し、銅鐸に「光と音」の意味を織り込み製作していた可能性は高いと考えられます。

銅鐸の二面性

　雨が降らなさすぎることによる干ばつ、降りすぎることによる洪水は、自然災害です。この意味で水は諸刃の剣です。稲作農耕を基本とする農業社会に生きてきた弥生人にとって、最大の脅威は、この干ばつと洪水でした。日照降雨のバランスが保たれることこそ、稲作農耕民の切なる願いです。

　弥生時代の農業共同体の人たちは、銅鐸を創出し、雨乞いや洪水忌避の儀式などを通して必死の祈りを捧げたであろうことは想像に難くありません。銅鐸本体の眼形構造と、その鐸身に描かれる斜格子文・流水文・渦巻文・鋸歯文・綾杉文は、かたちの素粒子)形から導かれるかたちでした。

第3節　銅鐸の眼形の意味

　わが国の歴史は眼形()形から始まっていました。弥生時代といえば、銅鐸という祭器が想起されます。久野邦雄氏は、その著『青銅器の考古学』(学生社、1999)の中で、銅鐸について、つぎのように書いています。

　　銅鐸は一般的には日本で稲作が始まった弥生時代に、農耕祭祀に使用されたと考えられている。その形状は中空で裾広がりの「身」の部分と、吊り下げるための「鈕」からなっている。

「身」には両側に偏平な「鰭」とよばれるものがつけられており、「鰭」を取れば寺院の梵鐘に似ているといえます。銅鐸研究の先駆者である梅原末治(1893〜1983)の『銅鐸の研究』図録篇(木耳社、1985)には、放物線の銅鐸本体の写真・図とともに眼形が掲載されています。現代の研究者は、どうして銅鐸の基本となる**眼形**に言及しないのでしょうか。

　ある考古学者は、銅鐸に描かれるいろいろな文様を「呪縛のための弧線」、「辟邪のための鋸歯文」と表現されています。弧線と鋸歯文が、どのような経緯で「呪縛と辟邪」に結ばれるのかについては、まったく言及されていません。

　縄文時代の歴史に目を向ければ、縄文人が曲線図形に執着していたこと、銅鐸に描かれる斜格子文が縄文時代草創期の土器に始まり、弥生時代の銅鐸から古墳時代の装飾壁画まで継続して描かれていたことに気づいているはずです。銅鐸や装飾壁画に描かれる鋸歯文、綾杉文はこの斜格子文から生じる文様です。

二重らせん構造 ∞∞∞∞ について

　今からおよそ1万2,500年前の縄文人は、かたちの素粒子)形の存在に世界で最初に気づいていました。それは、()形が連想される土器に貼られた()形の粘土粒から始まっています。縄文人の優れたところは、一つカタチで二つの性質(両性具有の現象)をもつかたちの素粒子)形が180度反転して新しいカタチが生じるという、幾何学を大自然の動植物などから学んでいたところに発見されます。このような幾何学は、かたちの素粒子)形やヨコ並びの眼形 ()()()()() を土器や土偶に描いているところに示されています(第2章の図13〜図14、第5章の図53)。さらに、かたちの素粒子)形は、∞∞∞∞ 形を作ります。このカタチは永遠の継続性をもっています。これを私は「しめ縄状文様」と呼んできました。

　この文様は、わが国のシンボル的存在であるしめ縄 にアナロジーされます。しめ縄は、「同質でありながら、異形の二者の合体によって新しいカタチが生れる」という意味をもっています。上記の「カ

タチ」のところへ「生命」という二文字を入れ替えると生命誕生の原理に変身します。複雑な数式を使わなくても、縄文人は、しめ縄というカタチの上に、

@宇宙創成の原理—同質でありながら、異形の二者の合体によって
　　　　新しいカタチが生れる
⑥生命誕生の原理—同質でありながら、異形の二者の合体によって
　　　　新しい生命が生れる

を導いていたと考えられます。かたちの素粒子)形から生じる 〜〜〜 形を水鏡の前に置くと、〜〜〜 形が映しだされます。これらの合体形が、**二重らせん構造**です。これがいわゆるしめ縄です。

　二重らせん構造は、万物の根源的存在であると言っても過言とはならないでしょう。縄文人は二重らせん構造と「異形同質の関係」を結ぶ多くのカタチを１万有余年に渡って作り続けてきました。これを私はアナロジーの連鎖と名づけました。

　今からおよそ 5500 年前(縄文中期)の八ヶ岳西南麓に住む縄文人は「双眼」を創出しています。双眼 ● には、シンプルなカタチの中に連続円文 ∞ とひょうたん形 ○○ が隠れています。

　ところで、島根県の荒神谷遺跡から数メートル離れたところに、銅剣358 本、銅矛 16 本、銅鐸 6 個が出土しています。なお、344 本の銅剣の茎、および銅鐸には鋳造後に×印が刻まれており、同県加茂岩倉遺跡出土の銅鐸に刻まれた×印との関連性が注目されています。

　銅鐸文化圏と武器型祭器文化圏の異質性を強調する研究者は、上記の状況に対し、どのように説明されるのでしょうか。神庭荒神谷遺跡の背景には、巨大なしめ縄を掲げる出雲大社が存在しています。しめ縄は**同質**でありながら、**異形の二者の合体**によって**新しい生命が生れる**という生命誕生の原理をもっています。異形同質の文化圏という視点をもつことは、わが国の真実の歴史を究明するために必要であると思います。

銅鐸の眼形

　梅原末治氏の『銅鐸の研究』図録篇を見ると、放物線を描く銅鐸の身と眼形が気になります。特に眼形には大きさの違いがあるように思えてなりません。眼形の大きさを知るには、水平と垂直の二本の中心線を引き眼形との交点を直線で結ぶと菱形 ◇が生じます。この菱形の◇形の頂角を基準にすると、わかりやすくなります。

　分度器を使って数多くの銅鐸の眼形の図を集め、菱形 ◊ の角度を集計し得ることができたことは、銅鐸に見いだされる眼形角度とその割り出し方法です。

　細長い棒とヒモ(縄)があれば、整地した地表での作図が可能です。正多角形の図形を知っていた縄文人が左記に示す正六角形から正二十四角形までの正多角形に特徴的な角度を知っていたとしても不思議なことではありません。小数点以下の細かい数値までは把握できなくても左記の七個の角度をカタチの上から認識することは困難ではありません。銅鐸の角度群を見てください。小数点以下の数値をもつ正多角形に特徴的な眼形角度が確認されます。

銅鐸の眼形作図法

　銅鐸の眼形は、二つの円弧によって形づくられています。二つ目の円の中心は、その半径を基準単位にして割り出すことができます。一つの例を示せば、つぎのようになります。

　図147～図148において、二つ目の円の中心を最初の円の中心から、その半径の⒜五分の四に求めB円を描き二本の中心線を引くと菱形が生じます。この菱形の角度を測ると、67.5度という角度が得られます。

　作図は、つぎのように行います。まず、二つ目の円の中心を設定しやすいように、便宜的に三と四で割り切れる任意の長さの半径の円を描きます。今、半径六センチを選択しました。この円を仮にA円とします。つぎに、二つ目の円の中心を下記に示す四点と決め、A円と同じ半径の円を描きます。この二つ目の円をB円とします。

図146

銅鐸から読み取れる新しい歴史観

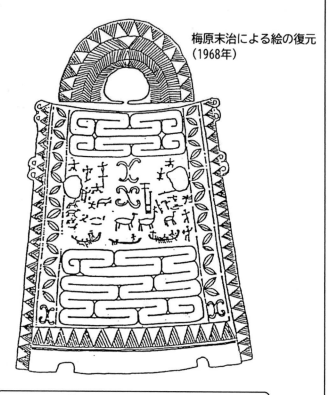

梅原末治による絵の復元
（1968年）

縄文から受け継がれる銅鐸の眼形と文様

　これまでの銅鐸研究において、見落とされてきた問題があります。それは銅鐸の眼形構造です。銅鐸は、なぜ◯形なのか。その眼形に水平と垂直の2本の中心線を引くと、菱形文が生じます。この◇形の角度を計測すると、正多角形に特徴的な角度を示すものが多数確認されました。

　銅鐸を製作した弥生人は、先人（縄文人）が発見していた⬡形が生じる図式［◯◯◯➡◯◯◯➡◯◯◯➡⬡］を知っていたからこそ、正多角形に特徴的な角度をもつ眼形構造を造ることができたのです。

図147

眼形作図法　1

60°の眼形 ➡

B円の中心は、A円の
円周上に求める。

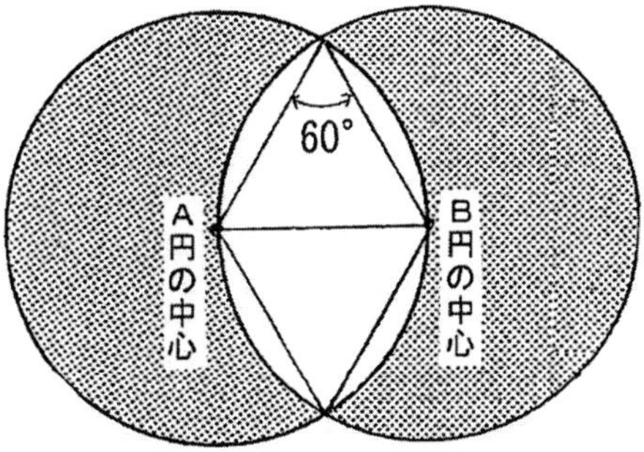

60°

A円の中心

B円の中心

正6角形に特徴的な眼形角度

67.5°

A円の中心

B円の中心

⬅ 67.5°の眼形

A円の半径を5等分
し、A円の中心から
5分の4のところに
B円の中心を求める。

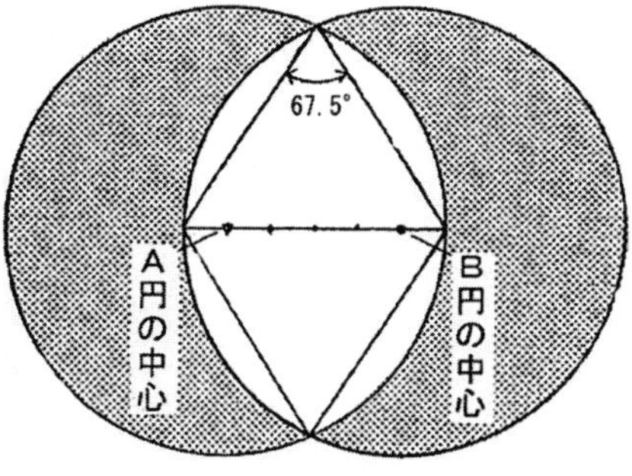

正8角形に特徴的な眼形角度

70°の眼形 ➡

A円の半径を3等分し、
A円の中心から3分の2
のところにB円の中心を
求める。

70°

A円の中心

B円の中心

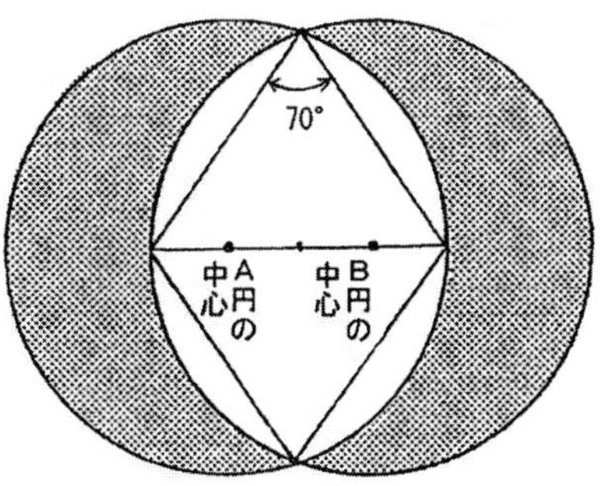

正9角形に特徴的な眼形角度

図148

眼形作図法　2

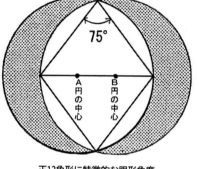

75°

正12角形に特徴的な眼形角度

75°の眼形

◀ A円の半径の2分の1の
ところにB円の中心を求
め2個目の円を描く。

80°の眼形 ▶

A円の半径を3等分し、そ
の3分の1のところにB円
の中心を求める。

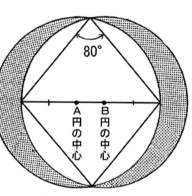

80°

正18角形に特徴的な眼形角度

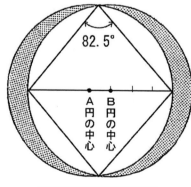

82.5°

正24角形に特徴的な眼形角度

◀ 82.5°の眼形

A円の半径を4等分し、
その4分の1のところに
B円の中心を求める。

図149

正多角形に特徴的な角度をもつ銅鐸の眼形

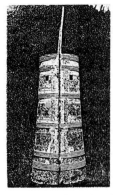

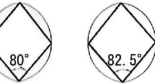

真上からみた眼形
左：愛知県豊川市伊奈３号鐸
右：愛知県豊川市出土

銅鐸の眼形は、縄文時代草創期の豆粒文土器の○形を受け継いでいると考える方に蓋然性が認められます。

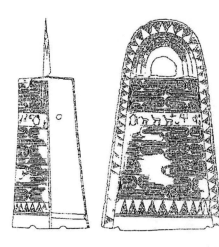
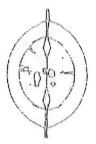

流水文銅鐸の眼形角度
神戸市桜ケ丘出土 1号銅鐸

図150

銅鐸の眼形角度

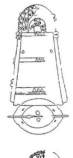
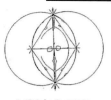

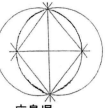

大阪府八尾市
恩地銅鐸 68.5°

広島県
福田銅鐸 75°

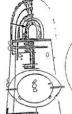

静岡県浜松市
永田1号銅鐸 67.5°

兵庫県淡路島
慶野組銅鐸 75°

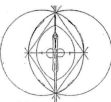

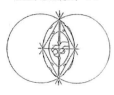

愛知県
田峯銅鐸 70°

奈良県
秋篠1号銅鐸 58°

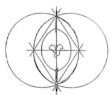

高知県
大麻山銅鐸 67.5°

大阪府
鹿谷寺銅鐸 67.5°

梅原末治『銅鐸の研究』図録編(大岡山書店 昭和2年)には、上図に見る「銅鐸本体と
眼形部分」に基づく数多くの銅鐸資料が収録されています。

288

図151

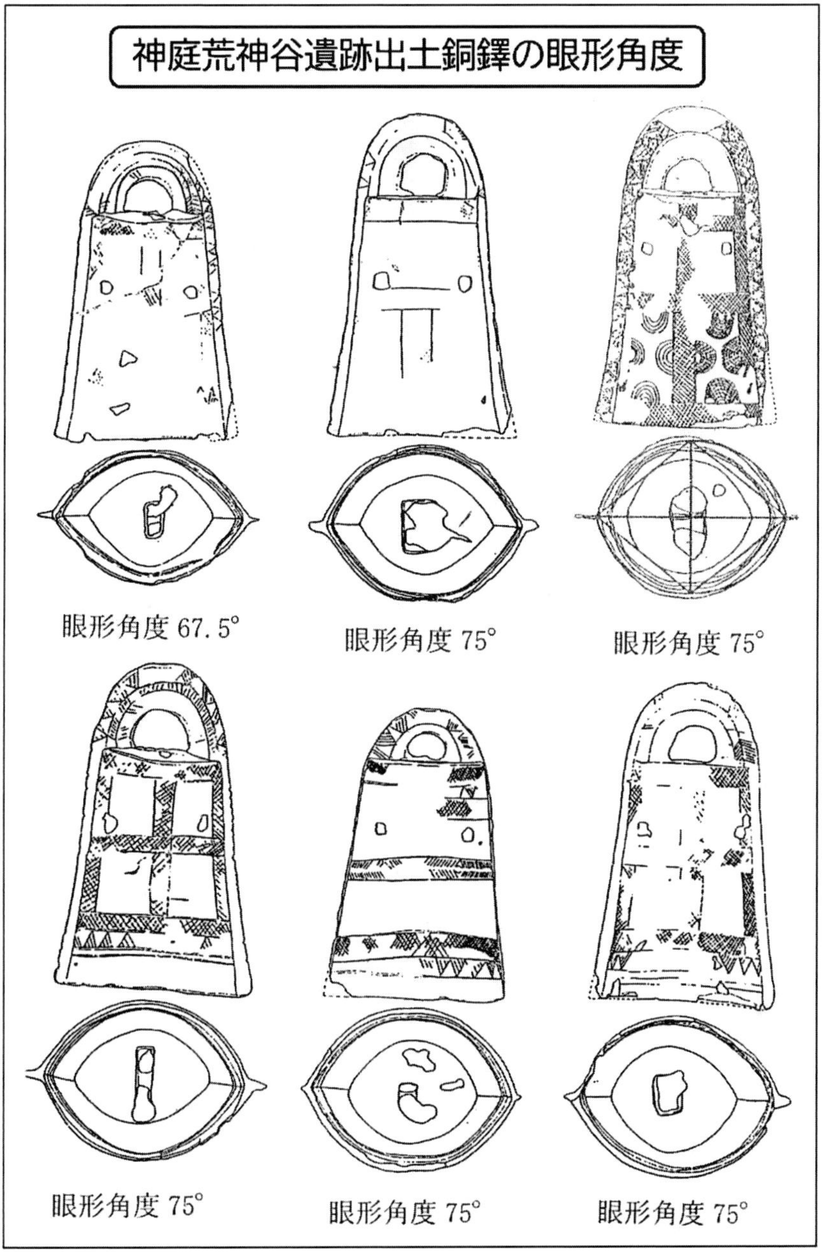

神庭荒神谷遺跡出土銅鐸の眼形角度

眼形角度 67.5°　　　眼形角度 75°　　　眼形角度 75°

眼形角度 75°　　　眼形角度 75°　　　眼形角度 75°

以上をまとめるとつぎのようになります。

ⓐA円の中心からその半径の４分の１の点をB円の中心とする→60度
ⓑA円の中心からその半径の三分の一の点をB円の中心とする→67.5度
ⓒA円の中心からその半径の二分の一の点をB円の中心とする→70度
ⓓA円の中心からその半径の四分の三の点をB円の中心とする→75度
ⓔA円の中心からその半径の四分の三の点をB円の中心とする→78.75度
ⓕA円の中心からその半径の四分の三の点をB円の中心とする→82.5度

　ここで、特に注目されることは、①60度、②67.5度、③75度、④78.75度、⑤82.5度という五つの菱形の角度です。これらの角度は、それぞれ①円接正六角形、②円接正八角形、③円接正十二角形、④円接正十六角形、⑤円接正二十四角形に特徴的な角度であることです（上記の角度は、あくまでも作図によって得られた近似値でしかありませんが、上記の条件を与えれば、理論的には同じ数値になるはずです）。

　この円接正多角形に特徴的な角度は、15度と22.5度を基準角度とし、円を二十四等分することによって容易に割り出す（作図）ことができます。なお、眼形の下限は60度に置かれ、上限は82.5度におかれていたものと考えられます。

第 13 章

吉備と出雲を結ぶ
特殊器台・特殊壺

出雲へ持ち込まれた立坂型特殊器台・特殊壺

弥生時代後期、今からおよそ 1750 年前、吉備と出雲は密接に結ばれていました。これを裏づけるものが、吉備の楯築から出雲の西谷四隅突出型弥生墳丘墓へ持ち込まれた特殊器台・特殊壺です。その出雲の地には四隅突出型弥生墳丘墓が造られ、吉備の楯築には、双方中円墳と呼称される弥生墳丘墓が造られています。

- ・吉備—双方中円墳———————— 形
- ・出雲—四隅突出型弥生墳丘墓— 形

これに関して、島根大学の渡辺貞幸教授は、つぎのようにのべています。

　　西谷三号墓の被葬者は、四隅突出型墳丘墓を造ることで山陰各地の地域集団と連帯する一方、古志の集団ともつながりを持ち、また、四隅突出型墳丘墓分布圏の外の集団である吉備の勢力（その中心は恐らく楯築墳丘墓の被葬者であろう）とも外交関係を結んでいたらしい（「山陰弥生シンポジウム」2004）。

近藤義郎氏は、出雲と吉備の結びつきをつぎのようにのべています。

　　これは吉備出身の娘あるいは息子のような人物が西谷三号、および同四号の連続する二代の首長と今日風にいうと養子あるいは嫁、入り婿のような親族関係を結んだことを仮定して、その人物の死にあたり、吉備で製作した特殊器台・特殊壺が運ばれて供えられた、と僕達は考えている。出雲に移り住んだ吉備の首長の親族は、出雲で死んでも吉備の方式で少なくとも祭祀の一部が行なわれたのである（『前方後円墳と弥生墳丘墓』青木書店 1995）。

渡辺・近藤両氏は、山陰と吉備の地域集団の関係に注目されています。見逃せないことは、出雲の西谷四隅突出型墳丘墓に吉備の特殊器台・特殊壺が運ばれて供えられたという事実です。ともに葬送に関係する墓であり、祭器であることです。出雲の四隅突出型墳丘墓(図 154)に同等に比

べられるべきものは、吉備の双方中円墳(楯築墳丘墓、図 154)です。両墳丘墓の平面図を並べてみました。

　吉備の双方中円墳と出雲の四隅突出型墳丘墓を結ぶかたちは、しめ縄(二重らせん構造)です。そのしめ縄は吉備の楯築から出雲の西谷へ持ち込まれた特殊器台(立坂型)に描かれています。かたちの素粒子)形の 180 度反転の繰り返しから生じるカタチには、ⓐ 〰 形とⓑ 88 形のパターンがあります。ⓐからは ∞∞∞∞ (しめ縄)が生じ、ⓑからは○○形(連続円文)と ⊂∞ 形(ひょうたん形)が生じます。

　しめ縄(二重らせん構造)は眼形()をもち、この眼形()と円形○が異形同質の関係で結ばれていることは、図 52(第5章)に示してきました。以上から、円形○を眼形 () に置き換え、眼形の連鎖を作ることができます。

　このパターンは斜格子文の原形と同じです。斜格子文は、正六角形に象徴される正多角形と壺形を作る正逆S字トンボを同時にもつ「眼形の連鎖」を源泉としています。そのカタチは、宇宙創成と生命誕生の原理をもっています。縄文人の構築した「六・八」を媒介とする理論は、円形に基づいているため、茅の輪くぐりのように ○∞ 形をぐるりとひと回りしています。瞬間、戸惑いますが理路整然であることに変わりはありません。

　これまでの歴史研究において、弥生時代からスタートするものが主流を占めてきました。前述の縄文時代から弥生時代を経て古墳時代へと受け継がれてきた斜格子文を指摘する研究者は、誰一人としていませんでした。益してや「わが国の基層文化が縄文にある」とする考え方は提出されていません。

柿の蔕形 88 に隠れていた○○ 形と ○○ 形

　かたちの素粒子)形の 180 度の反転から生じる 88 形(柿の蔕形)には、○○ 形と X形・ ○○形と ◆ 形が隠れています。これらは双曲図形()()形・楕円図形(())の特別な性質を受け継いでいます。

　吉備の立坂型特殊器台・特殊壺は、吉備の ◆◆ 形と出雲の ▶◀ 形をつ

図152

特殊器台の円筒形は、らせん形

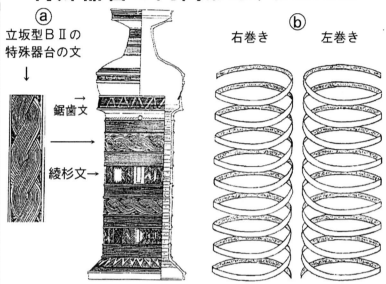

ⓐ

立坂型ＢⅡの
特殊器台の文
↓

鋸歯文 →

綾杉文 →

ⓑ

右巻き　　左巻き

弥生時代後期後葉（2世紀初頭〜3世紀中頃）

岡山県落合町中山遺跡出土の
立坂型特殊器台・特殊壺

（近藤義郎『前方後円墳と弥生墳丘墓』青木書店 1995）

安定した継続性をもつらせん形
（千田稔『うずまきは語る』福武書店 1991）

　特殊器台が円筒形であることは、何か特別な意味があるのでしょうか。立坂型・向木見型・宮山型の器台に描かれる文様は、描き方こそ相違していますが、それらの文様が「らせん形」であることに変わりはありません。他方、特殊壺は同じらせん形（二重らせん構造）から導かれる正逆Ｓ字トンボから生みだされた形であると考えられます。

　以上から特殊器台の円筒形に対し、安定した継続性をもつらせん形（＝渦巻）と推定されます。これは器台に載る壺形と器台に描かれる　　　　形によって裏づけられています。

　なお、特殊器台と管玉（くだたま）は、葦・竹と同じ円筒形を共有しております。すなわち、『記・紀』の書き記す「みすまるの珠」に対し「安定した左巻き渦巻と右巻き渦巻の合体形」を想定することができます。

図153

立坂型特殊器台に隠れているかたち

 しめ縄
立坂型特殊
器台の文様

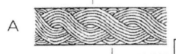 3次元立体形から2次元平面形へ

 しめ縄状文様

A

ⓐ ○形は ◇ 形へ変遷します。

ⓑ Ⅹ形は Ⅺ 形へ変遷します。

立坂型特殊器台に描かれる文様で注目される箇所は、ⓐ ○形・ⓑ Ⅹ形の2ヶ所です。ⓐ ○形・ⓑ Ⅹ形は、柔軟性と強靱性をもつ正六角形をを形成します。

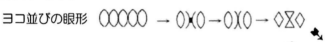

ヨコ並びの眼形　○○○○○ → ○Ⅹ○ → ○Ⅹ○ → ◇Ⅹ◇

タテ並びの眼形　○○○ → ◇Ⅹ◇ → ◇ / Ⅺ

正六角形

立坂型特殊器台は、葦や竹に見る円筒形をもっています。この円筒形の意味は、その器台に描かれる ○ 形と Ⅹ 形による安定するらせん形  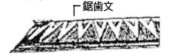 によって裏づけられています。

鋸歯文

B

図Bは鋸歯文と呼ばれている文様です。この文様の△形は、◇ 形とⅪ形を作り、さらに正六角形❈形を形づくります。この❈形は、二重らせん構造から導かれる斜格子文に現われております。◇形とⅪ形のもつ特別な性質に現代の幾何学者は、気づいておりません。およそ1万年前の縄文人は明確に把握しておりました。 柔軟性と強靱性をもつハニカム構造をもつ正六角形は、◇形とⅪ形の特別な性質を受け継いでいます。縄文人は、❈形を生みだすしめ縄(二重らせん構造)に生命誕生の原理を読み取っていたと考えられます。

鋸歯文

C

綾杉文

図154

双方中円墳と四隅突出型弥生墳丘墓の関係

ⓐ 吉備の双方中円墳に特徴的なカタチは「〇〇」形です。
ⓑ 出雲の四隅突出型弥生墳丘墓に特徴的なカタチは「ロ」形です。

ⓐの「〇〇」形とⓑの「ロ」形に共通するカタチは双曲図形()()、楕円図形(〇)です。

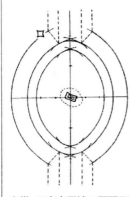

吉備・双方中円墳の平面形
（椚国男『古代の土木設計』
六興出版）

吉備の双方中円墳と
出雲の西谷四隅突出
型弥生墳丘墓は、双
曲図形()()、楕円図
形(〇)なくして、そ
れらの形状がどのよ
うな意味をもってい
るのかを導くことが
できません。
日本列島の縄文人は、
特別な性質をもつ双
曲・楕円図形に気づ
いておりました。

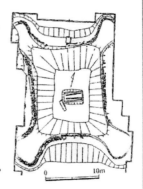

出雲・四隅突出型弥生墳丘
墓 宮山Ⅳ号墓

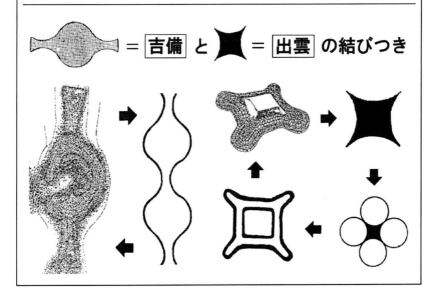

つなぐ媒介者の役割を果たしていたのです。第 10 章の図 124 に見る眼形の連鎖は斜格子文の原形です。この眼形の連鎖には母胎の意味をもつ壺形と正六角形が存在しています。斜格子文の産みの親である二重らせん構造は、「同質でありながら異形の二者の合体によって新しいかたちが生まれる」という生命誕生の原理につながるカタチをもっています。さらに二重らせん構造は、強靭性と永遠の継続性をそのカタチの上にもっています。

ミツバチが六角形の巣を作り〇〇形に動き花の蜜のあるところを仲間に教えることができるのは、〇X〇形と∞形のDNAをもっているからではないでしょうか。また、アマミホシゾラフグと名づけられた魚は、精巧な正多角形の構図を描き、その中心に卵を置いています(第 8 章の図 101)。蜂と魚がつくるカタチに共通するのは正多角形です。蜂や魚は、このようなカタチを、なぜ造ることができるのでしょうか。考えられることは、森羅万象において、正多角形という図形は「ものの誕生のDNAをもっている」ということです。

現段階で言えることは、かたちの素粒子)形の 180 度の反転の繰り返しから生じる柿の蔕形 88 形の連続円文 〇〇 から正六角形が導かれ、ひょうたん形 〇〇 から正八角形が導かれます。この正六角形と正八角形の関係から正多角形が導かれます。この図式は、双曲・楕円図形の特別な性質から生まれている、このように考えられます。

地球上に棲息する多くの動物や植物は、それぞれ生存を掛けて環境に適応し進化していると言われております。このような生命に関わる能力はすべての生命体に与えられているのではないでしょうか。

ⓐ蜂は、なぜ六角形の巣を作ることができるのか、ⓑアマミホシゾラフグは、どうして精巧な正多角形の産卵床を作れるのか、ⓒ植物の花々に見る正多角形、ⓓ土星の渦巻く六角形など、正多角形という幾何学図形は、森羅万象の誕生にどのように繋がっているのか、という重大問題が喚起されてきます。

◯◯ と ◖◗◯ 形の産みの親は 〔しめ縄文〕形

　吉備楯築から出雲西谷へ持ち込まれた特殊器台には　〔しめ縄文〕　形が描かれています。この　〔しめ縄文〕　形が、楯築弥生墳丘墓の　〔弧帯石〕　形と出雲西谷の四隅突出型弥生墳丘墓の　〔×〕　形の産みの親と考えれば、出雲と吉備の関係が明らかになってきます。

　すなわち、楯築弥生墳丘墓の　〔弧帯石〕　形と出雲西谷の四隅突出型弥生墳丘墓の　〔×〕　形は、吉備の立坂型特殊器台に描かれる　〔しめ縄文〕　形、つまり、∞∞∞∞∞ 形から導かれたカタチということになります。立坂型の特殊器台に描かれるしめ縄状文様は、これまで随所で書いてきましたが、その集合体はⓐ母胎の意味をもつ壺形とⓑ永遠の継続性をもつ正六角形を生みだしています。その特徴的なカタチは　〔弧帯石〕　形と〔×〕形です。

〔しめ縄文〕形と ◯◯ 形の関係

　立坂型特殊器台に描かれる　〔しめ縄文〕　形は、しめ縄と斜格子文の関係、つまり、両者が眼形を介して結ばれていることを訴えるために必要であった、このように考えられます。このしめ縄には幾重にも 〇 形が描かれています。

　もう一つ楯築弥生墳丘墓には見逃すことができない文様があります。それは弧帯石に刻まれる ◯◯ 形です。これについて近藤義郎氏は、その著作『前方後円墳と弥生墳丘墓』(青木書店 1995) の中で、つぎのように指摘されています。

　　弧帯石の文様のなかでいちばん顕著で印象的なものは「Ｓ字形あるいは ⑥ 形に展開する文様」であるとして「弧帯石が早くも特殊器台のＳ字形文様を表出していた」

　近藤氏が指摘される特殊器台のＳ字形とは、正逆Ｓ字トンボ 〔トンボ図〕 を例に引けばわかりやすいと思います。正逆Ｓ字トンボは 180 度反転しており、「同質でありながら異形の二者の合体によって新しいかたちが生ま

図155

楯築弥生墳丘墓の弧帯石

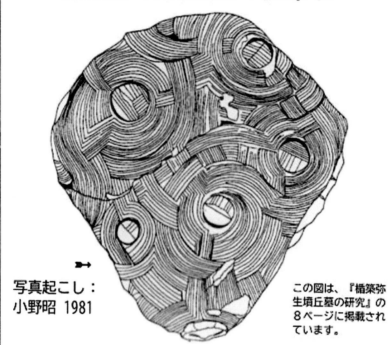

→
写真起こし：
小野昭 1981

この図は、『楯築弥
生墳丘墓の研究』の
8ページに掲載され
ています。

楯築弥生墳丘墓出土の
弧帯石
（『楯築弥生墳丘墓の研究』
楯築刊行会 1992より）

0   40cm

れる」という法則性をもっています。つまり、正逆S字トンボは母胎の意味をもつ壺形を生みだしています。

　このようなカタチからは、円形の茅の輪をくぐり抜けて生じる8の字形、つまり ∞ 形が連想されます。茅の輪をくぐりは、3回茅の輪を廻ります。縄文人は3個のヨコ並びの円形から正六角形が生じる図形現象に気づいていました。

第 14 章
記紀神話に隠されたかたち

第1節　天地開闢

天地・陰陽のかたち

『古事記』序文は、つぎのように記しています。

臣安万呂言す。夫れ混元既に凝りて、気象未だ効（あらわ）れず。名も無く為も無し。誰か其の形を知らむ。然れども乾坤初めて分れて、参神造化の首（はじめ）を作し、陰陽斯に開けて、二霊群品の祖（おや）と為（な）る。

[口語訳]　およそ宇宙の初めにあっては、混沌とした天地万物の根元がとうとう凝り固まりましたが、万物の生命のきざしと形は、まだはっきりと現われていませんでした。それは何とも名づけようもなく、どういう働きをしているのかもわかりません。誰がそのほんとうの形を知りえましょうか。しかしながらやがて天と地とが初めて分れますと、天之御中主神・高御産巣日神・神御産巣日神の三柱の神が創造の初めとして現われ、また陰と陽とがその時別になって、伊耶那岐・伊耶那美の二神がすべてのものの生みの親となったのです(小学館版『古事記』)。

　『古事記』序文は、「夫れ混元既に凝りて、気象未だ効れず。名も無く為も無し」と記しながら、「誰か其の形を知らむ」として、いかにも天地万物の形を知っている筆使いです。『古事記』編者は、具体的な図形とか文様を脳裏に描きながら、その文字化を図っているようです。『古事記』編者の描くかたちは、いったいどのようなものでしょうか。
　「然れども乾坤初めて分れて、参神造化の首を作し、陰陽斯に開けて、二霊群品の祖と為る」を読み返すと、①造化三神と②二霊群品の神々は、

「一つかたちで二つの意味をもつ」、例えば、⊗ 形を円形○と正方形□の視点から見ると、◈ 形に円形○を、✖ 形に正方形が想定されます。他方、同じ ⊗形を✖形と✦形の視点から見ると、✖ 形は ◈ と ◈ を結び、◈◈◈ 形を形づくり、✦形は✖と✖を結び、✖✖✖✖ 形を形づくっていることが解ります。換言すれば、七宝文⊗ は「一つ形で二つの意味」→「天地・陰陽」を同時に表現していることになります。『古事記』本文は、天地(宇宙創成)・陰陽(生命誕生)を使い分けています。

ⓐ

ⓑ 天→[◈ = 円形○] ・ 地→[✖ = 正方形□]
陰→[✖ = ✖] ・ 陽→[◈ = ✦]

　少し横道にそれますが、2010 年に奈良県纒向遺跡から出土した 2700 余個の桃の種の由来について、「中国の神仙思想の影響を受けた何らかの祭祀に使われていたのでは………」とか「魔除け呪術」という考古学者・歴史学者の意見が新聞紙上に見受けられました。
　桃の種のどようなところに、そのように考えられるエビデンスがあるのでしょうか。①神仙思想、②呪術という言葉の背景には、具体的な根拠を示すことができないという難点があります。ところで、中国の『周髀算経』(戦国時代末期～前漢)には、「勾股(こうこ)の法と矩(さしがね)を用いるの道」につぎのような記述があります。

　　数を取り扱う術は、まる「円」と四角「方」からでてくるものです。
　　円は四角から生じ、四角はさしがね「矩」から生じるものなのです。
　　さしがねは、九九・八十一という数の(乗法の)原理から生じるのです。
　　(中略)

…正方形は、地に特徴的なものであり、円は、天に特徴的なものです。正方形の数がもっとも規準となるものであり、正方形に基づいて円の形が導き出せます（正方形に円を外接させた円方図、内接させた方円図参照）。

　これに対し、能田忠亮氏は、その著『周髀算経の研究』において『周髀算経』の考え方がより原初であるとされています。しかし、理論的には、正方形の数は、どこまで行っても円形に近づくことはできても円形至ることできません。従って、原初であると言い切ることはできないでしょう。

　ところで、かたちの素粒子）形から導かれる柿の蔕形 ❀ は、○○（連続円文）と ○━○ ひょうたん形）を結んでいます。この ❀ から七宝文 ✕ が生まれ、◈ →円形と ✖ →正方形による天地陰陽の関係が導かれます（上記の図式参照）。すなわち、七宝文は「同質でありながら、異形の二者の合体によって新しい形が生れる」という宇宙創成・生命誕生の統一理論を内包しています。統一理論をもつ天地・陰陽の図は、縄文時代草創期の縄文人がその特別な性質を発見し、重大な関心を寄せていた「**かたちの素粒子）形**」、つまり、双曲図形()（形）と楕円図形(〇形)から導かれます。

造化三神 天之御中主神・高御産巣日神・神産巣日神
（あめのみなかぬしのかみ・たかみむすひのかみ・かみむすひのかみ）

　『古事記』本文は造化三神について、つぎのように書いています。

> 天地初めて発けし時、高天原に成れる神の名は天之御中主神、次高御産巣日神、次に神産巣日神此三柱の神並独神成坐して身を隠したまひき。
>（あめつち・ひらけし・たかまのはら・あめのみなかぬしのかみ・たかみむすひのかみ・かみむすひのかみこみはしら・みなひとりがみなま・み・かく）

　最初にのべておきますが『古事記』は、「隠蔽意図の計画性」をもつ歴史書である、と私は考えております。文章の中に意味あるカタチなどが隠されており、文字通り読み進んだとしても、『記』編者の意図を読

み解くことはできません。どのような方法で隠蔽しているのか、最初にその方法を導きだすことが必要です。たとえば、天之御中主神は、その神名の頭に「天の」をもっております。この「天の」には、たとえば、図形の中心線というような意味が与えられていると考えられます。つまり『記・紀』の書く神の正体が幾何学的に重要な意味をもつカタチや図形である可能性が高いと考えられるのです。

　造化とは、「天地万物の創造」という意味をもっています。『古事記』本文の冒頭に登場する三神に「造化」が被せられているのは『記』編者が意識的に与えた表現であると思います。

　わが国に伝統的な海鼠紋、つまり、七宝文は４個の ◖◗ 形を主体に X 形と ✦ 形を媒介として、フラクタルな文様を形づくっております。七宝文の ◈ 形と ✖ 形は「)」形と、この 180 度の反転形である「(」形を共有し、双曲・楕円図形の両性具有と相即不離の特性を受け継いでいます。 ◈ 形と ✖ 形は、X 形と ✦ 形を媒介にして、◈◈◈◈ 形と ✖✖✖✖ 形を作っています。

　ところで、円形と正方形の異形同質の関係は、七宝文なくして立証することはできません。◖◗ 形と X 形・ ✦ 形から形成される七宝文を見つめれば見つめるほど、天地創成と生命誕生を同時にもつカタチが他にあるだろうか、という想いに駆られます。

　現代の幾何学者が今もなお気づいていない４個の眼形 ◖◗ が作る七宝文 ✖✖ の意味を、双曲・楕円図形の中に発見していた縄文人の直観力には見習うべきものがあります。その相即不離の関係を生みだしている柿の蔕形 ✖✖ の ∞ (連続円文)・ ∞ (ひょうたん形)の「X 形と ✦ 形」に注目し、一つの幾何学の分野を切り開いた縄文人の図形能力には驚くばかりです。

造化三神の役割

　『古事記』本文の冒頭に書かれる天之御中主神・高御産巣日神・神御産巣日神は、どのような役割が与えられているのでしょうか。造化三神は一義として図 156 と図 157 に示す二種類の直角三角形の意味を与える

図156

造化三神の意味

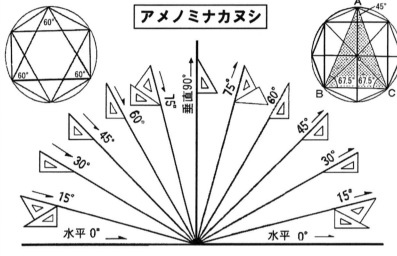

= 45度・45度・90度の直角三角形

= 30度・60度・90度の直角三角形

} 同質でありながら異形の二者の関係を結ぶ二種類の直角三角形は、合体して正二十四角形を作ります。

アメノミナカヌシ

60° 60° 60°

A 45°
67.5° 67.5°
B C

垂直90°
75°
60°
45°
30°
15°
水平 0°

正六角形

30°×60°定規で
引ける線

カミムスヒ

葦原中国

正二十四角形

組合せで
引ける線

正八角形

45°定規で
引ける線

タカミムスヒ

高天原

図157

正十二角形に現われている２種類の直角三角形

正六角形に特徴的な30度・60度・90度の直角三角形と正八角形に特徴的な45度・45度・90度の直角三角形は、正十二角形に現われています。　この正十二角形は二つの底角が75度の二等辺三角形と　３・４・５の比率をもつ直角三角形を内包しています。

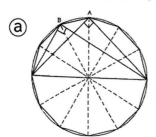

ⓐ

ⓑ

水平０°→　　　　　水平０°

組合せでいろいろな線が引ける

正十二角形に表れている
２種類の直角三角形

正十二角形に特徴的な
75度の作図法

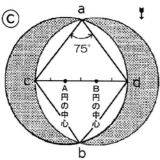

ⓒ

75°

c　　　d
A円の中心　B円の中心

b

①Aを中心とする円を描く

②A円の半径の４分の２にB円の中心を求め円を描く。

③abcdを直線で結ぶと75°の角度をもつ菱形文が生じます。

30°・60°定規で引ける線　　組合せで引ける線　　45°定規で引ける線

２種類の三角定規の組合せで引ける線

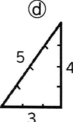

ⓓ

5

4

3

３・４・５の比率をもつ直角三角形

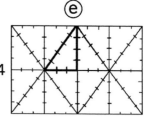

ⓔ

３・４・５の比率をもつ直角三角形から生じる菱形文と向かい三角文

ことができます。

このように考えられるわけは、『記・紀』は「六と八の関係」を随所で書いています。正多角形における「六と八の関係」といえば、正六角形と正八角形による正二十四角形の形成をあげることができます。正二十四角形は二種類の直角三角形、もしくは長方形と正方形による正多角形の出発点と考えることができます（異形同質の二者による合体）。

図 156 において、アメノミナカヌシに垂直の中心線を仮定すれば、タカミムスヒに 45 度・45 度・90 度の内角度をもつ直角三角形を、カミムスヒに 30 度・60 度・90 度の内角度をもつ直角三角形を想定することができます。二種類の直角三角形は、異形同質の関係におかれ合体して新しいカタチを生みだすという役割をもっています。

オノゴロ島の聖婚

『古事記』（小学館版）は「オノゴロ島の聖婚」と題して、つぎのように書いています。

是に天つ神諸の命以ちて、記紀神話の伊耶那岐命・伊耶那美命二柱の神に、「是のただよへる国を修理り固め成せ」と詔りて、天の沼矛を賜ひて、言依さし賜ひき。故、二柱の神、天の浮橋に立たして、其の沼矛を指し下ろして画きに天つ神諸の命以ちて、伊耶那岐命・伊耶那美命二柱の神に、「是のただよへる国を修理り固め成せ」と詔りて、天の沼矛を賜ひて、言依さし賜ひき。故、二柱の神、天の浮橋に立たして、其の沼矛を指し下ろして画きたまへば、塩こをろこをろに画き鳴して、引き上げたまふ時、其の矛の末より垂り落つる塩累なり積りて島と成りき。是れ淤能碁島なり。

其の島に天降り坐して、天の御柱を見立て、八尋殿を見立てたまひき。是に其の妹伊耶那美命に問ひて曰りたまはく、「汝が身は如何か成れる」とのりたまへば、答白へたまはく、「吾が身は成り成りて成り合はせざる処一処在り」とこたへたまひき。爾に伊耶那岐命詔りた

まはく、「我が身は成り成りて成り余れる処一処在り。故、此の吾が身の成り余れる処を以ちて、汝が身の成り合はざる処に刺し塞ぎて、国土を生み成さむと以為ふ。生むこと奈何」とのりたまへば、伊耶那美命、「然善けむ」と答白へたまひき。爾に伊耶那岐命詔りたまはく、「然らば吾と汝と是の天の御柱を行き廻り逢ひて、みとのまぐわひ為む」とのりたまひき。如此期りて、乃ち、「汝は右より廻り逢へ。我は左より廻り逢はむ」と詔りたまひ、約り竟へて廻る時、伊耶那美命、先に「あなにやしえをとこを」と言ひ、後に伊耶那岐命、「あなにやしえをとめを」と言ひ、各言ひ竟へし後、其の妹に告げて曰りたまはく、「女人の先に言へるは良からず」とのたまひき。然れどもくみどの興して、子の水蛭子を生む。此の子は葦船に入れて流し去てき。次に淡島を生む。是も亦子の例に入れざりき。

[口語訳]

　そこで天つ神一同の仰せで、伊耶那岐命・伊耶那美命の二柱の神に、「この漂っている国土をよく整え固めよ」という詔命が下されて、それとともに天の沼矛という玉飾りを施した聖なる呪器をお授けになって、漂う国土の修理固成をご委任なされた。それで二柱の神は天地の間に架けられた天の浮橋にお立ちになって、その沼矛を下界にさしおろし、かきまわされるのに、海水をコオロコオロとかき鳴らして、引き上げなさる時に、その矛の先からしたたる海水がだんだんに積もり固まって島になった。海水がおのずから凝り固まって」できた島なので、これを淤能碁呂島というのである。

　両神はその島にお降りになって、聖なる御柱をお見立てになり、また結婚のための広い宮殿をお見立てになった。そこで伊耶那岐命が妹の伊耶那美命に尋ねて、「おまえの身体はどのようにできてきたのか」と仰せになると、伊耶那美命は「私の身体はだんだんに成り整ってきましたが、まだ整わないところが一か所あります」とお答えになった。さらに伊耶那岐命が「私の身体はだんだんに成り整ってきたが、でき

すぎたところが一か所ある。だから、この私の身体の余分なところを、おまえの身体の足りないところに刺し入れふさいで、国を生もうと思う。生むことはどうだろうか」と仰せになると、伊耶那美命は「それは結婚でしょう」とお答えになった。そこで伊耶那岐命は「それならば、私とおまえとこの聖なる御柱を巡り、出会って、聖なる結婚をしよう」と仰せになった。このように約束してから伊耶那岐命は「おまえは右から巡って会いなさい。私は左から巡って会おう」と仰せられて、約束をし終って御柱巡りをした時に、伊耶那美命のほうが先に「何とまあ、すばらしい男性でしょう」と唱え、そのあとで伊耶那岐命が「何とまあ、美しい娘だろう」と唱え、おのおの唱え終わったのち、伊耶那岐命がその妹に向かって、「女が男より先に唱えたのはよろしくない」と仰せられた。そうはいいながらも、聖婚の場所である八尋殿において御子を生むことを始めて、最初に生まれた子は水蛭子という不具児であった。この子は葦の船に乗せて流し捨てた。次に淡島を生んだ。これも不完全な島なので、この数には入れなかった。

　天の沼矛をもったイザナギとイザナミは、海面に近い天の浮橋に立ち何が始まるのか気をもんでいると、天の沼矛を海水の中へさし入れ、かきまわしているようです。『記』は「天の」を使い微妙な表現を施していますが、沼矛の周りの海水は渦を巻き、このあとに正六角形が暗示されます。
　「矛の末より垂り落つる塩累なり積りて島と成りき。是れ淤能碁島なり」となっています。塩の結晶は六角形です。オノゴロ島に天の御柱が見立てられ、さらに八尋殿が見立てられます。
　ⓐ塩の結晶＝正六角形
　ⓑ八尋殿　＝正八角形
　ここで使われる「見立てる」の意味は、「①ほかのもので表現する。②仮定する。③なぞらえる」が妥当であると思います。オノゴロ島に見

立てられた八尋殿は、塩の結晶の正六角形に正八角形が加えられて「6と8の関係」が成立しています。

　正六角形と正八角形の次元を上げると正六面体・正八面体の双対関係になります。「天の御柱」、つまり中心点・中心線が重要な意味をもってきます。正八角形 ✳ は、◪ 形から生れています。この ◪ 形は、対峙する①線分と②頂点を結ぶ二種類の二等分線から生じています。これによって正八角形の骨組である ✳ 形が生じ、正八角形が導かれます。

　ところで、「ヨコ並びの眼形から正六角形が生じる」という図形現象がなければ、「 ✳ 形→正八角形」の図式を導くことができません。さらに、八尋殿にさきだってオノゴロ島が見立てられたのは、正多角形の幾何学、つまり、正六角形と正八角形の関係を『記』編者が知っていたからにほかなりません。

　『記』は「垂り落つる塩累なり積りて島と成りき」と綴っています。ここで突然に「塩」で登場するのでしょうか。それは「塩の結晶」は、六角形を形づくっているからです。さらに、正六面体・正八面体の関係は、それぞれ中心の概念が重要です。たとえば、二本撚りのしめ縄を撚る場合、元になる基準点を固定することが必要です。これを行なわないと右撚り、左撚りとしっかりとしたしめ縄を撚ることができません。

天の御柱の意味

　オノゴロ島に見立てられた天の御柱には、「天の」がついています。この「天の御柱」のところで、イザナギ・イザナミは、お互いの体形について、イザナギノミコトが語り始めます。

　ⓐ「吾が身は成り成りて成り合はせざる処一処在り」
　ⓑ「我が身は成り成りて成り余れる処一処在り。故、此の吾が身の成り余れる処を以ちて汝が身の成り合はざる処に刺し塞ぎて、国土を生み成さむと以為ふ。生むこと奈何」

図158

天の御柱を廻る イザナギ／イザナミ の意味

イザナギは 左回り

オノゴロ島 → 正六角形
天の御柱 → 正八角形

（異形同質の二者）

正六角形
正八角形

イザナミは 右回り

左撚りらせん形
右撚りらせん形
（異形同質の二者）
↓
みとのまぐわい

イザナギ・イザナミの二神は、造化三神の後を受けて、オノゴロ島に見立てられた天の御柱をそれぞれ左右の方向から廻り、みとのまぐわいを行ないました。結果、生まれた水蛭子 ● は、葦舟 ◯ に乗せられ流され、次の子の淡島 🌼 も子の例に入れられませんでした。

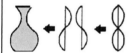

正逆S字トンボ
（2本のメビウスの帯）

普通壺

天の御柱を周回するイザナギミコトとイザナミノミコトによる二重らせん構造の軌跡 ➡ 図ⓑに示す二重らせん構造から生じる壺のカタチは、弥生時代の普通器台・普通壺の壺にそっくりです！ ➡ **壺形の形成**

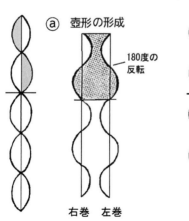

ⓐ 壺形の形成

180度の反転

右巻 左巻

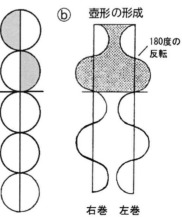

ⓑ 壺形の形成

180度の反転

右巻 左巻

その内容は「異形同質の関係」を確認にした上で「汝が身は如何か成れる（おまえの身体はどのようにできてきたのか）」のかと具体的なかたちが語られ、「みとのまぐわい」が行われます。ここに二神の正体が隠されていることは、上記@と⑥の「同質でありながら、異形の二者」の関係をもっているところに示されています。

　ところで『古事記』は、もう一つの確認作業を行なっています。それは、天の御柱を廻るに際して「汝は右より廻り逢へ、我は左より廻り逢はむ」という指示が出されていることです。しめ縄　〰〰〰〰〰　の二本の縄は、左撚りと右撚りになっているはずです。つまり、二本の縄を撚ってできあがるしめ縄は、「同質でありながら、異形の二者の合体によって新しいカタチが生れる」という法則性をもっています。『記』編者は、しめ縄の所有する生命誕生の原理を再確認しているわけです。

　この後で、イザナギとイザナミの「みとのまぐわい」から生れたヒルコは、「此の子は葦船に入れて流し去てき。次に淡島を生む。是も亦子の例に入れざりき」と書かれています。これに対し解説書は、つぎのように書いています。

　　イザナミノミコトが先に「あなにやしえをとこを」と唱えたために、
　　最初に生まれた子は水蛭子という不具児であった。この子は葦の船に
　　乗せて流し捨てた。次に淡島を生んだ。これも不完全な島なので、子
　　の数には入れなかった（小学館版『古事記』）。

　ヒルコと淡島は、なぜ「子の例に入れざりき」とされたのでしょうか。『古事記』は「水蛭子が不具児であった」とは書いていません。このような解釈は、『記』編者の意図から逸脱している様に思います。後述しますが、水蛭子●・〰　形は、●形に現われています。

　イザナギとイザナミによる「みとのまぐわい」は、「同質でありながら異形の二者の合体によって新しい生命が誕生する」という生命誕生の原理を確認して行われています。

『記・紀』神話には、言語や筋書の中にカタチが隠されていることは、前著（『縄文大爆発』(株)パレード出版 2015『縄文人の知られざる数学』彩流社、2017)において指摘してきました。たとえば、水蛭子は 🌰形と 〰️形、葦船は ⬦形、淡島は ꗸが推測できます。記紀解釈には、このような図形的視点が求められます。また、それらはどのように結ばれているのか、考察することが、『記・紀』神話を解く重要なキーワードです。

　上記の@と⑥に記される「みとのまぐわい」から生まれるのは人間とか動物の実際の子供ではありません。縄文人の思想を伝達する文字のかわりに見立てられたのは、図156～図165に見るカタチだったのです。

大日霊尊とは
おおひるめのみこと

　『日本書紀』は、『古事記』の「此の子は葦船(あしふね)に入れて流し去てき」と書かれる「水蛭子(ひるこ)」は一転して「大日霊尊(おほひるめのみこと)」と表記されています。同じ「ヒル」でもニュアンスが相違しています。ヒルのヌルヌルした感触と吸血するヒルは、あまりよいイメージをもたれていません。『紀』はイザナギ・イザナミを介して「大日霊尊」を登場させています。『日本書紀』の記す、この神の使命はどのようなものでしょうか。

　　「吾、あめのしたしらす珍の子を生まむと欲ふ」と言わしめて、
　　左の手に白銅鏡を持った時になり出づる神有す

　池や小川に棲息するヒルは、図159に見る@ 〰️ 形と⑥ 🌰 形の二種類のカタチをもっています。⑥のカタチをもつヒルは二匹で ☯ 形を作ります。これに直径を引くと、そこに ⊞ 形が生じています。ヒルは円形（〇）・勾玉形（ ☯ ）・直線（――）によるカタチ ⊞ 形を生みだしていることになります。これについては後述します。

図159

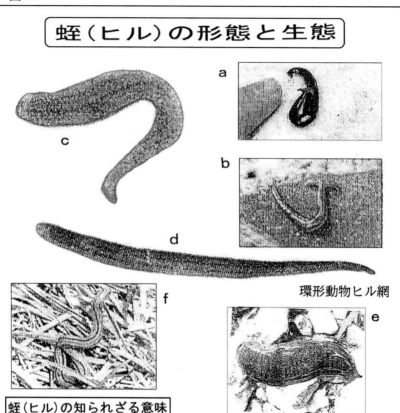

蛭（ヒル）の形態と生態

環形動物ヒル網

蛭（ヒル）の知られざる意味

ヒルは環形動物ヒル網に属す生物の総称。体の前後端に吸盤を持つのが特徴である。環形動物一般に共通するが、体は細長い（前橋工科大学大学院、阿部泰宣）。

ヒルは同時的雌雄同体。ヘモグロビンをもっているため、ヒルとヒトは同じ酸素供給システムをもっています。漢方では乾燥したヒルの生薬名を水蛭（すいてつ）と呼ばれています。人類は数千年前から水蛭を用いていたと言われております。

エジプト…ピラミッド内の壁画に古代人が水蛭を用いている物語を描くものがあるという。水蛭がもつ成分「ヒルディン」は近年世界で研究が行われているということです（インターネットより）。ちなみに鹿児島県隼人町に蛭兒神社があります。

円形は、母胎の意味をもつ壺形や正六角形が生じる眼形の連鎖の産みの親であり、縄文人にとってなくてはならないカタチでした。他方、太陽は生きとし生けるものになくてはならない存在です。

　ヒルは、池や小川に生きる小さな魚です。その中の一つのカタチである ● 形は、縄文人が作った勾玉にそっくりです。二個の勾玉は ◐ 形（円形）を形づくります。

　このようなところにヒルが「大日靈尊」と表記された理由があったと考えられます。わが国の古代人は、● 形に現われている 〜 形が一つの円形の直径に位置し、二個の勾玉形を生みだしていることに気づいていたわけです（後掲図165「図形の三種の神器」参照）。『記・紀』編者がヒルを登場させたのは、ヒルがもっている

　①　両性具有の現象
　②　らせん形と勾玉形という２種類のカタチ
　③　人間と同じ赤い血液

という３点にあったと考えられます。『記・紀』編者が、この場面でもっとも必要としたのはヒルの形態に見られる 〜 形と ● 形ではないでしょうか。二匹のヒル（オスとメス）は円形を形づくります ◐ → ⊕ イザナミは左の手に鏡をもっています。この鏡は円形です。二つの勾玉形を含む ⊕ 形は、大日靈尊の正体であると思います。

大自然の摂理

　正六角形に極めて近い巣を作る蜂、複雑な正多角形の産卵床を造形するアマミホシゾラフグ、餌を得るために自家発電する魚など、いずれも生命に関わる特異な能力をもっています。

　私たち人類は、民族を超えて死者に花をたむけます。この花は ◗ 形から正多角形が生じる現象をもっています。この現象が生命誕生に密接に関わっていることは、繰り返しのべてきました。

　地球・太陽・月の位置関係から日食や月食という天体現象が生まれます。地球から見る太陽と月は〇（円形）形だけではなく ☽ 形を生みだして

図160

『日本書紀』神代上第五段に書かれる

湯津爪櫛・タケノコ・ブドウ・泡 の意味

ⓐ 縄文時代の櫛に表現される曲線図形と直線図形

Ⅱ形を介して描かれる
渦巻文と直線

（第8章、東京・中原遺跡
出土土器に描かれる文様
参照）

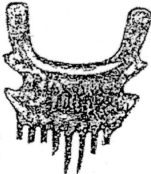

赤漆塗りの
縄文の櫛

約7000年前
石川県七尾市
三引遺跡出土

ⓑ タケノコと竹のカタチ
の関係

眼形

想定線

竹の円筒形と
安定した渦巻
文との類似性

ⓒ ブドウの実と泡からイメー
ジされるカタチ

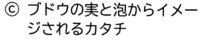

② ①

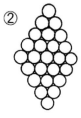 ④ ③

 ⑦

蓮の花托
大きな円形と
小さな円形の集合体

⑥ ⑤

図161

オタマジャクシはカエルの子

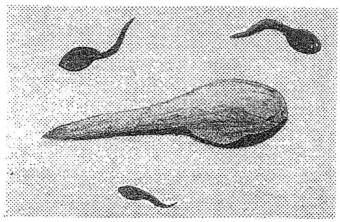

カエルは変態動物です！

オタマジャクシ→カエル

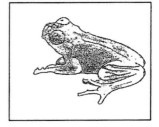

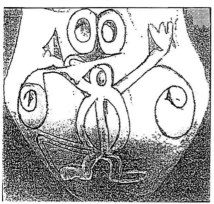

有孔鍔付土器 縄文中期
長野県富士見町藤内遺跡出土

縄文人は、なぜカエルを土器に描いていたのでしょうか？

左図の ◎◎ 形と ◎ 形・◎ 形、⊖ 形は、◉ 形と異形同質の関係で結ばれています。

図162

諏訪大社 前宮の祠のひしゃく

図163

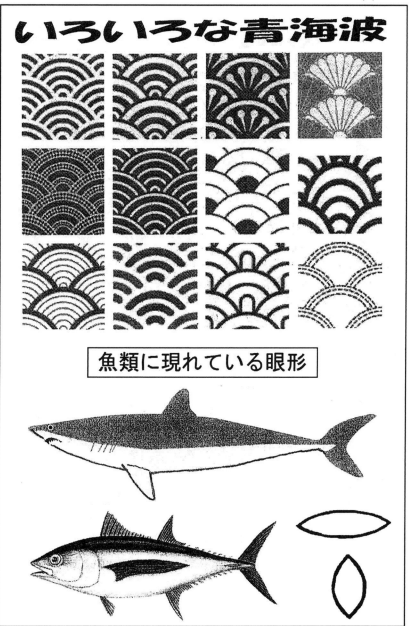

いろいろな青海波

魚類に現れている眼形

います。

　森羅万象、それらが作りだすカタチは、いろいろな意味をもっています。いずれにしても双曲図形()()形、楕円図形(〇形)は、「ものの誕生」に関わっています。昆虫や魚が作りだすカタチや、花に現われるカタチが大自然の摂理とすれば、およそ1万2500年前の縄文人に始まる双曲図形()()形、楕円図形(〇形)の幾何学は、大自然の摂理の一角を占めていることになります。円形の連鎖から眼形の連鎖を経て、母胎の意味をもつ壺形と宇宙創成と生命誕生の原理を内包する正六角形と正八角形による六・八理論、すなわち、縄文人の幾何学は、蜂のハニカム構造とアマミホシゾラフグのミステリー・サークルに並ぶかたちを刻んでいます。

水蛭子・葦船・淡島
（ひるこ・あしふね・あわしま）

　水蛭子は前述のとりです。葦船は ⬡ 形が連想され、淡島からは、泡の集合体（円形の集合体）🍇 が連想されます。

　これらのカタチは、縄文人の発見したかたちの素粒子)形に基づく生命誕生の「同質でありながら、異形の二者の合体によって新しいカタチが生れる」に適合します。『古事記』の記す水蛭子・葦船・淡島のカタチは、つぎのようになります。

ⓐ　水蛭子──　∿ 字形・ ◗ 形(図159参照)
ⓑ　葦船───　⬡ 　形(図164参照)
ⓒ　淡島───　泡の集合体 ⬡⬡ （図160参照)

オタマジャクシはカエルの子

　カエルは変態動物です。「オタマジャクシはカエルの子」といわれるオタマジャクシは、◗ 形をもっています。諏訪大社前宮入口祠にある手洗い場には 〇— 形の「杓子（ひしゃく）」が置かれています。縄文人はヒルやカエルの子のオタマジャクシが勾玉形 ◗ をもっていることに気

づいておりました。🌀形は万物の根源的存在を表わしている、このように縄文人は考えていたのではないでしょうか。

「🌀形は陰陽太極魚と呼ばれていた」と指摘する研究者がいます。縄文人は、今からおよそ1万年前には天地・陰陽の図に表現される◈形と✖形の関係を知っていたと思います。◈形は天を表わす円に対応し、✖形は地を表わす正方形に対応します。ちなみに、縄文人は円形丸底土器と方形平底土器を縄文草創期に製作しており、円形と正方形の図形的な関係を把握していたと考えられます（第4章参照）。

『古事記』と『日本書紀』の天地開闢

『古事記』編者の脳裏には、双曲図形（)(形）と楕円図形（()形）と同じ「となり合せの存在」の関係をもつ6に対応する正六角形・正六面体と8に対応する正八角形・八面体があったのではないでしょうか。続いて『記』編者は、正六角形と正八角形の合体による正二十四角形の形成を想定し、アナロジーの連鎖による「六・八理論」の構築を推し進めて行きます。

図説が続きます。縄文人を始めとするわが国古代人の幾何学に触れた時、そのユニークさに驚嘆の念を覚えることでしょう。その神髄に触れると、やめられなくなります。最初に、『古事記』編者の想定する天地の形を考えてみたいと思います。

『古事記』序文は「乾坤初めて分れて、参神造化の首を作し」と書き、天之御中主神・高御産巣日神・神御産巣日神の三神が天地創成に関わっていることを暗示しています。『古事記』編者の想定する造化三神は、一義として図156に示す二種類の直角三角形が形づくる正二十四角形が推定されます。アメノミナカヌシは文字通り高天原系のタカミムスヒと葦原中国系のカミムスヒの二神を分ける中心線に位置していることになります。『日本書紀』は、天地開闢をどのように書いているのでしょうか。読んでみることにします。

さきに『古事記』序文を読んで、わが国古代人が何を根拠に天地開闢

前とその後を記述していたのかということが、少しずつわかってきました。その軸の一つは、○(円)と □(正方形)という二種類のカタチに対比される天と地です。天円地方説は、この ⬭ と ▢ (円方図・方円図)をもとに、いわゆる「天は円であり、地は方である」が構築されたものと考えられます。それは単なる思いつきのカタチではなく幾何学の法則に基づき体系化されています。

　ところで、天円地方説に対し、わが国の多くの研究者は中国から伝えられたものと考えています。この考え方が縄文人によるものであることは、縄文草創期の縄文人が円形丸底土器・方形平底土器を作っていたことが明白に物語っています。

　　古（いにしへ）に天地（あめつちいま）未（ま）だ剖（わか）れず、陰陽（めをわか）分れざりしとき、渾沌（まろか）れること鶏子（とりのこ）の如（ごと）くして、溟涬（ほのか）にして牙（きざし）を含（ふふ）めり。其れ清陽（すみあきらか）なるものは、薄靡（たなび）きて天（あめ）と為（な）り、重濁（おもくにご）れるものは、淹滞（つつ）みて地（つち）と為るに及（およ）びて、精妙（くはしくたへ）なるが合へるは博（むらが）り易（や）く、重濁（おもくにご）れるが凝（かた）りたるは竭（がた）り難（かれ）し。故、天先（ま）づ成（な）りて地後（のち）に定（さだま）まる。然（しかう）して後に、神聖（かみ）、其の中（なか）に生（あれ）れます。故曰（かれ）はく、開闢（あめつちひらく）くる初（はじめ）に、洲壌（くにつち）の浮（うか）れ漂（ただよ）へること、譬（たとえ）へば游魚（あそぶいを）の水上（みずのうへ）に浮けるが猶（ごと）し。時（とき）に、天地の中に一物（ひとつのもの）生（な）れり。状（かたち）葦牙（あしかび）の如し。便（すなは）ち神と化為（な）る。国常立尊（くにのとこたちのみこと）と號（まう）す。―後略―

　円形と正方形は、「同質でありながら異形の二者」であることが検証されてはじめて「両者の合体」が認められ「新しいかたち」を生みだすことが許されるわけです。現代の幾何学において、円形と正方形の合体形である円方図(⬭)と方円図(▢)が提示される前に、円形と正方形の相対関係が証明されているかどうかは、寡聞にして知りません。

他方、わが国の古代人は七宝文（天地・陰陽の図）を家紋などに描き残しております。この七宝文は円形と正方形の関係を明らかにしている唯一のかたちです。これ以上の物証を見つけることはできないでしょう（これに関しては第10章でも書いてきました）。このように言い切れるのは、七宝文は ✕ 形と ◆ 形を介し、相即不離の ◈ 形という新しいカタチを作りだしているからです。

　本題に戻って、天地開闢神話における『古事記』と『日本書紀』は、表現の違いこそありますが、『古事記』は造化三神のほかに脂・くらげを、他方『紀』は鶏子（とりのこ）・游魚（あそぶいを）を書き綴り、葦牙（あしかび）は『記・紀』に共通して記述されています。

宇摩志阿斯詞備比古遅神（うましあしかびひこじのかみ）と国常立尊（くにのとこたちのかみ）の誕生

ⓐ『日本書紀』—天地の中に一物（ひとつのもの）生（な）れり。状（かたち）葦牙（あしかび）の如し
　　便（すなわ）ち神（かみ）と化為（な）る。国常立尊（くにのとこたちのみこと）と號（まう）す

ⓑ『古事記』——次に国稚（わか）く浮べる脂（あぶら）の如くして、くらげなすただよへる時、葦牙（あしかび）の如く萌（も）え騰（あが）る物に因りて成れる神の名は、宇摩志阿斯詞備比古遅神（うましあしかびひこぢのかみ）、次に天之常立神（あめのとこたちのかみ）。

　『日本書紀』は天地が定まった時に「神聖（かみ）」が生れたと書き、「天（あま）の」に属す表現が登場しています。そのありさまは、「たとえば水中に浮かぶ魚のようであったが、そのとき、天と地の間に一つの物が生まれた。その形は葦の牙のようであった」と書かれています。

　ところで、『記・紀』はともに「葦牙（あしかび）」に神の称号を与えております。この葦牙に ◠ 形を想定すれば、かたちの素粒子）形の180度の反転から生じる柿の蔕形 ⦿⦿ が想起されます。続いて、◈ と ✖（七宝文）が思いだされます。この ◈ には二つの角をもつ ◆ 形が認められます。他方、✖ に ✕ 形が確認されます。この ◈ と ✖ は、　ⓐ ◈◈◈◈ とⓑ

◈◈◈◈ のパターンを生みだしていることが注目されます。

　上図の@と⑥に見いだされるフラクタル性は、４個の眼形を生みだして▨る✕ 形と▨ 形から生じる図形現象です。⬖ は「〇＝天」に、✖ は「□＝地」にアナロジーの連鎖を維持しております。ここで、『紀』の記す「天地の間にある一物」つまり、「葦牙」とは、４個の眼形を繋ぐ「✦と✕」ということになります。

　日本列島の縄文人が創出していた ⬖ と ✖ （七宝文）は、@円形と正方形が異形同質の関係を維持することを証明するものであり、同時に⑥天地・陰陽の統一理論の図解でもあります。

　　［⬖＝円形　〇→天］　➡　［✖ ＝ ✕→▨→陰］
　　［✖＝正方形□→地］　➡　［⬖ ＝ ◣→▧→陽］

　『紀』の記す「天地の中の一物」に七宝文（天地・陰陽の図）の基本形である ◈◈ 形が想起されます。これが国常立尊の神ということになります。

なぜ、葦なのか

　『紀』編者は、「神聖」を先行させ、「神」を後続しています。このような事例は、随所において『記・紀』の記述に見られる「天の御柱」や「天香具山」の「天の」に連動するものと考えられます。つまり、「天の…」には、造化三神の神名の頭に「天の」がつけられているように中心線など幾何学的に重要な意味をカタチで暗示する表現法と考えられます。水の上を浮かぶ魚とは、マグロや鯛の背鰭、もしくは尾鰭は▲形を呈し、その尖った部分をもって葦牙と表現したものと考えられます。

　余談ですが、最初の動物と考えられる海の魚が上下・左右・前後から見ても〇形であり、さらに尾鰭や背鰭に▲形をもっていることは、まさに七宝文の〇 形と ✕ 形・◣形による ◈◈ 形そのものです。『記・紀』の記述を読み直すと、『記・紀』編者は、以上のことを脳裏に浮かべながら、記述しているのではないか、と考えられます。

図164

なぜ、葦舟なのか

ⓐ 「葦」は『古事記』・『日本書紀』の冒頭に登場する神であり、
ⓑ 「葦」は ⬤▭ 形の「茎」と ）形の「葉」をもっています。

紀元前4500年〜紀元前3500年
福井県若狭町出土の

ユリ遺跡の丸木舟

ユリ遺跡から出土した丸木舟　撮影 上野 晃

『記・紀』に共通して記される葦牙とは、かたちの素粒子）形による▲形（正六角形、図 95 参照）・◪形（正八角形、図 95 参照）と考えて間違いないと思います。このかたちの素粒子）形が、わが国の歴史を語る上でいかに重要なカタチであるかが、『日本書紀』巻第一の「神代上」に示されていると思います。川原に生える葦と真菰の葉は⌒形をもち、それらを撚って強靭性と永遠の継続性をもつしめ縄をつくることができます。このように記紀神話は、幾何学の規則に従い順序よく自然界の動植物に見立てられている、このように考えられます。

　天地開闢の具体的なカタチは、『紀』の書く「鶏子と牙」に表れております。鶏子はヒヨコではなく卵を念頭におくと、楕円図形（◗形）が予想されます。「溟涬にして牙を含めり」も同様に考えれば、「溟涬にして」は「わずかとか小さい」と解釈されます。つまり、七宝文の ◈ 形の中にある◣形の四隅はわずかに牙のように突出した部分があります。

　これに対しつぎのようなカタチの変化「 ◖ →) → ❫ 」を予想すれば、「牙」に隠されたカタチが鶏子と同じ ◈ 形に見いだすことができると思います。このあと『紀』は「天地の中に一物生れり。状葦牙の如し。便ち神と化為る」と書いています。

　この中の「葦牙」にかたちの素粒子）形を想定することは困難ではありません。これで、さきに予想した鶏子・葦・牙は、かたちの素粒子）形、双曲図形（）（形）と楕円図形（◗形）と◈形と✖形に見る円形と正方形の関係に無理なく結ばれていることに気づくことができます。

　これによって、『記・紀』の天地開闢神話と第 10 章の図 128 に示す七宝文は、ここで「天地・陰陽の図」と言い換えることができます。円形と正方形の関係が密接につながっていることがわかります。つまり、記紀神話から縄文人の発見したかたちの素粒子）形に基づく双曲図形（）（形）と楕円図形（◗形）を導きだすことができたことになります。縄文人は思想をカタチで表現していることになり、他方、『記・紀』は、その逆で神話の中にカタチを忍ばせていると考えられます。

［補注］『記・紀』は、葦を宇摩志阿斯訶備比古遅神と表記しています。このあとも多くの神々が登場しますが、造化三神の天之御中主神は幾何学の中心線、高御産巣日神と神産巣日神は、高天原系（8の系統）・葦原中国系（6の系統）と二種類の直角三角形の意味を併せもっています。ウィキペディア（インターネット）は、わが国の神について、つぎのように書いています。

　　神道は、日本の宗教であり、心でもある。教典や具体的な教えはなく、開祖もおらず、神話、八百万の神、自然や自然現象などに基づく多神教、自然と神とは一体として認識され、神と人間を結ぶ具体的作法が祭祀であり、その祭祀を行う場所が神社であり、聖域とされた。

　縄文人は海に棲息する魚たちが 〇 形と)(形を持っていることに気づいていました。彼らの観察眼は野山の草木に咲く花へと向かいます。〇 形の５枚の花弁は 〇 形を作り、〇 形の６枚の花弁は 〇 形を、〇 形の８枚の花弁は 〇 形を作ります。正多角形を作る花は木の実や果実に変身します。このようなパターンは、双曲図形()()、楕円図形(〇)と正多角形が魚や草木の生命に関わっていることを教えている、このように理解することは許されると思います。
　縄文人は土偶の造形に「双曲図形()()、楕円図形(〇)と正多角形」を自由自在に使っているように思います。〇 形と ✸ 形の背景には、母胎の意味をもつ壺形と永遠の継続性が保証される眼形の連鎖、円形の連鎖が歴然と存在します。縄文人は「自然と神は一体との認識」を造形理念としていたのではないでしょうか。
　縄文人は森羅万象のカタチの上に宇宙創成と生命誕生の原理が隠されていることに気づいていました。これが縄文人の考えた神の概念ということになります。
　縄文人をして１万有余年の永きに渡って殲滅戦を行うことなく縄文の大賢人の教えを護り続けるコミュニティを築くことができたのは、魚と

草木の花のもつ［ ◯ （眼形）と ✹ （正多角形）］を共有していたからにほかありません。

三種の神器の意味

　弥生時代を代表する銅鏡と銅剣は、縄文時代に創出された勾玉を含んで三種の神器とされてきました。三種の神器は、天皇の皇位継承の際に行われる大嘗祭に登場する伝世されてきた宝物と解説されています。

　多紐細文鏡と銅剣が、朝鮮半島を経由して渡来人によって日本列島へ持ち込まれたものであることは、それらの出土状況から検証されていますが、鏡・剣・勾玉の結びつきに関しては、依然として不明のままです。

　「勾玉」と「鏡・剣」は、何千年という年代差があります。これらに共通する要素とは、いったい何でしょうか。その答えは、**斜格子文**がもっているはずです。

　縄文時代草創期の土器に描かれた斜格子文は、およそ１万有余年経た弥生時代の銅鐸、および、福岡県の王塚古墳壁画に描かれています。この意味をさらに掘り起こすと、斜格子文は生命誕生に関わるＤＮＡをもつ二重らせん構造に基づくものであることがわかりました。

　タテ並びの眼形（二重らせん構造）に垂直の中心線を引くと正逆Ｓ字トンボが生じ、この正逆Ｓ字トンボは、母胎の意味をもつ壺形を形づくります。他方、ヨコ並びの眼形は、図式［ ◯◯ ◦ ◯◯◯ ◦ ◯◯◯ ◦ ◈ ］に従って正六角形が生じます。今、ヨコ並びの眼形と表現しましたが、◯◯◯◯◯ 形は、楕円図形（◯形）・双曲図形)( )(形と言い換えることができます。この双曲・楕円図形は、◯ 形をヨコ並びに描くとその隣に ✕ 形が必然的に生じているという特別な性質をもっています。つまり、✕ 形は ◯ 形の媒介者ということになります。たとえば、正六角形に現われている ◇✕◇ 形は、◇ 形のとなりに ✕ 形が生じており、◯✕◯ 形の性質をそのまま受け継いでいることが解ります。

　縄文時代草創期（今からおよそ１万 2500 年前）の縄文人は、このような特異な図形現象に気づいていました。この発見は、現代の幾何学者をもって

図165

図形の三種の神器

円形・勾玉形・直線 から導かれる
ⓐ **生命誕生の原理**
ⓑ **三平方の定理**

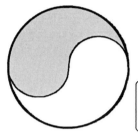

2個の勾玉形は合体
して1個の円形を形
づくります。

同質でありながら、異形の
二者の合体によって新しい
かたちが生れる

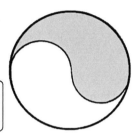

① 勾玉 → 🌑

↓

〜 形　　〰 形

〜 形　　〜 形

縄文時代

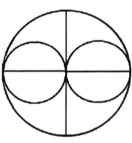

② 鏡 → ◯ 円形

③ 剣 → —— 中心線

弥生時代

ⓐ **図形の三種の神器から導かれる生命誕生の原理**

 ➡ ➡

連続円文に中心線を引く　　正逆S字トンボ　　母胎の意味をもつ壺形

ⓑ **図形の三種の神器から導かれる三平方の定理**

 ➡

 菱形文
向かい三角文

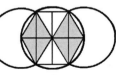

正六角形の形成 ⬢

 直角三角形 ➡ 三平方の定理 $a^2 + b^2 = c^2$

しても成し得なかった偉業です。

　それは、かたちの素粒子)形の180度の反転の繰り返しによって、〇形や～～形が生じるという図形現象です。これは柿の蔕形88へ発展して行きます。

　この 88 (柿の蔕形)には、∞ (連続円文)と ⊂⊃ (ひょうたん形)が存在しています。問題は、二個の円形は同じですが、それらをつなぐ✗形と◆形によって、∞と ⊂⊃ が生まれているというところが相違しているわけです。

　「これを知っていたからといって、どのような意味があるのか」という反論が提出されると思いますが、この問題は、この後に述べる ⬥ (七宝文)によって裏づけられています。

　七宝文 ⬥ は、4個の眼形〇形・✗形と◆形の組合せによる「天地・陰陽」、つまり、宇宙創成と生命誕生の原理を「⬥」形の中に同時にもっており、さらに永遠の継続性⬥⬥⬥を備えています。

　以上から、✗形と◣形による七宝文 ⬥ の創出は、弥生人と古墳人をして縄文人の大いなる遺産として讃歌するに値するものであったと考えられます。それは、銅鐸の斜格子文、および王塚古墳壁画の斜格子文の色分けされた正六角形が如実に物語っています。勾玉と鏡・剣に共通する要素は、「それらのもつカタチそのものに意味があった」というわけです。

　三種の神器の鏡に〇(円形)を、剣に──(直線)を、さらに2個の勾玉に⌣形を想定すると、図165に示す構図が生じます。同図において、眼形の中の連続円文∞に中心線を引くと、母胎の意味をもつ壺形 🏺が生じ、∞∞∞に正六角形⬢ が生じます。この ⬢ 形を形づくる12個の直角三角形に三平方の定理を読み取ることができます。

勾玉のＳ字形の意味
　2個の勾玉形は、1個の円形 ⓐ☯ 形を作っています。これを裏側から見ると180度反転した ⓑ☯ 形が確認されます。ⓐとⓑを合わせると

⊕形が生まれます。図 165 において、大円の中の ◯◯ 形は一本の直線を得て、180 度反転した正逆Ｓ字トンボ ♪♪ が生じ、この正逆Ｓ字トンボは、母胎の意味をもつ壺形 ⏏ を作ります。♪♪ 形は「和の精神」（同質でありながら異形の二者の合体形）をもっています。「和を以って尊しとなす」は、厩戸皇子（うまやどのおうじ、後の聖徳太子）の言葉と言われております。神仏習合を唱え始めたのは聖徳太子です。

　日本列島へやってきた縄文人につながる古モンゴロイド系の人たちは、三顧の礼をもって、殲滅戦のない日本列島へ何とか仲間として移住することを願い、多紐細文鏡と細形銅剣を携えて渡ってきたと考えられます。

八尺（やさか）の勾玉の五百津（いほつ）のみすまるの珠とは

　勾玉に関して『古事記』に気になる記述があります。それは「八尺の勾玉の五百津のみすまるの珠」と書かれているところです。『記・紀』は「玉と珠」と使用文字を使い分けており、さらに両者の間に「の」の字を入れて連続性を施しております。これは異形同質の関係を表したものと考えられます。『古事記』は、連続する二つの神話の中で、つぎのように分類しています。

ⓐ二神誓約神話―――――「十拳剣（とつかのつるぎ）」と「八尺（やさか）の勾玉の五百津（いほつ）のみす

　　　　　　　　　　　　まるの珠」の組合せ

ⓑ天（あめ）の石屋戸（いわやど）こもり神話―「鏡」と「八尺の勾玉の五百津のみすまるの

　　　　　　　　　　　　珠」の組合せ

　鏡と剣に勾玉とみすまるの珠に対し、高天原の権威の象徴で呪的威力を示そうとした」とする解釈が与えられていますが、縄文時代の勾玉と弥生時代に渡来人が携えてきた多紐細文鏡と細形銅剣はどのように結ば

れ、三種の神器とされたのでしょうか、その理由を提示することが求められると思います。

五百津(いほつ)のみすまるの珠

タテ並びの眼形の ∞ 形に中心線を引くと正逆S字トンボが生じ、この正逆S字トンボは、母胎の意味をもつ壺形を作ります。このパターンは「2個で一対」で円形を作る勾玉形と同じです。

他方、「八尺の勾玉の五百津のみすまるの珠」の表現は、句読点がなく連続しています。みすまるの珠にかかる五百津は数が多いことを意味します。つまり、五百津のみすまるの珠に円筒形を想定すると ▬▭ (安定した渦巻文)が連想されます。これはヨコ並びの眼形 ◯◯◯◯◯ に対応しています。

この段階で忘れてはならないことは、母胎の意味をもつ壺形を生みだす眼形の連鎖は、第3章、図30〜図31に見るように正六角形の集合体に置き換えることができるということです。このような図形現象は正多角形の一つの重要なカタチである正六角形のもつ ◇▨◇ 形に拠るものと考えられます。

◇ 形と ◇ 形を結ぶ ▨ 形

◇▨◇ 形の媒介者的機能は、◇形、もしくは ▨ 形の連続形である斜格子文に示されております。つまり、正六角形は、それ自体に ◇ (菱形文)・▨ (向かい三角文)・◇ (菱形文)をもっています。正六角形に現われている ◇▨◇ 形は、◇▨◇ 形と異形同質の関係を維持しております。縄文人は 88 正六角形と同じ双曲・楕円図形の ▨ 形から ✳ 形(正八角形)を導いています。これを証明しているのが、七宝文(海鼠紋)です。七宝文は、斜格子文と異形同質の関係を結んでいます。つまり、斜格子文と七宝文の産みの親は、かたちの素粒子)形の180度の反転の繰り返しから生じる 形(柿の蔕形→眼形の連鎖)です。+

この 🔆 形(柿の蔕形)、つまり、円形の連鎖から２種類の眼形の連鎖が生じることは、第５章の図 52 に示してきました。第１のパターンはヨコ並びの眼形とタテ並びの眼形の集合体を形成し、第２のパターンは七宝文を形成しています。なお、七宝文は 形と 形と同じＤＮＡをもつ ◇ 形と ✖ 形の二者に拠る「相即不離」の関係を維持しています。縄文人は、七宝文の ◇ 形に対し天を、✖ 形に対し地を想定していたと考えられます。いずれにしても天地理論(宇宙創成)と陰陽理論(生命誕生)は、縄文人の発見したかたちの素粒子)形の 180 度反転の繰り返しから生じる円形の連鎖(∞ ＝ ✗ と ⦿ ＝ ✦)から出発している、このように考えられます。

○ 形から ◇ 形へ

　前掲図 165 において、眼形 ○ は直線図形である菱形文 ◇ に変換されます。この ◇ 形は４個の直角三角形を内包し、この直角三角形は三平法の定理をもっています。

　縄文人は大自然の動植物をはじめとする森羅万象から生命誕生の原理を学び取っていました。これはかたちの素粒子)形のもつ①両性具有、②180 度の反転、③永遠の継続性をもつ柿の蔕形 🔆 形を基本とする眼形の連鎖をベースに構築されています。

　柿の蔕形 🔆 形は、かたちの素粒子)形の 180 度反転の繰り返しから生じるカタチであり、壺形と正六角形を導きだしています。この正六角形は正八角形を誘導しています。それは京都・北白川遺跡の浅鉢文様 形と福井・鳥浜貝塚の浅鉢文様 ✖ 形に示されています。

　縄文人の考えた生命誕生理論は眼形の連鎖の中に、宇宙創成理論は七宝文の中に表現されていることを、私たちは知ることができました。このような組合せは、何を意味しているのでしょうか。上の@、ⓑに想定されるカタチは、つぎのようになります。

　@　十拳剣＝直線→ ─────

勾玉＝Ｓ字形→　〰・〜

五百津のみすまるの珠＝管珠→　（〰〰〰）・（▭）

ⓑ　鏡＝円形○→　◐

ⓒ　勾玉＝Ｓ字形→　〰・〜

五百津のみすまるの珠＝管珠→　（〰〰〰）・（▭）

　上記ⓐとⓑの「五百津のみすまるの珠」の円筒形は、安定した渦巻文（〰〰〰・〰〰〰）と類比の連鎖で結ばれています。わが国の縄文思想形成の研究において、縄文人が「見る角度でカタチが変わるらせん形」の存在を知っていたことは極めて重要な意味をもっています。その重要な意味とは、それらのカタチ(以下の３つのパターン)が「ものの誕生」の意味をもっていることです。

①　らせん形（　〰〰〰　）

②　らせん形（　〰〰〰〰　）

③　渦巻（（〰〰〰）・（〰〰〰））

　以上の三種類のパターンは、二重らせん構造を形成しています。「八尺の勾玉の五百津のみすまるの珠」という表現は、二重らせん構造のもつ連続性を念頭におかないと使えない表現方法です。この永遠の継続性を生みだしているのが正六角形です。正六角形の強靱性と柔軟性に護られているからこそ、太陽光線は地球へ到達することができ、その正六角形は正八角形と「六・八理論」を構築し、北緯 34 度 32 分に存在する「**太陽の道**」は「生きとし生けるものの生命線」として、子子孫孫へと受け継がれることを願っていたのです(補注参照)。眼形の連鎖と正多角形・安定した渦巻文に現われている継続性は不可欠です。

　二神誓約神話と天の石屋戸こもり神話に登場する剣・玉・鏡は、それぞれ直線・らせん形・円形の意味を含み、三種の神器が存在しているのです。ここに縄文時代の勾玉の存在意義が認められます。

弥生人、および古墳時代人は、宇宙創成の原理を探るべくして、昼に太陽を利用する方法と夜に北極星と火を利用する測量術を獲得していました。『記・⋈編纂時代の人たちは、このような測量を駆使して正多角形に特徴的な角度をもつレイラインを日本列島上に設定し、観測地点となる山々を一直線でつなぎ、拠点に神社を造営していました。古墳時代の人たちは 〇 形に「天地(三平方の定理)・陰陽(生命誕生の原理)」を見立てていたということです。

[補注](小川光三『大和の原像』大和書房 1973、水谷慶一『知られざる古代』正・続編 日本放送出版協会 1979、拙著『古代史を解く三角形』中日出版社 1982、『実在した幻の三角形』大和書房 1987、『古代渦巻文の謎』三一書房 1995 参照)。

第 15 章

橘という字は不思議な字である

第1節　時(とき)じくの香(かく)の木(こ)の実

橘という字は不思議な字である

　この「橘(たちばな)」という字が使われている個所を『古事記』の中に探すと三ヶ所あります。この字は奇妙な文字であり、その文字が隠しもっている意味を『古事記』編者は意識的に使っていたと考えられます。

① 　伊耶那岐命がみそぎをした「竺紫日向(つくしのひむか)の橘(たちばな)の小門阿波岐原(おどのあわきはら)」
② 　垂仁記で多遅摩毛理(たじまもり)という人が天皇の命によって常世の国へ「時じくの香の木の実」を探し求めにいく物語があります。この「時じくの香の木の実」は「これ今の橘なり」と注釈がつけられています。
③ 　倭建命(やまとたけるのみこと)の東征物語で、走水海(はしりみず)を渡ろうとした時、海が荒れてなかなか渡ることができませんでした。その時、「弟橘比売命(おとたちばなひめのみこと)」が荒海を鎮めるために海に入ろうとしました。

　以上の三ヶ所に「橘」という字が使われています。また、「橘」について『古事記』は「時じくの香の木の実」と書いています。なぜ「時じくの香の木の実」なのか。『日本書紀』は、「非時」と書かれています。そこで、「橘」という字を分解すると「木」偏と「矞(きょう)」というつくりから成り立っていることがわかります。

矛(ほこ)と冏(きょう)の関係

　「矞(いつ)」という字を白川静著『漢字の世界』で調べると、矞は「討伐権を意味する」と説明され、矞(いつ)は遹(いつ)に従う。遹とは、わが国でいう玉桙(たまほこ)の使者である」と説明されています。

『古事記』、『日本書紀』において、測量棒は、「杖」、「矛」と書かれていると考えられます。これによれば、測量棒が討伐権を行使することになります。別のいい方をすれば、測量棒が矛(武器)のかわりをして重要な任務(治山治水・ランドスケープの形成)を負っているわけです。これを広義に解釈すれば、矛は軍事力を表すと考えてよいので、軍事力を行使する以上の力として、国土を測量し、大自然の法則に基づく新しい神の創造を果たし、その神を統一イデオロギーとして国家統一の悲願を成就させる、このように考えることができます。

　以上のように考えれば、「橘」という字が『古事記』・『日本書紀』で使われ「時じくの香の木の実」の話が語られることもその必然性が生じてきます。また白川静氏のいう「矞は玉桙の使者である」の意味も鮮明になります。桙(＝測量棒)に玉＝御魂、つまり太陽と火の光芒が依りついて、そこから測量が開始される。すなわち、玉桙が道を切り開き、国土を開拓していった。いわゆる「玉桙の使者」になります。

　「橘」という字にはもう一つ隠されていることがあります。この字は前述のように「木」と「矞」という字から成り立っています。「矞」という字の「矛」の台座となっている「冏(きょう)」を字典で調べてみると、「冏」＝股間の穴の形の「 ⊕ 」が原初のものとされ、その字義は子を産む股穴、すなわち「女陰」の意とあります。

　この「冏」について白川静氏は、『漢字の世界』の中で、つぎのように説明されています。

　　台座の部分は丙形をなし、丙は杖器の石づきの部分で柄の初文。儀器にはこれに台座を加える。武器の前に∪をおくのは、その器を聖化して、その機能の発動を求める造字法である。

　この記述から、興味あることが導きだされてきます。それは、白川氏の説明するところは、弥生時代の青銅器祭器とされる銅鐸、銅矛(銅戈を含む)、銅剣に関係していることです。銅鐸のもつ眼形は、そのカタチの

中に宇宙創成と生命誕生の原理をもち、眼形は女陰にアナロジーされることは、これまでにのべてきました。つまり、銅鐸(眼形)と銅矛(武器)の関係は、「橘」という字の造りの部分である白川氏の解説する「武器の前に∪をおくのは、その器を聖化して、その機能の発動を求める造字法である」という見解にみごとに適合しています。

『古事記』垂仁(すいにん)天皇条

　『古事記』垂仁天皇条に書かれる「時じくの香の木の実」は、尋常な解釈では解くことができません。『記・紀』編者は、縄文人が行っていた「思想をカタチで表わす」方法に習って「アナロジーの連鎖で結ばれる異形同質の関係を説話の中に織り込んでいた」と考えられます。これを前提に読み進まないと真実の歴史観に到達できないと考えられます。それでは、この方法を前提に置き、読んでみます。

　　又天皇、三宅連等の祖、名は多遅摩毛理を以ちて常世国に遣はして、ときじくのかくの木の実を求めしめたまひき。故、多遅摩毛理、遂に其の国に到りて，其の木の実を採りて縵八縵・矛八矛を以ちて将ち来つる間に、天皇既に崩りましき。爾に多遅摩毛理、縵四縵・矛四矛を分けて大后に献り、縵四縵・矛四矛を天皇の御陵の戸に献り置きて、其の木の実を擎げて叫び哭きて白さく、
　　「常世国のときじくのかくの木の実を持ちて参上りて待ふ」とまをして、遂に叫び哭きて死にき。其のときじくのかくの木の実は、是れ今の橘なり。此の天皇の御年、壱佰伍拾参歳。御陵は菅原の御立野の中に在り。又其の大后比婆須比売命の時、石祝作を定め、又土師部を定めたまひき。此の后は狭木の寺間陵に葬りまつりき。

　神話学者の吉田敦彦氏は、①時じくの香くの木の実、②常世の国について、つぎのようにのべています。

① 時じくの香くの木の実　吉田敦彦氏の見解

　　時じくの香の木の実が、たとえ現実の橘の実であっても、この話
　の中でその実にはやはり、不死の実ではなくてもそれに近い奇跡的
　な長生を可能にする不思議な実としての、神話的意味が、付与され
　ていると認められるのではあるまいか。そしてその実を求めに田道
　間守が、往復に十年の歳月をかけ、万里浪を踏み遥かに弱水を渡っ
　て、ようやく行き着いたという常世国は、『日本書紀』に「神仙秘
　区」と言われているまさにその通りに、普通の人間の住む新羅や中
　国などのような国ではなく、人間界の果あるいはその外にあって
　普通には可視の人間には到達できぬ、不老不死の楽土のような所と
　して、この田道間守の話の中でもやはり観念されていると考えるべ
　きではないだろうか。（中略）

　　長生の効験を持つと信ぜられた橘の実の起源を、不死の楽土であ
　ると見なされた他界と結び付けて説明した、起源譚と見ることがで
　きると思われる。

② 常世の国　吉田敦彦氏の見解

　　真冬にも葉が常緑で四季を通じて葉や花や果実の美しさと芳しさを
　鑑賞できる橘を、称えて呼んだ名であると認めれば、その実を求めに
　田道間守が赴いたとされる常世の国を、崑崙山やエデンの国のような
　神話的楽園に擬するのは、不自然な解釈とも思われることになる。
　（中略）。本居宣長らはこの話の中で言われている常世の国とは、実は
　天の日矛の故郷の新羅を指していると解釈した。（後略）。

　　たしかに田道間守がもたらしたと言う時じくの香の木の実が、古代
　において、一般に橘の実と見なされていたということには、前掲した
　『古事記』と『日本書紀』にある注記からも、また家持の歌などに照
　らして見ても、疑問の余地はまったく無い。だがそれでは、その橘の
　実を求めに田道間守がはるばる赴いたとされている常世の国は、神話

的世界ではなく、ただ単に海を隔てた外国のどこかを指していたと考えるべきであろうか。

　吉田敦彦氏は、①と②の見解の中で「縵八縵・矛八矛」・「縵四縵・矛四矛」に対し、何も言及されていません。『古事記』は、「多遅摩毛理、ついにその国に到りて、その木の実を採りて、縵八縵・矛八矛を以ちて将ち来つる間に、天皇既に崩りましき。ここに多遅摩毛理、縵四縵・矛四矛を分けて大后に献り、縵四縵・矛四矛を天皇の御陵の戸に献り置きて…」と書いています。つまり、「縵八縵・矛八矛」を二つに分離してもさしつかえないカタチであることが示されております。換言すれば、二つの「縵四縵・矛四矛」は合体し「縵八縵・矛八矛」を作っているわけです。

　ここで想いだされるのは、第 10 章で触れた V・L・ハンセン氏の「自然界を記述する言語が幾何学である」という考え方です。哲学には ⓐ「形のないもの。精神的なもの」と ⓑ「形のあるもの。物質的なもの」という二つの考え方が基本にあるとされています。わが国の縄文人は、V・L・ハンセン氏の「自然界を記述する言語が幾何学である」という考え方を採用していたと考えられます。

　「縵八縵・矛八矛」は、いったい何を表しているのでしょうか。みかんを垂直と水平方向から切断すると「縵と矛」の意味を解くキーワードが現われます。「縵」という字を簡野道明著『字源』（角川書店）で引くと、「むぢのきぬ」・「雲などのうねうねとして緩やかな貌」という意味が導かれます。これに従えば、

　　ⓐ　縵は曲線を意味する。そのカタチは ）形、あるいは（ 形。
　　ⓑ　矛は直線を意味する。

と捉えることができます。以上から、「縵八縵・矛八矛」・「縵四縵・矛四矛」に図 166 を想定することが可能になります。つぎに図 167〜図 168 を見ていただきたいと思います。この図は、みかんを垂直方向と水平方向に輪切りしたものです。垂直に切断すると 形が、水平に切

図166

八縵八矛のカタチ
やかげ やほこ

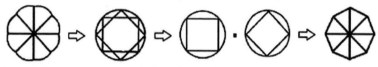

橘の実の断面図　　　八縵八矛から四縵四矛へ　　　正八角形

橘に現われている〇形・◇形・✳形

↓ ✳形を作る橘の花

↑〇形と✳形を作る橘の実

◇形を作る橘の葉 ↓

橘の実を水平方向に切断すると✳形が確認されます。この✳形は眼形の連鎖から生じる正六角形⬡に象徴される正多角形✳と類比的に結ばれます。

図167

タジマモリが常世の国から持ち帰った

時じくの香の木の実はみかんでした

みかんの謎は、垂直と水平の切断面に隠されています。

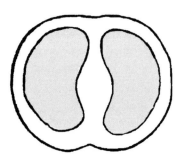

みかんを垂直方向から切断したカタチ。このカタチは縄文人が土器に作っていた **双眼** に対応します。

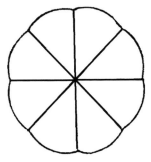

みかんを水平方向から切断した断面図です。そのカタチは**正多角形**です。

図168

時じくの香の木の実＝八縵八矛の意味

<ruby>八縵<rt>やかげ</rt></ruby> <ruby>八矛<rt>やほこ</rt></ruby>

① みかんを垂直に切断すると 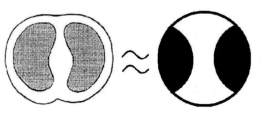 形が生じています❢

この と双眼 は、異形同質の関係を結んでいます。

┌─────────────────────────────┐
│ **みかんに特徴的な2種類のカタチ →** │
└─────────────────────────────┘

② みかんを水平に切断すると 形が生じます❢

みかんの切断面に
現われているカタチ

一例として
正八角形

 ←八縵

八矛 ↣

┌─────────────────────────────┐
│ **正六角形 と正八角形 の結びつき** │
└─────────────────────────────┘

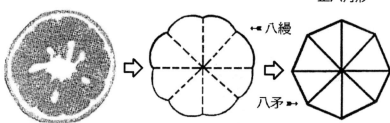

橘(みかん)の実の形としての 八縵八矛 [⬡→✳→❂]
は、[◯◯→◯◯◯→⬢]とアナロジーの連鎖で結ばれています(正六角形と 正八角形の関係)。

断すると、❀形が確認されます。

竹から生まれた「かぐや姫」の幾何学

　吉武利文氏は『竹取物語』の主人公である「かぐや姫」に関して、『古事記』垂仁天皇妃として出てくる迦具夜比売(かぐやひめ)」との関係を指摘し、迦具夜比売の父親は「大筒木垂根王(おつきたねりおう)」であるところから、かぐや姫が竹の中から生まれたことを連想させる、とその著作の中でのべています。

　吉武氏は『古事記』垂仁天皇条が記すかぐや姫の父親の名前である「大筒木垂根王」に竹の最大の特徴である ●▭ （円筒形）」を連想したわけです。問題は、この ●▭ 形がどのような意味をもっているかというところにあります。

　この円筒形を図形の視点から考えると「安定した渦巻文」が想起されます。この安定した渦巻文（◯◯◯◯◯◯◯）から正六角形が生じます(第5章、および第6章参照)。この図式に拠れば、竹と正六角形は類比の連鎖で結ばれていることになり、垂仁天皇の妃である迦具夜比売は正六角形につながっていると考えることができます。

　ここに『古事記』の書き残した「非時香果＝八縵八矛＝正八角形」の意味があったのです。正六角形と正八角形は合体して正二十四角形を作ります。これから「時じくの香の木の実＝正八角形」に照合されるカタチは、「竹から生まれたかぐや姫＝正六角形」ということになります。この正六角形と正八角形は、◯◯◯◯◯◯（ヨコ並びの眼形）の「⧓と◯」に類比される「⧓と◇」の関係を維持しております。「⧓と◯」と「⧓と◇」は、ともに相即不離の関係をもっています。

　『古事記』・『日本書紀』は、垂仁天皇から命を受け常世の国から時じくの香の木の実を手に入れた多遅摩毛理が帰ってくる間に、天皇はすでにお亡くなりになっており、そこで多遅摩毛理は、そのうち縵四縵・矛四矛を分けて皇后の比婆須比売命に献上し、残りの縵四縵・矛四矛を天皇の御陵に備えた、と書いています。

多くの図形の中から、正六角形と正八角形の関係に優るカタチを探しだすことは困難であると思います。　眼形の連鎖　→「ヨコ並びの眼形＝　◯◯◯◯◯　」から生まれる正六角形に連なる垂仁天皇の系譜にとって、正八角形、すなわち「時じくの香の木の実」＝「　◉・✳　」は何にも益して求められたものであったと考えられます。

かぐや姫と天香久山のつながり

『竹取物語』の主人公である「かぐや姫」とランドスケープの一角を占める「天香久山」は、「かぐ」を共有しています。五感の一つである嗅覚による香りを「かぐ」は、どのようなカタチで表わすことができるのでしょうか。

この命題は、『記・紀』、および、わが国のおとぎ話である『竹取物語』や『浦島太郎』などが、わが国の真実の歴史、および歴史の中心となる重要な部分に位置するものであるかどうかの判断を左右しています。

たとえば、タジマモリが常世の国から持ち帰った「非時香果（ときじくのかくのこのみ）」が、「橘」であることは『古事記』・『日本書紀』が記すところですが、吉武利文氏はつぎのように書いています（『橘』1998）。

> 垂仁天皇の妃が迦具夜比売（かぐやひめ）であり、垂仁天皇が求めた果実が非時香果（ときじくのかくのこのみ）＝橘（たちばな）であったこと。そして景行天皇の皇子ヤマトタケルの妃が弟橘姫（おとたちばなひめ）であること。

吉武氏の解釈で注目されるのは、かぐや姫と竹のつながりを系譜の上からわかりやすく示されているところです。この指摘から「竹と橘のつながり」へと新たな領域へ向かうことができます。

『記・紀』ともに「非時香果」と同時に「縵八縵・矛八矛（『古事記』）」・「八竿八縵（『日本書紀』）」を記しています。前者は「時じくの

かくの木の実は、是れ今の橘なり」の記述によって「時じくの香の木の実」が「みかん」であることが解ります。

「八縵八矛」の「八」は、「数が多い」とする意見がありますが、このような解釈では、縵と矛の意味を解き明かすことは困難です。縵八縵・矛八矛に関しては、未だ定説となる意見は提出されておりません。

ところで、橘という字の作りである「矞」に注目すると、「矛＝男根」と「冏＝女陰」の関係が想定されます。この「矛＝男根」と「冏＝女陰」の組合せに「同質でありながら異形の二者の合体によって新しいかたちが生まれる」という意味を読み取ることができます。『記・紀』編纂時代の古代人は、このような「橘」という字のもつ意味に気づいていたと思います。「橘」の神髄は、その果実を垂直方向と水平方向に切断すると、その切断面は図167に見る 形と 形が生じています。ミカンを水平方向から切断すると、図166に見る曲線と直線を同時にもつ 形が現われます。つまり、[＝ ○（曲線）＋ ＊（直線）]は、八縵八矛→四縵四矛→正八角形 へと変身します。正六角形 に対峙する正八角形 が生じ、両者は合体して正二十四角形を形づくります。ここに「八縵八矛＝正多角形」という図式が成立しています。

正多角形が重要なカタチであることを知っていた縄文人

『記・紀』の記す天之御中主神・天の沼矛・天の浮橋・天の御柱・天香具山などに見られる「天(ぁま)の」は、幾何学的な中心線とか基準点、および重要なカタチなどが、その物語の中に隠されている場合に、事前に告知する方法を確立していたものと考えられます。たとえば、

是(ここ)に天(ぁま)つ神諸(もろもろ)の命(みこと)以(も)ちて、伊耶那岐命(いざなぎのみこと)・伊耶那美命(いざなみのみこと)二柱(ふたはしら)の神に、「このただよへる国を修理(つく)り固め成せ」と語りて、天(あめ)の沼矛(ぬぼこ)を賜ひて、言依(ことよ)さし賜ひき。故、二柱の神、天(あめ)の浮橋(うきはし)に立たして、其(そ)の沼矛を指し下

（お）ろして画（か）きたまへば、塩こをろこをろに画き鳴（な）して、引
上げたまふ時、その矛の末（さき）より垂（したた）り落つる塩累（かさ）な
り積（つも）りて島と成りき。是れ淤能碁呂島（おのごろじま）なり。

　オノゴロ島は塩の結晶（正六角形）の隠された表現と考えられます。正六
角形は、縄文人を始めとしてわが国の古代人にとって、とても重要なカ
タチ（文様・図形）でした。『記・紀』に見られるこのような手法は「天の」
だけではなく、「湯津爪櫛（ゆつつまぐし）」や今回の「常世（とこよ）の国」
なども含まれるのではないでしょうか。「天の」と同じ考え方に依拠し
ていると考えられます。

　ところで、吉田氏の書く文章にタジマモリが常世の国から持ち帰った
時じくのかくの木の実（みかんの果実）は、図166〜図168に見るとおり①球
形、②双眼、③多角形という三つのカタチをもっています。つぎにこれ
らのカタチのつながりと意味を考えなければなりません。常世の国に
「図形の世界（幾何学）」を想定するとわかりやすくなります。

　時じくのかくの木の実は、実際の橘の実です。この「橘の実」のもつ
三つのカタチの中の一つである②双眼（第8章、図107参照）は、「壺形をつ
くるカタチ」に示すメビウスの帯と同じ意味をもっています。そして、
多角形は、　図式・［⦿→⦿⦿→⦿⦿→⊗］から導かれる正六角形です。
この正六角形に対峙する正八角形は、天地・陰陽の図の⊕形がもつ✳
形に＋と×の直線を引くことによって導くことができます。

　正六角形⊗と正八角形✳は、ともに双曲図形（)(形）、楕円図形
（〇形）から導かれるカタチです（第4章参照）。古墳時代の福岡県王塚古墳
壁画の色分けされた◇（菱形文）と✕（向かい三角文）によって、斜格子文の原
形が◇✕◇であることがわかりました。⊗◇と◇✕◇は、異形同質の関係
に置かれています。

354

第2節　ランドスケープを形成する三輪山と大和三山

無双の考え方

　吉武利文氏は、その著『橘』(法政大学出版局、1998)の中で大和三山について、拙著を引用し、つぎのように書いています。

　　畝傍山や三輪山が夏至や冬至の日の出、日の入りと関連することは光＝視覚的なものを連想させる。また、耳成山は音＝聴覚的なものを、香久山は香り＝嗅覚的なものを象徴化しているともとれないだろうか。それは人間の感覚器官の見立てとしてランドスケープしたように思えるのである。

　このあと吉武利文氏は、三輪山と大和三山を結ぶレイライン(空間構成)に対して、天下無双の言葉を与え解釈されています(吉武利文著『橘』法政大学出版局 1998 年 63 ページ)。

　　古代人は、宇宙の構造と人間の身体は照応するものであることを直観的にとらえることができたと考えられる。宇宙の仕組みのなかに人間の身体の仕組みを、人間の身体の仕組みのなかに宇宙の仕組みを見立てることが重要であったのである。
　　たとえば、「高天原」の「原」は、本来おなかの腹を意味しており、宇宙を一個の母胎として考えていたこと。また、イザナギとイザナミの尊の「御柱巡り」の運動が、遺伝子の二重螺旋構造と同じように生産の根本原理と考えていたことなどにそれは表われている。

　『記・紀』の「御柱巡り」において、ⓐイザナギとイザナミの二神に対し「同質でありながら異形の二者の合体によって新しい生命が生まれる」という生命誕生の原理を付与しています。この意味は、ⓑ遺伝子の

図169

わが国古代人の天地を知る方法 それは 測量 です

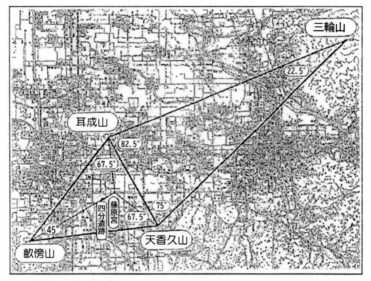

この図は国土地理院発行の2万5000分の1 の地図をもとに作成したものです。

三輪山と大和三山を結ぶランドスケープ

この空間構成(レイライン)を形成する三輪山と大和三山＝畝傍山・天香久山・耳成山が形づくる三角形の内角度にご注目ください。

① 畝傍山＝45°　　耳成山＝67.5°　天香具山＝67.5°
② 三輪山＝22.5°　耳成山＝82.5°　天香具山＝75°

わが国の古代人が、測量を行ない上図にみる三角形のランドスケープを造っていたであろうことは、自然の成す三輪山と大和三山の上に**正多角形に特徴的な角度**が現われているところに示されています。

図170

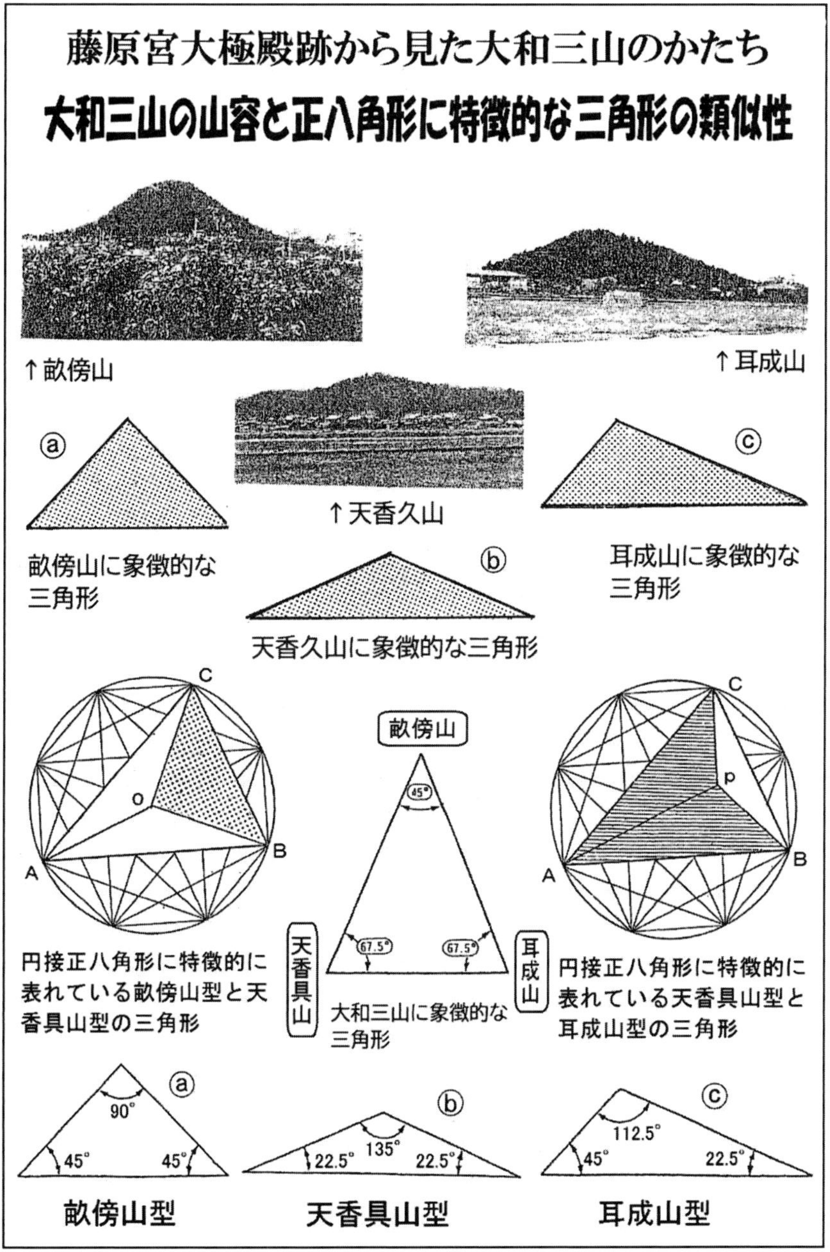

藤原宮大極殿跡から見た大和三山のかたち

大和三山の山容と正八角形に特徴的な三角形の類似性

↑畝傍山

↑耳成山

ⓐ

↑天香久山

ⓑ

ⓒ

畝傍山に象徴的な
三角形

天香久山に象徴的な三角形

耳成山に象徴的な
三角形

円接正八角形に特徴的に
表れている畝傍山型と天
香具山型の三角形

畝傍山

45°

天香具山

67.5°   67.5°

耳成山

大和三山に象徴的な
三角形

円接正八角形に特徴的に
表れている天香具山型と
耳成山型の三角形

ⓐ

90°

45°   45°

畝傍山型

ⓑ

22.5° 135° 22.5°

天香具山型

ⓒ

112.5°

45°   22.5°

耳成山型

図171

正八角形に生じている三角形に見立てられる 大和三山をつくる 畝傍山・天香久山・耳成山

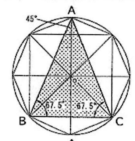

ⓐ

正八角形に
特徴的な
二等辺三角形 ⇨

⇦ 二等辺三角形は
45度・67.5度・
67.5度の内角
度をもっていま
す。

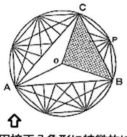

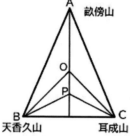
A 畝傍山
O
P
B C
天香久山 耳成山

| O 外接円の中心 |
| P 垂心 |

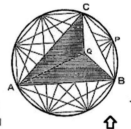

円接正八角形に特徴的に
表われている畝傍山型と
天香久山型三角形

円接正八角形に特徴的に
表われている天香久山型
と耳成山型三角形

ⓑ

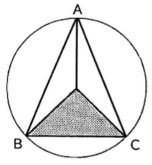

正八角形に特徴的
な二等辺三角形に
おいて、
香久山型 ⌒△ は
畝傍山型 △ と
耳成山型 ⌒ を
繋ぐ媒介者の役割
を果たしております

畝傍山型と天香久山型
による二等辺三角形の
形成

耳成山型と天香久山型
による二等辺三角形の
形成

358

図172

蜻蛉の臀咕の如くにあるかな

あきづ　　となめ　　ごと

古代の人は、わが国を「あきづ、トンボの国」と名づけたのでしょうか。

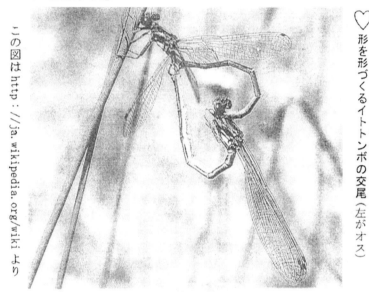

この図は http://ja.wikipedia.org/wiki より

♡形を形づくるイトトンボの交尾（左がオス）

「あきづしま」は大和にかかる枕詞です。大和は「大いなる和」と解釈できます。雌雄のイトトンボの交尾はハート形を形づくります。また、白鳥の雌雄も寄り添ってハート形を作ります。

正逆S字渦文によるハート形の形成

写真：動物ライター・写真家　鈴木欣司

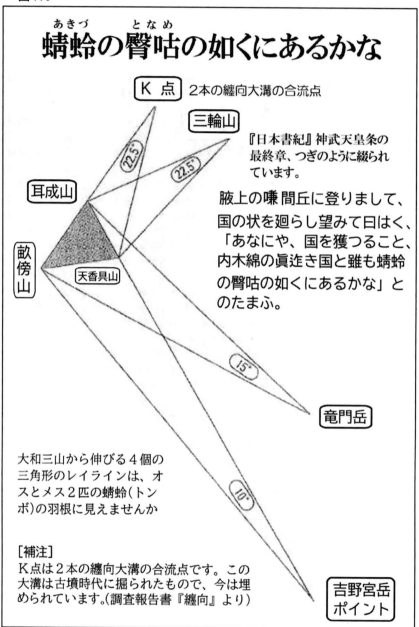

図173

蜻蛉の臀咕の如くにあるかな
あきづ　　となめ

K点　2本の纏向大溝の合流点

三輪山

22.5°

22.5°

耳成山

畝傍山

天香具山

15°

竜門岳

10°

吉野宮岳ポイント

『日本書紀』神武天皇条の最終章、つぎのように綴られています。

　腋上の嗛間丘に登りまして、国の状を廻らし望みて曰はく、「あなにや、国を獲つること、内木綿の眞迮き国と雖も蜻蛉の臀咕の如くにあるかな」とのたまふ。

大和三山から伸びる４個の三角形のレイラインは、オスとメス２匹の蜻蛉（トンボ）の羽根に見えませんか

[補注]
K点は２本の纏向大溝の合流点です。この大溝は古墳時代に掘られたもので、今は埋められています。(調査報告書『纏向』より)

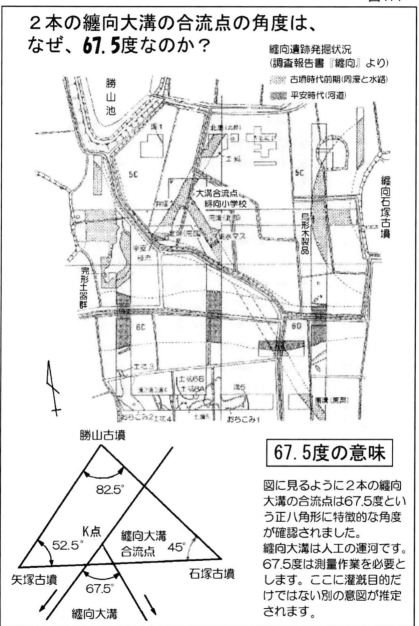

図174

２本の纒向大溝の合流点の角度は、なぜ、67.5度なのか？

纒向遺跡発掘状況
（調査報告書『纒向』より）

古墳時代前期（周濠と水路）
平安時代（河道）

67.5度の意味

図に見るように２本の纒向大溝の合流点は67.5度という正八角形に特徴的な角度が確認されました。
纒向大溝は人工の運河です。67.5度は測量作業を必要とします。ここに灌漑目的だけではない別の意図が推定されます。

二重螺旋構造と同じように生産の根本原理である、遺伝子、つまりＤＮＡは、ⓐと同じ生命誕生の原理をもつ二重らせん構造に載っています。吉武氏の千里眼は、わが国古代人の思想形成のプロセスを見通しています。さらに、人間の感覚器官に見立てられた

　　①　畝傍山・三輪山に光＝視覚的なもの、

　　②　耳成山に音＝聴覚的なもの、

　　③　天香具山に香り＝嗅覚的なもの

は、まさに後掲図 179 の弥生～古墳時代初頭の人物画に照合されます。吉武氏の洞察力は縄文人に並ぶものがあります。

　ところで、三輪山・畝傍山・耳成山・天香具山は、測量の要所を占めています。図 170～図 171 に見る畝傍山・耳成山・天香具山による３種類の三角形は正八角形に特徴的な角度を示しています。正六角形に特徴的な正三角形のレイラインは、後掲図 178 の三輪山－鏡作神社(石見)－神武天皇陵によって形成されております。

　これが自然の成す業であるとすれば、大和の纒向地区に縄文文化の集大成である前方後円墳(箸墓古墳)を大和纒向地区に築造することは、日本列島各地域の人たちにとって、異論を挟む余地はまったくなかったものと考えられます。

　箸墓古墳の撥形に関して、『ウィキペディア』は、「撥形にしているのは、葬列が傾斜の緩やかな道を通れるように前方部の左右の稜線のどちらかを伸ばしたものと考えられている」と解説されていますが、新体制づくりの最中に、そのような理由のもとに前方後円墳の造営目的を変更することは許されません。三輪山と大和三山を結ぶ空間構成のランドスケープ化を計画した人たちがそれを行っていたとはとても考えられるものではありません。

　吉武氏の①畝傍山と三輪山の「光－目」、②耳成山の「音－耳」、③天香具山の「香－鼻」という比定から連想されるのは、箸墓古墳です。箸墓古墳に関して、インターネット「ウィキペディア」は、次のように書いています。

図175

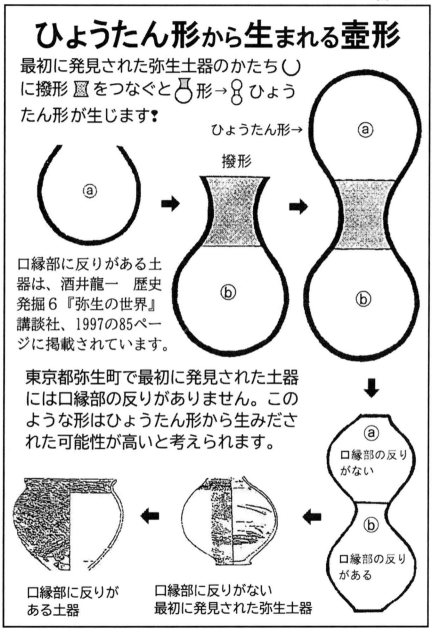

ひょうたん形から生まれる壺形

最初に発見された弥生土器のかたち◯に撥形▨をつなぐと 形→ ひょうたん形が生じます：

ひょうたん形→

撥形

ⓐ

ⓑ

ⓐ

ⓑ

口縁部に反りがある土器は、酒井龍一 歴史発掘6『弥生の世界』講談社、1997の85ページに掲載されています。

ⓐ 口縁部の反りがない

ⓑ 口縁部の反りがある

東京都弥生町で最初に発見された土器には口縁部の反りがありません。このような形はひょうたん形から生みだされた可能性が高いと考えられます。

口縁部に反りがある土器

口縁部に反りがない最初に発見された弥生土器

図176

柿の蔕形から生じる前方後円形

かたちの素粒子)形
の180度反転の繰
り返しから生じる
柿の蔕形は、4個
の()形による円形
と正方形を内包し
ています。

柿の蔕形

円形

正方形

⊏⊐形は2個の円形を繋
いでいます。他方、柿の
蔕形に隠れている異形
同質の関係を結ぶ○形
と□形は、⊙形(合体形)
を形づくることが可能
です。

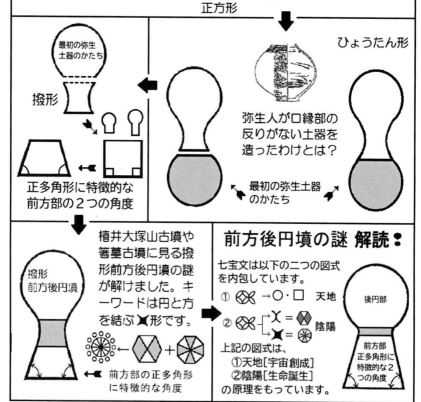

最初の弥生
土器のかたち

撥形

正多角形に特徴的な
前方部の2つの角度

ひょうたん形

弥生人が口縁部の
反りがない土器を
造ったわけとは？

最初の弥生土器
のかたち

撥形
前方後円墳

椿井大塚山古墳や
箸墓古墳に見る撥
形前方後円墳の謎
が解けました。キ
ーワードは円と方
を結ぶ✕形です。

前方部の正多角形
に特徴的な角度

前方後円墳の謎 解読∶

七宝文は以下の二つの図式
を内包しています。
① ⊗⊗ →○・□　天地
② ⊗⊗ ⌈✕ = ⊛ 陰陽
　　　　⌊✕ = ⊛
上記の図式は、
①天地[宇宙創成]
②陰陽[生命誕生]
の原理をもっています。

後円部

前方部
正多角形に
特徴的な2
つの角度

図177

「撥形＋正多角形に特徴的な角度」を前方部にもつ

前方後円墳定型化への道程 箸墓古墳

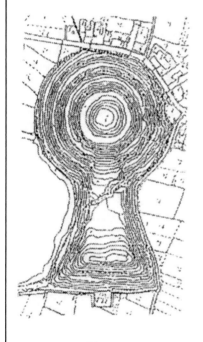

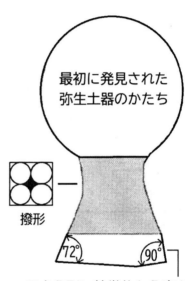

最初に発見された
弥生土器のかたち

撥形

72° 90°

正多角形に特徴的な角度を
もつ前方部前縁部のかたち

柿の蔕形のX形と▉形は、2個の円形をつなぐ媒介者的
機能をもっています。

箸墓古墳の前方部は、縄文時代の波状口縁をもつ土器
（らせん形＋正多角形）に類比される「円形＋正多角形」
の組合せをもっています。なお、この▉形（撥形）は後
円部と前方部をつなぐ役割を担っています。

奈良盆地東南部、三輪山北西山麓の扇状地帯に広がる、大和柳本古墳群に含まれる纒向古墳群（箸中古墳群）の盟主的古墳であり、纒向遺跡箸中地区に位置する出現期古墳の中でも最古級古墳と考えられている前方後円墳である。

　図169〜図171を見ながら『日本書紀』の神武天皇即位前紀を読み直すと、以上のことがよく理解されてきます。特に「六合を兼ねて都を開き、八紘を掩ひて宇にせむこと、亦可からずや。観れば、夫の畝傍山の東南の橿原の地は、蓋し國の墺區か。治るべし」は、三輪山と大和三山によるランドスケープを暗示しているものと考えられます。
　三輪山と天香久山・耳成山を結ぶ三角形は、22.5度・75度・82.5度という、それぞれ円に内接する正八角形・正十二角形・正二十四角形に特徴的な角度をもっています。大和三山を形づくる正八角形に特徴的な二等辺三角形は、45度・67.5度・67.5度の角度をもっています。これら6ヶ所の角度の和は、「22.5＋75＋82.5＋45＋67.5＋67.5（正多角形に特徴的な角度）＝360」となっています。
　弥生時代から古墳時代にかけて三輪山と大和三山を結ぶ空間構成のランドスケープ化を計画した人たちは、自然の造形の上に、これらの角度をもつカタチを測量によって割り出し、大和三山の山容を正八角形に現われている三角形に見立て造成していたと考えられます。
　天香久山へ登れば、その頂上付近はかなりの広さが認識されます。一ヶ所の広さが確保できれば、6個の正多角形に特徴的な角度の設定を容易に行うことができます。なお、正多角形に特徴的な角度は、15度と22.5度を基本としており、これらの角度は割り出しやすい数値です。後は夜間に松明（たいまつ）を掲げて一直線を確保すれば、大和三山と三輪山を結ぶランドスケープの造営は至難の業ではありません。

天香久山の土
　神武天皇即位前紀は、「天香久山の土」に関して、以下に示すように

図178

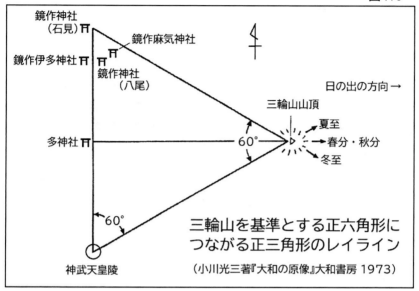

鏡作神社
（石見）

鏡作麻気神社

鏡作伊多神社

鏡作神社
（八尾）

日の出の方向 →

三輪山山頂

60°

夏至

春分・秋分

冬至

多神社

60°

神武天皇陵

三輪山を基準とする正六角形に
つながる正三角形のレイライン

（小川光三著『大和の原像』大和書房 1973）

図179

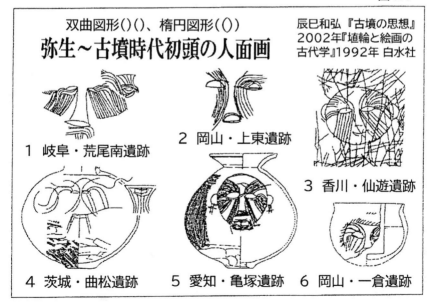

双曲図形（）（）、楕円図形（（））

弥生～古墳時代初頭の人面画

辰巳和弘『古墳の思想』
2002年『埴輪と絵画の
古代学』1992年 白水社

1 岐阜・荒尾南遺跡

2 岡山・上東遺跡

3 香川・仙遊遺跡

4 茨城・曲松遺跡

5 愛知・亀塚遺跡

6 岡山・一倉遺跡

繰り返し記述しています。

ⓐ『日本書紀』神武天皇即位前紀戊午年八月─九月

天香山（あまのかぐやま）の社（やしろ）の中の土（はに）を取（と）りて、天平瓮
八十枚（あまのひらかやそち）を造（つく）り、厳瓮（いつへ）を造（つく）りて天神
地祇（あまつやしろくにつやしろ）を敬（ゐやま）ひ祭（まつ）れ。

ⓑ ⓐの直後において、

今當（まさ）に天香山（あまのかぐあやま）の埴（はに）を取（と）りて、天平瓮（あ
まのひらか）を造（つく）りて、天社國社（あまつやしろくにつやしろ）の神を祭
（いはひまつれ）れ、然（しかう）して後（のち）に、虜（あた）を撃（う）ちたまは
ば、除（はら）ひ易（やす）けむとまうす。（中略）
天香山（あまのかぐやま）に到（いた）りて、潜（ひそか）に其の巓（いただき）の土
（はにつち）を取りて、來旋（かへ）るべし。基業（あまつひつぎ）の成否（ならん
ならじ）は、當（まさ）に汝（なんじ）を以て占（うらな）はむ。（中略）
…乃ち此の埴（はにつち）を以て、八十平瓮（やそひらか）・天平抉八十枚（あ
めのたくじりやそち）。厳瓮（いつへ）を造作（つく）りて、丹生（にふ）の川上（か
はかみ）に陟（のぼ）りて用（も）て天神地祇（あまつかみくにつかみ）を祭（いはひ
まつ）りたまふ。

上記の「天香久山の埴が基業の成否」に関わるとする記述は、天香久
山の ⌒ 形は、畝傍山の △ 形と耳成山の △ 形とそれぞれ合体
し、正八角形に特徴的な二等辺三角形を形づくっています（図170 参照）。
『日本書紀』神武天皇即位前紀は、神武天皇（じんむてんのう）・饒速日
命（にぎはやひのみこと）・長髄彦（ながすねひこ）を登場させています。吉武利
文氏は、つぎのような意味を提示しています（吉武利文著『橘』1998）。

ⓐ神武天皇（じんむてんのう）　＝畝傍山＝太陽→ 視覚的
ⓑ饒速日命（にぎはやひのみこと）＝香久山＝ 火 → 嗅覚的

ⓒ長髄彦（ながすねひこ）　　　＝耳成山＝　水　→　聴覚的

　上記に示す三者の関係を図169〜図171の三種類の三角形に照合すると、『日本書紀』神武天皇即位前紀の記述に符合していることがよくわかります。

　太陽と火を利用する測量術を駆使して大和三山の山容が正八角形に特徴的な二等辺三角形であることに気づき、それぞれの山容を現在に見る △・△・△ 形に改造することは弥生時代後期から古墳時代前期において可能であったと考えられます。

　堤防や用水路を造る治水事業は、いつの世においても為政者の果たさなければならない務めです。測量はそれらを効率的に行うため、同時に生命誕生の原理と宇宙創成の原理のランドスケープ化においても必要であったと考えられます。

　動物の両眼は ◯ 形に類比され、一つの鼻は ）（ 形に類比されます。このあとに「六合を兼ねて都を開き、八紘を掩ひて宇にせむこと……」と表現される大和三山のランドスケープが出現するわけです。そこには「火で焚く香のかおりを嗅ぐ」意味をもつ天香久山が存在しています。目と鼻を形づくる双曲・楕円図形は相即不離の関係を維持しバランスを保っています。吉武利文氏は、つぎのように書いています。

　　古代日本人もまた、大和三山を目・耳・鼻という人の感覚器官に見立て、その感覚の調和のなかに、国を統一するための祈りを込めたとも考えられる。それは一種のランドスケープとして、大和三山の二等辺三角形を成し、その三角形と密接にかかわる位置に藤原宮を造営したと思われるのである。
　　本題の橘と天香久山のかかわりについてであるが、まず私が最初に連想したのは、天香久山が「嗅ぐ山」ではないかということであった（吉武利文著『橘』法政大学出版局　p64参照）。

図180

弥生時代の **彩文土器**（奈良県唐古遺跡）

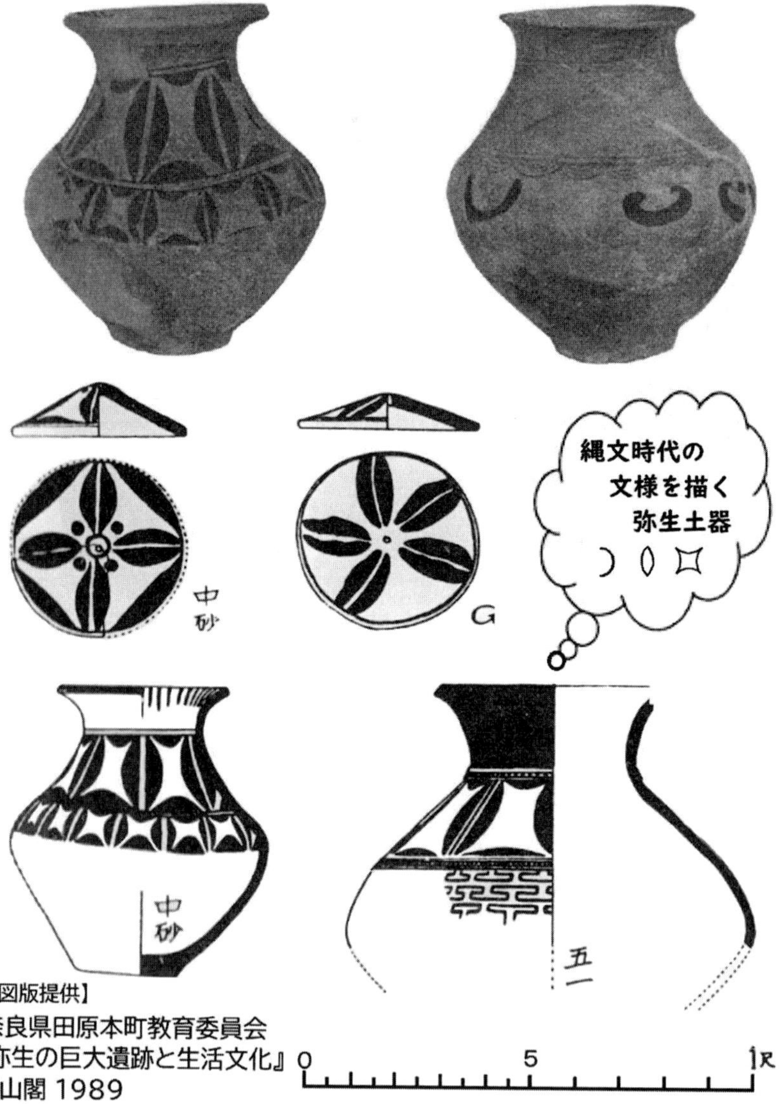

縄文時代の
文様を描く
弥生土器

【図版提供】
奈良県田原本町教育委員会
『弥生の巨大遺跡と生活文化』
雄山閣 1989

天香久山に結ばれる橘

　日本列島の縄文人は、豆粒文土器(今からおよそ1万2500年前)の創出時には、かたちの素粒子)形に気づいていたと考えられます(第2章、図13〜図16)。この)形の180度の反転の繰り返しによって 88 形(柿の蔕形)が生じます(第5章、図68〜図69)。この柿の蔕形 88 は円形の連鎖を生みだしています。この円形の連鎖から眼形の連鎖が生じ、この眼形の連鎖に生じる「 ◊◊ (正逆S字トンボ)→母胎の意味をもつ 🍶 (壺形)の形成」は、吉武氏のいう「生産の根本原理」に符合しています。

　『記・紀』の記すイザナギとイザナミの「国生み神話」は、「同質でありながら異形の二者の合体によって新しいカタチが生じる」という「ものの誕生」理論をもっています。これは吉武氏の「生産の根本原理」、すなわち「DNAがのる遺伝子の二重らせん構造」に結ぶことが可能です。その具体的な経緯は、繰り返しますが、正逆S字トンボによる壺形の形成、およびヨコ並びの眼形から生じる正六角形に見られます。

　『記・紀』は「オノゴロ島に天の御柱を見立てて…」、そこでイザナギノミコトとイザナミノミコトの聖婚(みとのまぐはひ)が行われたと書いています。最初に生まれた「水蛭子」は「葦舟」に乗せて流され、つぎの「淡島」も子の数に入れられないと書かれていますが、これは「天の」や「見立てる」・「聖婚」という表現に密接に結ばれています。つまり、この場面でのイザナギノミコトとイザナミノミコトの「みとのまぐはひ」は、実際の結婚ではなく「聖婚」であって、いわゆる吉武氏の「宇宙の仕組みのなかに人間の身体の仕組みを、人間の身体の仕組みのなかに宇宙の仕組みを見立てることが重要であった」ことを前もって認識し、理解することが求められます。

　ⓐ　水蛭子→ ◑ ・ ◗ (第14章「天日靈尊とは」p317参照)
　ⓑ　淡島—→ 🍇 (第14章、図160参照)
　ⓒ　葦舟—→ ◁▷ (第14章、図164参照)

双曲・楕円図形の特別な性質

　二重らせん構造には「らせん形の三形態」(第2章、図20〜図21参照)が隠れています。縄文時代草創期の縄文人は、二重らせん構造の集合体(眼形の連鎖) ∞∞∞∞ から斜格子文が生じることに気づいていました。京都・北白川遺跡出土の浅鉢には@)(形が描かれ、福井・鳥浜貝塚出土の浅鉢には⑥ 形が描かれています(第4章参照)。@と⑥からは、つぎのような関係が導かれます。

　上の図式で注目されるのは、双曲図形()()、楕円図形(())から正六角形( )(→)と正八角形(→)が生じていることです。この図式は、双曲・楕円図形の特別な性質から生まれているのです。それは、)(形と 形に、必然的に現われている 形と() 形の間に必然的に生じている図形現象です。この現象を筆者は「 形と() 形の相即不離の関係」と名づけてきました。

　ところで、昆虫の蜂の作るハニカム構造の巣とそのからだに() 形をもつ魚類に属すアマミホシゾラフグは、正多角形に基づく産卵床を作っています。このように六角形の蜂の巣や多角形のフグの産卵床は、ともに生命誕生に関わっております。このような蜂とフグのもつ能力は、天性ということになります。

双曲・楕円図形から生じる正多角形

　縄文時代前期の縄文人が土器に描いていた)(形から (正六角形)が導かれ、 形から (正八角形)が導かれます。さらに、正六角形と正八角形の合体形から正多角形の基本となる正二十四角形が導かれます。このような正二十四角形の重要性は、「() 形と)(形→)(形」と「◇ 形と 形→ 形」の図式上に示されています。二重らせん構造 ∞∞∞∞

と正六角形 ⬡ は、双曲図形()()、楕円図形(◊)とともに「ものの誕生」に関わる重要なカタチということになります。

大和三山のもう一つの意味

　畝傍山の「畝」を字書で引くと「①畑で作物を作るために、（何本も間隔を空けて）細長く直線状に土を盛り上げたところ、②曲がりくねりながら続く」という二つ意味があります。後者を採用すると人面の両眼に ◊ 形を、鼻の)(形がイメージされてきます。

　天香久山の「香久」に「香りを嗅ぐ」鼻、耳成山の「耳」に「音を聞く」耳、三山によって形づくられる正八角形に特徴的な二等辺三角形に対応する両眼・両耳をつなぐ鼻が生みだしている双曲・楕円図形が存在します（図181）。ところで、『古事記』につぎのような記述があります。

　是に左の御目を洗ひたまふ時、成れる神の名は、天照大御神（あまてらすおおみかみ）。**次に右の御目を洗ひたまふ時、成れる神の名は、月読命**（つくよみのみこと）。**次に右の御鼻を洗ひたまふ時、成れる神の名は、建速須佐之男命**（たけはやすさのうのみこと）。

　なぜ三貴子が両眼と鼻から生まれたと書かれているのでしょうか。弥生時代後期から古墳時代初頭の人面画と言われる図 178 を見ていただきたいと思います。図において、特に愛知県亀塚遺跡の土器に描かれる人面は、鼻を中心とする)(形と両眼の ◯ 形が印象的に描かれています。奈良県唐古・鍵遺跡出土の彩文土器には、両性具有をもつかたちの素粒子)形、および双曲図形()()形、楕円図形(◊形)が描かれています。これらは縄文前期の京都・北白川遺跡の浅鉢の文様、および、福井・鳥浜貝塚出土の浅鉢の文様を受け継ぐものと考えられます。

天地・陰陽の図

　縄文時代草創期の縄文人は、斜格子文を土器に描いていました。この

斜格子文は眼形の連鎖から生じる直線図形であり、また正六角形の集合体でもあります。縄文人は曲線図形と直線図形の組合せの意味を知っていたと考えられます。これを証明するものが各種の土偶です。

　その胴体に)(形、頭部に▽形や△形をもつ土偶や♥形、◎形をもつ土偶など曲線図形と直線図形(正多角形)の組合せをもっ土偶があります。土偶の胴体部分の)(形は各種土偶に共通しています。なお、渦巻文とらせん形は異形同質の関係を結び同じ図形範疇に属しています。また、円形の連鎖・眼形の連鎖は、双曲図形()()、楕円図形(◊)のもつ特別な性質である「相即不離の関係」をもっており、⊗(天地・陰陽の図)を形づくります(第10章、図128参照)。

　① 天地　◈・✿ ＝宇宙創成
　② 陰陽　✿・◈ ＝生命誕生

　特別な性質をもつ双曲図形()()、楕円図形(◊)による「弥生～古墳時代初頭」の人面画があります(図179)。◊形の眼・)(形の鼻等が描かれています。人間の感覚器官に見立てられた「畝傍山→光＝視覚」・「耳成山→音＝聴覚」・「香久山→香り＝嗅覚」は、天地・陰陽の図に照合されます。ここに、双曲図形()()・楕円図形(◊)と正多角形の組合せの意味が発見されます。

第3節　三内丸山遺跡の巨大木柱遺構の謎

青森県三内丸山遺跡の巨大木柱遺構

　青森県三内丸山遺跡にある６本の巨大木柱遺構は、縄文時代に造られたものです。これが、何のために造られたのか謎とされてきました。これに対し高島成侑氏は、６本の柱の間隔が 4.2mで 420÷35＝12 となり12進法、つまり三平方の定理を指摘されています。

図181

縄文人が考案した6と8を表わす図式

① かたちの素粒子)形の180度の反転の
繰り返しから生じるカタチ　　→ 柿の蔕形

ⓐ 柿の蔕形に隠れている正六角形と正八角形

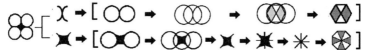

ⓑ 縄文前期の文様から導かれる正六角形と正八角形

北白川遺跡浅鉢の文様　　正六角形
鳥浜貝塚浅鉢の文様　　　　　　　　　　正八角形

ⓒ 七宝文の形成

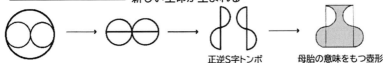

⬡→円形　○→天	✻ = Ӿ →⬡→ **陰**
✻→正方形　□→地	⬡ = ✦ →⊛→ **陽**

② 2個の勾玉形から
生じるカタチ

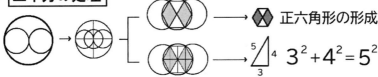

ⓐ **生命誕生の原理** 同質でありながら異形の二者の合体によって
新しい生命が生まれる

正逆S字トンボ　　　母胎の意味をもつ壺形

ⓑ **三平方の定理**

→ 正六角形の形成

$$3^2 + 4^2 = 5^2$$

菱形文→4個の直角三角形
30度、60度、90度の内角度をもつ直角三角形

三平方の定理は、$6^2 + 8^2 = 10^2$ に
置き換えることができます❣

図182

三内丸山遺跡の巨大木柱遺構は、なぜ造られたのでしょうか。 それは 420 という数に隠されている………

青森県三内丸山遺跡の巨大木柱遺構を象徴するものは、6本の巨大な木柱です。この6個の柱穴は4.2mの等間隔で配置されております。高島成侑氏は12の倍数説を提唱され、420÷35＝12による6本の木柱の間隔に見る数値の根拠を提示しています。

高島成侑氏の

画期的な指摘

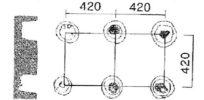

『古代建築の復元』

青森県三内丸山遺跡の復元された巨大木柱遺構建造物とその規格（単位はセンチ）

写真提供：小林高範

インターネット検索

古代建築の復元 復元例 青森三内丸山遺跡の建物跡（縄文中期 青森県）＝建築雑誌113号 1998年(Journal of Architecture and Building Science)。

私は、これまで宮崎興二氏やＶ・Ｌ・ハンセン氏の言葉に従って、縄文人の世界観を探ってきました。ハンセン氏は、つぎのように書いています。復唱します。

　「自然界を記述する言語が幾何学である」ということであった。ちょっとみただけでは不思議な現象も、この言語を使って解読することができるのである。この世界を構成している形や文様を説明するものが幾何学であり、それを抽出したものが幾何図形である。

　Ｖ・Ｌ・ハンセン氏の「自然界を記述する言語が幾何学である」の言葉に従って、縄文土器や土偶を見直すと、縄文人の幾何学の知識の高さには、驚くべきものがあります。その中の一つに福井県鳥浜貝塚から出土した縄文草創期の斜格子文土器があります。この斜格子文から次の図式を導くことができます（第３章、第４章参照）。

　ⓐ 〇〉〈〇 ➡ ⊗　　ⓑ ✳ ➡ ⊛

　縄文時代前期の斜格子文土器と同じ鳥浜貝塚から出土した浅鉢に描かれる文様 ✳ が注目されます。この文様に対峙する文様があります。それは、福井・鳥浜貝塚に隣接する京都・北白川遺跡出土浅鉢に描かれる 〇〉〈〇 形です。

　〇〉〈〇 形の一つのパターンである 〇〉〈〇 形は、ヨコ並びの眼形 〇〇〇〇〇 に見いだされる双曲・楕円図形の特別な性質である「相即不離の関係」をもっています。このような性質から図式「〇〉〈〇 形→ 〈〇〉 形→ ⊗ 」が導かれます。

　高風呂遺跡の土器に描かれる 〇〇〇〇〇 （ヨコ並びの眼形）の造形意図を知るには、〇〉〈〇 形が「相即不離」という性質をもち、そこに「〇〉〈〇 形→〈〇〉 形→ ⊗ 」が成立していることを理解することが求められます。

図183

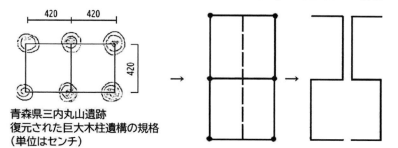

青森・三内丸山遺跡 **6本の巨大木柱遺跡の謎**

420 420

420

青森県三内丸山遺跡
復元された巨大木柱遺構の規格
（単位はセンチ）

アナロジーの連鎖

6本の巨大木柱の配置構成に［正逆S字
トンボ→壺形］を想定することができます！

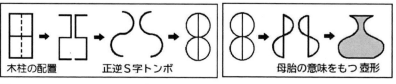

木柱の配置　　正逆S字トンボ　　母胎の意味をもつ壺形

① 正逆S字トンボによる壺形は、母胎の意味、すなわち生命誕生の原理をもっています。他方、6本の巨大木柱遺構の配置構成は三平法の定理を内包しています。

② 縄文人が構築していた「六・八理論」は、三平方の定理（天地創成）と生命誕生の原理をもっています。

③ わが国の縄文人は、眼形の中の直角三角形 ⬬ に三平方の定理を眼形の中の正逆S字トンボ ⬬ に生命誕生の原理を読み取り、『記・紀』編纂時代において、円形＝鏡・中心線＝剣・〰 形＝勾玉の図式が構築されていたと考えられます。これを図形の三種の神器と名づけました。

④ 6本の木柱と4m20cmの間隔による ⊞ 形の解読は、6と8の関係に基づく「三平方の定理」と「生命誕生の原理」を想定して初めて有効となります。現代のトポロジー（位相幾何学）に繋がる発想力をもっていたところに、縄文人の偉大さが発見されます。

図184

12という不思議な数値

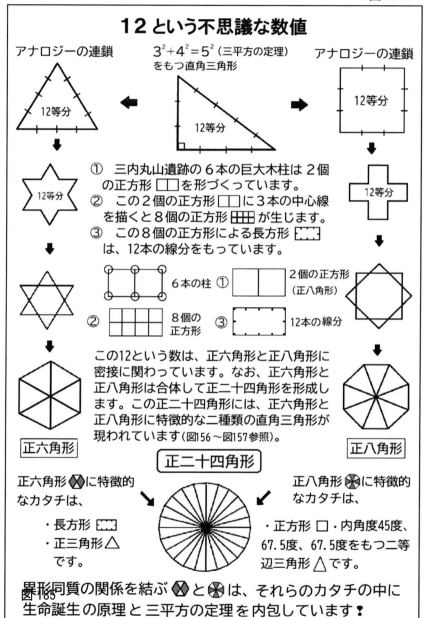

アナロジーの連鎖

$3^2+4^2=5^2$（三平方の定理）
をもつ直角三角形

アナロジーの連鎖

12等分

12等分

12等分

12等分

12等分

12等分

① 三内丸山遺跡の6本の巨大木柱は2個の正方形 □□ を形づくっています。
② この2個の正方形 □□ に3本の中心線を描くと8個の正方形 ⊞⊞ が生じます。
③ この8個の正方形による長方形 ⊡⊡⊡ は、12本の線分をもっています。

6本の柱　①　　2個の正方形
（正八角形）

②　　8個の正方形

③　　12本の線分

この12という数は、正六角形と正八角形に密接に関わっています。なお、正六角形と正八角形は合体して正二十四角形を形成します。この正二十四角形には、正六角形と正八角形に特徴的な二種類の直角三角形が現われています（図156〜図157参照）。

正六角形

正八角形

正二十四角形

正六角形 ⬡ に特徴的なカタチは、

・長方形 ⊡⊡⊡
・正三角形 △
です。

正八角形 ✴ に特徴的なカタチは、

・正方形 □・内角度45度、67.5度、67.5度をもつ二等辺三角形 △ です。

異形同質の関係を結ぶ ⬡ と ✴ は、それらのカタチの中に生命誕生の原理と三平方の定理を内包しています❗

図185

三平方の定理に発見される
「5・7」と「6・8」の関係

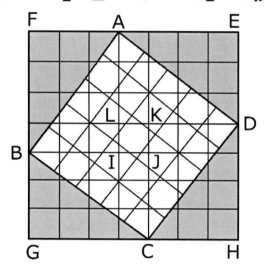

「三平方の定理」図解

三平方の定理の証明法は、200以上あると言われております。上図は、その中の一つで弦図と呼ばれ、「7×7＝49」と「5×5＝25」の正方形による図解となっています。その中心には、✳＝正八角形が現われています。

三平方の定理は、$3^2+4^2=5^2 \rightarrow 6^2+8^2=10^2$ に示されるように、「6と8の関係」をもっています。ところで、正六角形と正八角形は、線分と頂点を基準に二等分割するとそれぞれ五角形が生じます。

これを知った時、縄文人の幾何学的能力の高さに驚き、Ｖ・Ｌ・ハンセン、宮崎興二両氏の言葉を今一度、復唱したいという思いに駆られました。二つの浅鉢に描かれる文様は、

　京都・北白川遺跡の文様は［ ()X() ＝ ⬡ ］を、福井・鳥浜貝塚の文様は［ ✳ ＝ ✳ ］を同じ形の浅鉢を使い意識的に構成されたものと考えられます。さらに、京都と福井という隣り合わせの立地の縄文コミュニティは、双曲・楕円図形、および、正六角形 ⬡ と正八角形 ✳ の所有する図形的な強い絆で結ばれていることは、言うまでもないでしょう。

　その意味は、図式［()X() ＝ ⬡ ］と［ ✳ ＝ ✳ ］のランドスケープ化にあったと考えられます。それは、これまでに述べてきた「６と８の関係」から導かれる**宇宙創成と生命誕生の原理**に示されています。

　正六角形 ⬡ と正八角形 ✳ は、()X() 形と ✳ 形のもつ「相即不離」の関係を共有しています。両者は「となり合せの存在」を飛び越えて出雲大社の神紋 ✳ に見るような新しいカタチを生みだしているのです。縄文人の幾何学で注目されるのは、トポロジー(位相幾何学)的な発想が顕著に見られるところです。

　　ⓐ北白川遺跡出土浅鉢の図式　［ ∞ → ()X() → 〈X〉 → ⬡ ］
　　ⓑ鳥浜遺跡出土浅鉢の図式　　［ O⚫O → ✦ → ✴ → ✳ ］

　上図ⓐ 〈X〉 の ◊ (菱形文)に水平と垂直の中心線を引くと、30 度、60 度、90 度の内角度をもつ４個の直角三角形が生じています。この直角三角形は、$3^2 + 4^2 = 5^2$ の比率をもつ「三平方の定理」をもっています。

　巨大木柱遺構に施された 4.2mという数値が、縄文人が気づいていた正六角形と正八角形に関係すれば、縄文人が三平法の定理をどのように考え理解していたのか、という問題に直接的に切り込むことができます。

　ヨコ並びの眼形 ()()()() から正六角形が生じることを縄文人が知っていたことは、土器に()X()形や ✳ 形を描いていたこと、つまり、双曲図

図186

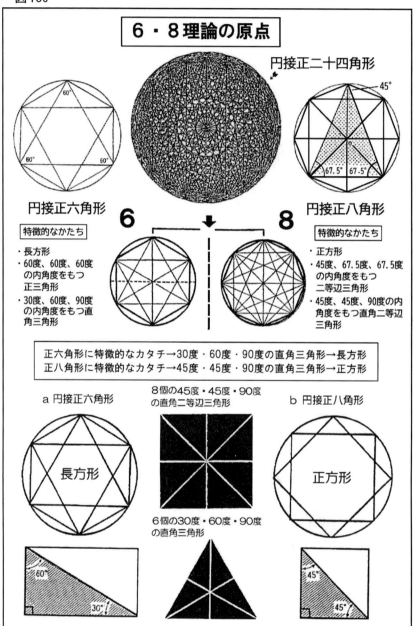

6・8理論の原点

円接正二十四角形

円接正六角形

円接正八角形

特徴的なかたち
・長方形
・60度、60度、60度の内角度をもつ正三角形
・30度、60度、90度の内角度をもつ直角三角形

6 → 8

特徴的なかたち
・正方形
・45度、67.5度、67.5度の内角度をもつ二等辺三角形
・45度、45度、90度の内角度をもつ直角二等辺三角形

正六角形に特徴的なカタチ→30度・60度・90度の直角三角形→長方形
正八角形に特徴的なカタチ→45度・45度・90度の直角三角形→正方形

a 円接正六角形

8個の45度・45度・90度の直角二等辺三角形

b 円接正八角形

長方形

正方形

6個の30度・60度・90度の直角三角形

形()（形)と楕円図形(()形)のもつ特別な性質である()形と)(形の関係を知っていたことから間違いないと思います。()()()形は◇)()◇形から⬢形への変遷が可能です。

　この正六角形⬢と同じ双曲・楕円図形から生じる正八角形⬤の関係は、図形の上だけではなく、三平方の定理に示される「$3^2+4^2=5^2$ → $6^2+8^2=10^2$」の数式にも現われております。三内丸山遺跡の巨大木柱遺構の4.2mという数値は、12進法の三平方の定理に基づく遺構であると考えられます。これは、第9章の図114〜図115のメビウスの帯に生じる六角形にそっくりな土器製作と同様に偶然の一致ではすまされない重要な意味をもっています。

【420という数の意味】

①　420は、6と8と12で割り切れます。
　　　$420 \div 6 = 70$　$420 \div 8 = 52.5$　$420 \div 12 = 35$
正六角形と正八角形による正二十四角形は、正十二角形と同じ形を内包しています。換言すれば、正十二角形は、正六角形と正八角形に特徴的なカタチをもっていることになります。

②　内角度90度・52.5度・37.5度をもつ直角三角形は、
　3・4・5の比率をもっています。つまり、$3^2+4^2=5^2$ は $6^2+8^2=10^2$ へ変遷し、⬢形と⬤形は、三平方の定理に密接に関わっていることがわかります。

　以上から、縄文人は、高島成侑氏が指摘するように、12進法をもつ三平方の定理の本質を見立て、天地を知るための三平方の定理と生命誕生の原理を「**二重らせん構造から生じる眼形の連鎖**」の中に読み取っていたと考えられます。その統一理論を青森県三内丸山遺跡の6本の巨大木柱遺構 ▢▢ として表現していたところに縄文人の叡智を知ることができます。

青森県三内丸山遺跡の６本の木柱遺構に対し、図 180〜図 185 に示す正逆Ｓ字トンボ(メビウスの帯)と三平方の定理をアナロジーの連鎖で結ぶことができます。すなわち、青森県三内丸山遺跡の縄文人の築造した６本の巨大木柱遺構は、メビウスの帯(＝生命誕生の原理)と三平方の定理(＝宇宙創成の原理)に立脚して造営されていたということになります。

　因みに、三内丸山遺跡の巨大木柱遺構の傍らには、甕に葬られた子供の墓と眼形の穴に葬られた大人の墓が確認されています。三内丸山遺跡の巨大木柱遺構と甕・眼形の穴との一致は偶然の成せる業ではありません。この**甕と眼形の穴と６本の巨大木柱遺構**は、**宇宙創成と生命誕生の原理**に従って造営されていたのです。日本列島の南から北へと連なる縄文コミュニティは、**六・八理論**に沿って公明正大に執り行われていたと考えられます。

第 16 章

前方後円墳の創出

はじめに

古墳時代の ◖（円形の後円部）と ◁（正多角形に特徴的な角度の前方部）をもつ前方後円墳 ◁◖ は、縄文思想の集大成にふさわしい天地（宇宙創成の原理）と陰陽（生命誕生の原理）を表現するランドスケープである、と思います。

この前方後円墳の前方部の二つの角度は、**正多角形に特徴的な角度**をもっています。この正多角形に特徴的な角度は、蜂の巣や草木の花と同様に、「**天地＝宇宙創成**」と「**陰陽＝生命誕生**」の原理を合わせもつ形「◁◖」です。

いろいろな前方後円墳起源説

前方後円墳の形状問題は古くて新しい問題です。これまでに多くの考え方が提出されてきました。前方後円墳の最大の謎は、前方後円墳と名づけられたその形状にあります。インターネット「ウィキペディア」は、つぎのように書いております。

A　前方後円墳の形状は、古くはヒョウタン形などとも形容されていた。『前方後円』の語は、江戸時代の国学者蒲生君平が 19 世紀初めに著した『山陵志』で初めて使われた。蒲生は、各地に残る「車塚」という名から、前方後円墳は宮車を模倣したものと考え、方形部分が車の前だとした。しかし現在では古墳時代にそのような車は存在しなかったと考えられている。明治時代末期になり、ウィリアム・ゴーランドは、円墳と方墳が結合して、清野謙次は主墳と陪塚が結合して、それぞれ前方後円墳になったと推測した。その後、壺形土器の形や盾の形を模倣したというような学説も生まれた。

B　現在の研究では、平面では円形をしている後円部が埋葬のための墳丘で主丘であり、平面が撥形・長方形・方形・台形などの突出部をひっくるめて前方部と呼ぶ。前方部は、弥生墳丘墓の突出部が変化したもので、もともと死者を祀る祭壇として発生・発達とする説や葬列が

図187

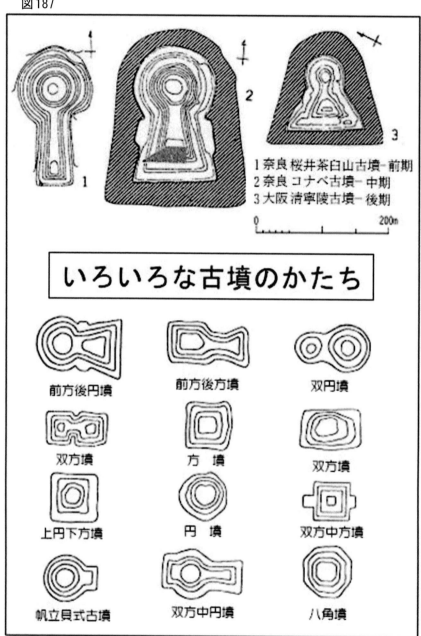

1 奈良 桜井茶臼山古墳－前期
2 奈良 コナベ古墳－中期
3 大阪 清寧陵古墳－後期

0　　　　　　　200m

いろいろな古墳のかたち

前方後円墳　　前方後方墳　　双円墳

双方墳　　方墳　　双方墳

上円下方墳　　円墳　　双方中方墳

帆立貝式古墳　　双方中円墳　　八角墳

口縁部に至る墓道であったとする説があり、次第に独特の形態を成したと考えられている。ただし時代が下ると前方部にも埋葬がなされるようになった。しかし、慣習と便宜によって前方後円墳の前方部は低く撥形をしており、後円部は新古にかかわらず大きく高く造られている。撥形にしているのは、葬列が傾斜の緩やかな道を通れるように前方部の左右の稜線のどちらかを伸ばしたものと考えられている。

2　寺沢薫氏は、「前方後円」形はなぜ生まれたかと題し、つぎのようにのべています(『王権誕生』講談社、2000 年)。

　　それでは、前方後円墳という「かたち」はなぜ生まれたのだろう。実に多くの仮説が出されてきたが、私は現在の研究水準での議論は次の二つだと思っている。

　　第一は、弥生時代の方(円)形周濠墓の周濠の一辺中央が切れて、埋葬儀礼の時の通路となり、儀式が整備されるにしたがって通路が徐々に発達し、ついには前方後円墳や前方後方墳になる、という機能論的かつ自然発生的な考え方だ。だが、実際には、通路としての自然発生的な小規模な突出は、墳形を問わずどこでも起こっているし、前方部の発達は必ずしも時間を追って進行していない。纏向型前方後円墳のように、前方部の長さが後円部径の二分の一にも達し、盛土まで行って後円部に向かってスロープでつながるものは、明らかに違う種類である。通路としての陸橋部や突出部が、前方部にまで発達するためには別の大きな要因があるはずだ。

　　そこで第二は、外的な要因や宗教的な理由から前方後円墳が誕生した、という考えだ。これはさらに二説に分かれる。その一は、円と方の合体説で、円は天を、方は地を表すから陰陽融合という宇宙観を表現することになる。その二は、前方後円墳は壺の形を写し取ったのだという説で、壺や瓢は母胎を表し再生、豊穣のための容器だという。中国の神仙思想では海東に壺の形をした蓬莱山があり、仙人が住み不老長寿の妙薬が生えると信じられた。倭人は不老不死の神仙界を求め

て壺形の墳丘を造ったというのだ。

　私は円と方の合体説をとりたい。壺形説では、前方部が埋葬のための通路として一定段階まで発達した事実をすべて無視することになる。また、壺形説の思想背景は大いに参考となるけれども、それならばなぜ瓢形墳はないのか、多彩な前方後円形が必ずしも現実の壺形や壺の型式変化とは見合わないのはなぜかということも納得できない点だ。

　たしかに前方後円墳とは決して単なる墓ではない。神仙思想に固執せずとも、天＝円、地＝方という二元的世界の融合という考え方は特殊器台・壺や弧帯文同様、首長霊の再生や増幅、共同体の強化につながる考え方だ。私は前方後円墳自体が首長霊を増大するための、日本的創造の巨大なミラクルオブジェであり、秘儀のための舞台装置なのだと思う。

3　大和岩雄氏は、森浩一の意見を引用して、つぎのようにのべています（『天照大神と前方後円墳の謎』六興出版、1983 年）。

　森浩一は「古墳には円墳、方墳、前方後円墳、前方後方墳、帆立貝式古墳の順でこれはまずまちがいない。あとは上円下方墳、長方墳、双円墳などがそれぞれ十基程度で、双方中円墳、双方中方墳、双方墳、四隅突出型墳丘墓、八角墳となると知られているのは一基から数基である」と書いている（図1参照、江上波夫監修『考古学ゼミナール』山川出版社、1976 年）。

　私流（発生期古墳の前方部を突出部または張出部の巨大化とみる見解）で解釈すれば、ほとんどの古墳は、円墳と方墳とみてよいであろう。ところが、方形は圧倒的に弥生時代の墳墓に多いのだから、古墳時代とは、方から円への変化とみることができる。

　全国津々浦々にまで広がった壺形古墳の大流行。田中琢は、斉一な墳形のなかに、これを支える共通の「思想と心理」の基盤が認められ

前方部の角度の変化による <u>**前方後円墳の変遷**</u> 図188

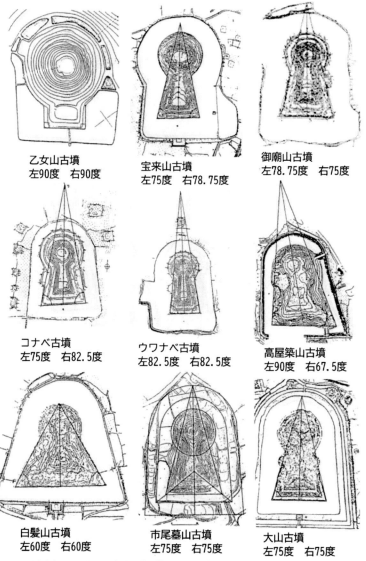

乙女山古墳
左90度　右90度

宝来山古墳
左75度　右78.75度

御廟山古墳
左78.75度　右75度

コナベ古墳
左75度　右82.5度

ウワナベ古墳
左82.5度　右82.5度

高屋築山古墳
左90度　右67.5度

白髪山古墳
左60度　右60度

市尾墓山古墳
左75度　右75度

大山古墳
左75度　右75度

上図の前方部の角度は、末永雅雄『日本の古墳』朝日新聞社、1961 に基づき作図しました（文責：大谷）。

る、と指摘した（「倭の奴国から女王国へ」日本通史２、岩波書店、1993 年）。

4　前方後円墳の起源に壺形説を唱える岡本健一氏は、つぎのように書いています（『蓬萊山と扶桑樹』）。

1993)。じっさい、美術史では「古代の文様意匠はすべて何らかの思想がその奥に流れている。　古代において思想をもたない文様は存在しない」（美術史家・井上正「蓮華文－創造と化生の世界」上原真一編著『蓮華紋』日本の美術 359号 至文堂 1996)という。また「神は細部に宿りたまう」（ドイツ出身の美術家　Ａ・ワールブルク)という。それならば、「巨大な壺型」という文様にこめられた思想、「撥型」という細部に宿る神とは、何だったのか、そもそも「壺」とは、いったい何のシンボリズムなのであろうか。

　前方後円墳が日本列島独自の墓制であったとしても、自生のシャーマニズムや習俗のなかだけに起源が求められるとはかぎらない。すでに「三成・前方後円」といい、「天円地方」といい、　ともに古代中国的な観念の産物と予測したものだ。壺型の平面形もまた、古代中国的な観念の所産の可能性がつよい。解決まで後一歩である。

　「壺」は、ヒサゴ（ヒョウタン・フクベ・ウリ・西瓜・南瓜など）と
⑴　一般に、「子宮・母胎」を表す（アト・ド・フリース『イメージ・シンボル辞典』山下主一郎他訳、平凡社、1984 井本英一『境界・祭祀空間』平河出版社、1985) は、ウリやヒサゴのようなウリ科の果物は、神の子が生まれ出る「アドーニス（年ごとに死んでは蘇る穀霊の化身）の園（アドーニスの壺)や「うつぼ舟」の変種であったと説く。

　今日でも諏訪などのように、甕を「母袋（母胎)」と呼ぶところがあるくらいだ。弥生時代の甕棺も、古墳時代の前方後円墳（壺型古墳)も、正体は甕や壺であり「子宮・母胎」と見立てられたのであろう。そこに亡き首長らを葬ることは、胎内回帰と生命更新を祈る行為である。
⑵　同時に、「壺」は広大な「宇宙」と「楽園＝不死の世界」をも意

味した。古今東西、「壺型の宇宙」観をもった民族・文化は数多い。とくに東洋では、西方の桃源境「崑崙山」と、東海の神仙境「蓬萊山」は、ともに壺のかたちをしていると信じられた。

5　壺形説を唱える辰巳和弘氏は、つぎのようにのべています（『新古代学の視点』小学館 2006）。

　古墳時代の葬制の特徴は、まず大型古墳の大半が正円形と三味線の撥の形状、または台形を合体させた特異な平面形をもって、二〜三段に築かれた墳丘を営む点である。この墳形については、江戸時代中期、蒲生君平が用いた「前方後円」という墳丘表現が現在も踏襲され、さらにはこの用語に囚われて、天を「円」、地を「方」ととらえる古代中国の宇宙構造観がその墳形の由来になったと説き、そこが天神地祇を祀る祭壇を造形したもので、亡きさきの支配者の霊威を受ける場としてふさわしいとする説がある。しかし、前方部とされる墳丘平面が正方形に築かれた例は皆無であり、この説の成り立つ余地はない。

　以上、各説を任意に取りあげてみました。いろいろな考え方を比較検討すると、それまで見えなかったことが見えるようになり、わからなかったことがわかるようになります。たとえば、

　　・中国の神仙思想
　　・古代中国的な観念の産物
　　・古代中国の宇宙構造観

といった表現は見られますが、日本列島の縄文思想という言葉は一つもありませんでした。前方後円墳の起源を考えるに際して、これまでのわが国の研究者の目が日本列島の縄文文化に行き届いていないのは、まことに残念です。

　岡本健一氏は、…「巨大な壺型」という文様にこめられた思想、「撥型」という細部に宿る神とは、何だったのか。そもそも「壺」とは、いったい何のシンボリズムなのであろうか。……と綴っていますが、壺形

図189

２個の ▽形から生じる◇形の甕棺

土器棺　愛知県馬見塚遺跡　縄文中期 高さ33.5cm
　　　　　歴史発掘②『弥生の世界』講談社 1997

甕棺と祭祀土器 福岡県三雲南小路遺跡　弥生中期
　　　　　歴史発掘⑥『弥生の世界』講談社 1997

を形づくる正逆Ｓ字トンボが、「同質でありながら、異形の二者の合体によって新しい生命が生れる」という生命誕生の原理に照合されるかたちであることには気づかれていないようです。青森県三内丸山遺跡には眼形の墓に死者が葬られております。また、福岡県三雲南小路他、全国の遺跡から甕棺墓が出土しています。二つ甕を合わせた甕棺墓は眼形を呈しています(図188参照)。縄文人は、正逆Ｓ字トンボから甕や壺のかたちが生じることに気づいておりました。加えて、ヨコ並びの眼形から**正六角形**が生じることを知った縄文人は、その眼形に**生命の循環**を託していたと考えられます。ここに、円形の連鎖から眼形連鎖という縄文人の幾何学が芽生え、眼形の連鎖の中に①母胎の意味をもつ壺形 と②三平方の定理と永遠の継続性をもつ正六角形 が同時に形成されていることを縄文人は発見しています。

　ところで、Ｘ形は２個の円形を繋ぎ、〇〇 (連続円文)を、 形は２個の円形を繋ぎ、〇-〇 (ひょうたん形)を形づくっております。縄文人は、柿の蔕形 が、この連続円文とひょうたん形を内包していることに気づいておりました。なお、連続円文とひょうたん形は、異形同質の関係を維持しております(第6章、図86参照)。

　これまでの数学者は、縄文人が発見していた Ｘ形と 形の幾何学に気づくことはありませんでした。気づいていたとすれば、①蜂はなぜ、六角形の巣を造ることができるのか、②アマミホシゾラフグは、正多角形に基づくミステリー・サークルをなぜ造ることができたのか、③草木は、なぜ正五角形や正六角形、正八角形というかたちの花を咲かせることができるのか。これらの問題の答えが用意できたはずです。

　縄文人が培っていた双曲・楕円図形の幾何学は、かたちの素粒子)形の 180 度の反転の繰り返しから生じる柿の蔕形 を発見したところから出発し、Ｘ形と 形のもつ特別な性質から生まれる七宝文 ・ の領域まで到達していました。

　この七宝文の存在に気づいていることが、どれほど重大であるかは、図 189 に示されています。円形と正方形が、円方図・方円図を形づくっ

図 190

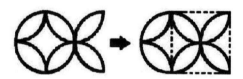

七宝文は、円形と正方形の異形同質の関係を生みだしています。

七宝文において、円形と正方形は4個の同形の眼形から形成されています。つまり、円形と正方形は異形同質の関係で結ばれていることになります。正方形の2個の角度に正多角形の角度を想定すると、下記に示す前方後円形が生れます。

ていることはよく知られておりますが、円形と正方形が異形同質の関係にあることは未だに証明されていません。七宝文の図形に基づいて初めて円形と正方形の関係の証明が可能になります。

　〇〇〇〇形は乂形によって、〇〇〇〇形は口形によって連続性が生まれております。七宝文は、乂形と口形の性質を受け継いでいることになります。七宝文解読の決め手は、〇形を繋ぐ乂形と、〇を繋ぐ口形の役割を理解するところから始まります。これらを知ることによって、かたちの素粒子）形の 180 度の反転から生まれる円形の連鎖、そして円形の連鎖から生まれる眼形の連鎖、母胎の意味をもつ壺形、三平方の定

理と永遠の継続性をもつ正六角形、円形の連鎖から生まれる七宝文の意味がアナロジーの連鎖で結ばれていることが初めて理解されます。

　以上の集大成が前方後円墳と考えられます。円形から生まれる眼形の連鎖の２種類のパターンの一つ、つまり、七宝文なくして、前方後円形の創出はできなかったと思います。

　縄文人の培った幾何学の優れたところは、天地・陰陽の図に示される宇宙創成と生命誕生の原理を同時にもつ七宝文（図 190）に示されています。縄文人の大いなる遺産を受け継ぐ古墳時代人は、その集大成として、七宝文 ⟐ を形づくる円形と正方形を基本とする「ものの誕生理論」と六・八理論に基づく「正多角形に特徴的な前方部の二つの角度＝永遠の継続性」をもつ前方後円形 ⌑ を創出しました。これが前方後円墳です。

前方部の２個の角度の意味

　定型化後の前方後円墳の最大の問題は、その前方部のかたち △ の変化にあります。つまり、それは図 188 に見るように、前方後円墳の前方部の２個の角度の変化によって生じていることがわかります。

　前方後円墳の見取り図や写真などを参考に、前方部の角度を測ってみたところ、60 度、67.5 度、70 度、75 度、78.75 度、82.5 度、90 度といった正多角形に特徴的な角度が確認されました。以上の数値は分度器による推定値ですが、第 12 章で指摘した弥生時代の銅鐸の眼形角度の検証を踏まえ、縄文人が重視してきた正多角形に特徴的な角度であると考えられます。

　昆虫の蜂・魚のフグ・植物の花・土星の渦巻く六角形は、正多角形というかたちを共有しています。縄文人は、眼形の連鎖に ⬢ 形を発見し、眼形の甕棺墓を造営していました。これを受け継ぐ日本列島の古墳時代の人たちは、正多角形に特徴的な角度をもつ ⌑ 形の墓を造営しておりました。昆虫の蜂・魚のフグ・植物の花・斜格子文・眼形の甕棺墓・

古墳壁画は、ともに**生命の誕生**に関わっています。古墳時代の人たちが、正多角形に特徴的な角度を円形と正方形を内包する七宝文 ⊗⊗ の上に表現することができたのも、縄文人の培った幾何学を受け継いでいたからにほかありません。前方後円形を編み出した彼らは、精巧なミステリー・サークル（産卵床）を創出したアマミホシゾラフグに負けてはいません。両者は並んでいます。

縄文が世界を救う

自然との共生

　縄文時代の土器や土偶の造形、それらに描かれる文様や編籠・漆塗の技術は世界でも類をみないほど世界の考古学者・歴史学者から認められています。

　新潟県糸魚川産の翡翠から造られた勾玉があります。勾玉の ● 形については、その翡翠を ● 形に磨き上げ、それに小さな穴まで開けられています。新潟県糸魚川市の縄文遺跡の発掘調査から竹ひごと砂によって穴があけられていたことが指摘されています。

　ところで、勾玉は、どのような意味をもっているのでしょうか。「ウィキペディア」で検索すると、ⓐ動物の牙、ⓑ胎児の形、ⓒ魂の姿を象った、ⓓ巴形を模した、ⓔ月の形を模した、ⓕ形そのものに意味があった、などいろいろな説が提出されています。

● 「形そのものに意味があった」説に従って、勾玉を見直すと、その ● 形は、⌢（半円形）と ⌣（S字形）の組合せをもっていることに気づくことができます。異形同質の二者の ● 形と ○ 形は合体して ● 形を生みだします。このように ● 形を創出した縄文人は、「生命誕生の原理」を ● 形の上に読み取っていた、と考えられます。

　ところで、● は太極図と称されていますが、2個の ● 形と ○ 形による円形の形成は、かたちの素粒子）形の 180 度の反転の繰り返しから生じる柿の蔕形 ❀ に結ばれます。縄文時代草創期の豆粒文土器・隆起線文土器・爪形文土器に見られる○形・〰 形・))))形は、かたちの素粒子）形の 180 度反転によるカタチを共有しています。

　縄文時代中期にＣ形の勾玉が作られたと言われておりますが、縄文時代早期の縄文人は、すでに ● 形の意味を知っていたと考えられます。勾玉は縄文時代から弥生・古墳時代、現代まで受け継がれています。何千年にわたって受け継がれた勾玉は単なる装飾品ではありません。わが

国の古代人をして、宝物とするにふさわしいだけの意味をもっていたと考えられます。勅使河原彰氏は『縄文時代ガイドブック』(新泉社、2013年)の中で、つぎのように書いています。

　縄文時代は、1万年近くもつづくというように、世界史でも類をみないほど安定した社会を築きました。しかも、縄文土器や漆工技術などに代表される原始工芸の極致とよばれるほどの高い技術を示し、その内容も、先史文化では類をみないほど豊かな社会だったことがわかります。そして、ここが重要なことですが、縄文社会の豊かさを指し示す遺物や遺構というのは、特定の個人や集団とは結びつかない、生活の道具であり、共同体の記念物であるという特徴をもっているということです。
　縄文時代は獲得経済社会ですが、その獲得経済という用語は、人類側からみたものです。自然の側からみれば、一方的な略奪にほかなりません。それでも縄文時代が1万年近くも続いたということは、自然の略奪(人類からみると自然の物質の獲得)が、自然の再生産を妨げないように抑えられていたということです。ですから、縄文時代にも余剰が生れていますが、縄文人は余った時間や労働力が、あくまでも拡大再生産に向かわないように自然と共生する道を選んだのです。

　現代の経済生産方式と自然と共生社会の双方の考え方があって、その中の一つである「自然と共生する道」を縄文人が選んだのではなく、縄文人の狩猟採集生活が、海や川の魚、森や山に棲む鹿・猪・ウサギなどの動物たち、栗・クルミ・ドングリ・栃の実などの木の実やみかん・桃の実などの果実が稔る樹木などは、弱肉強食という環境におかれています。弱肉強食は自然と共生する道に矛盾するように見えますが、「大矛盾の中の大循環」を生みだしているのです。「自然との共生」という言葉は、植物を含むすべての生き物を殺傷してはいけないというのではなく、勅使河原彰氏が指摘するように必要以上のものを採らないという意味を認識することが非常に重要かつ大切なことです。

ところで、桔梗の蕾と花びらは、正五角形というべきカタチをもっています。それは眼形と正多角形の組合せから生じるかたちです。このパターンは多くの花びらに見られます。他方、昆虫の蜂は、正六角形というべき巣を作っています。

　ヨコ並びの眼形 〇〇〇〇〇 を土器に描いていた縄文人が、桔梗の花びらが作る五角形と蜂の巣の六角形に気づいた時、どのように受け止めていたでしょうか。

　蜂の六角形の巣は、子供を殖やすために必要な蜂の住まいです。一方、正多角形の花びらは、おしべとめしべから子孫を生みだす種子を稔らすためになくてはならないカタチです。ともに生命誕生に関わっています。

　縄文人が発見したかたちの素粒子）形は、180度の反転を繰り返して柿の蔕形 ⊗⊗ を作ります。その 〇〇 形と〇〇 形は、Ⅹ 形と ◆ 形を介して、正六角形と正八角形を生みだします。ここに、天地・陰陽の図の基本となる ⊗⊗ 形が隠れていたのです。

　縄文人は、言葉は通じなくても、植物の花びらと蜂という虫に畏敬の念を抱いていたことは、想像に難くありません。もっとも重要なことは、大自然に存在するものは「すべてが平等」ということです。蜂、フグ、花は、見事な正多角形を作っているではありませんか。私たち人類と同じ能力をもっています。

　縄文人が農耕を行なうための田地田畑を造るために、樹木を大量伐採することを恐れた理由はここにあります。2016年東南アジアのミャンマーやベトナムは大規模な干ばつにみまわれました。その要因は国土の保水能力の急激な減少にあると指摘されています。土壌の保水は樹木のつくる森の存在が重要な役割を果たしています。農地を開拓するために大量の樹木伐採によって、取り返しのつかない結果が招来します。樹木を切る前に計画的な植林を行うことが必要です。人間の食糧を獲ることも大事ですが、根本的な自然破壊は、その食糧を獲る機会さえ奪ってしまう危険があります。人類は自分たちのことだけではなく、自然と平等の

立場から自らの生きる方法を考えることが求められるのではないでしょうか。

　森林は人類の存亡を左右する存在です。私たちは「むやみに木を切ってはならない、木を植えよう」を「ＫＡＴＡＲＩＴＵＧＵ」を合言葉にして行きましょう。狭い土地で日当たりが悪くても、真実の自然との共生を求めていた縄文人の考え方を世界へ発信することは、貧しくとも少しでも長く続く地球を守るために必要です。「縄文が世界を救う」という旗印のもとひとりでも多くの人たちが立ち上がることを願っています。

　最後にどうしても書いておきたいことがあります。小論の最終的な校正作業が終わった時、なぜか私は 17 年ほど前に読んだ西宮紘著『縄文の地霊』(工作舎 1997)が気になりました。精霊や霊的な交わりという言葉に抵抗を覚えながらも、曳き込まれるように読み直していました。

　秋田県野中堂の環状列石が、私の目に飛び込んできました。この瞬間、円接正多角形が脳裏をよぎりました。秋田県鹿角市の大湯環状列石の中に日時計状組石のほかに河原石を菱形や円形に並べた組石の集合体があります。

　この組石の菱形から正六角形を予想すれば、環状列石に対し正多角形の概念を推定することができます。西宮紘氏はつぎのようにのべています。

図191　秋田県野中堂環状列石

　　縄文人の思想をもっとも典型的に示している石組は、立石を中心にしてその根元に十字形に細長い石を横たえ、その先端に丸石をそれぞれ四個置き、それら四個の石をつなぐように円形に石囲いした四分円とその中に石を敷き詰めた形の石組である。これぞまさしく「石神立て岩境打廻らして」(佐陀神社祝詞)と言われる立石石組の形である。有名な「日時計」と称されている秋田県の万座・野中堂の遺跡などにその例がある。

曲線と直線の融合する ✳ 形（円接正多角形）を象る秋田県野中堂環状列石は、まさに眼形の連鎖から導かれる ⌂（壺形）と ⬢（正六角形）の生じる図式である・［◎➡◍➡◍➡⬢］に合致しています。それは曲線図形と直線図形の関係、つまり、縄文人の幾何学の第一歩が示されています。そこには正多角形に象徴的な ⬡ 正六角形が生まれているのです。これを脳裏に浮かべながら西宮紘氏の『縄文の地霊』を読み返すと、具体的な歴史的できごとが絵物語を見るごとく鮮明に浮かび上がってきます。

縄文人のかたちの素粒子）形とインドのウパニシャッドとの関係

　石浦薫氏は「後藤新平の一部と全部の関係」（『後藤新平の会』会報第 26 号 2022 年 7 月）の中で、「近くに座す、隣りに座す」、「隣り合わせの存在」という語源をもつ「ウパニシャッド」を取り上げ、その語源が、日本列島の縄文土器（縄文時代中期の長野県富士見町の藤内遺跡出土の深鉢）に描かれる「）」形（第 2 章、図 13）の意味、つまり「物心一如のウパニシャッドの形状を示していると思われる」と指摘されています。

　「）」形を描く土器が作られた縄文中期は、約 4500 年前～約 5500 年前であり、紀元前 10 世紀～紀元前 5 世紀のウパニシャッドとの年代は約 2000 年～約 2500 年ほど離れていますが、日本とインドは、仏教を介して結ばれていることを考えると、石浦氏の指摘は無視できません。注目すべきところ大なるものがあります。以下の 4 例は、インターネットより引用したインド「ウパニシャッド」の情報です。

・ウパニシャッドは、宇宙の本質（ブラフマン）と自我の本質（アートマン）が同一であると悟ることで、解脱を図ります。
・ウパニシャッドも仏教もジャイナ教もやり方は違っても全部、輪廻転生から解脱を図っている。

・ジャイナ教は徹底的な苦行と禁欲、不殺生によって、カルマを浄化
　しようとします。
・仏教は瞑想を行ない、自我を含むあらゆる現象に不変の本質がない
　と直観的に理解することによって、解脱を図ります。

　縄文人は、なぜ土器に「）」形を描いたのでしょうか（第2章、図13〜図
14参照）。「）」形の180度反転形は「（」形です。異形同質の関係を維持
する「）」形と「（」形は、合体して ◌ 形と X 形を形づくります。両者の
合体形は一体化されています。つまり、◌ 形、もしくは X 形をヨコ並び
に描くと ◌◌◌◌◌◌ 形、もしくは XXXXXX 形が生じます。これらのパタ
ーンは、永遠の継続性をもっています。
　ここにウパニシャッドと仏教にいう「輪廻転生」の概念を読み取るこ
とができます。この輪廻転生は永遠の継続性を背景にもつ言葉です。永
遠の継続性は、◌ 形と X 形のもつ特別な性質から生じる現象です。つま
り、ヨコ並びの眼形 ◌◌◌◌◌ を描くと ◌ 形の隣りには必然的に X 形が
生じています。これを「相即不離の関係」と名づけました。
　このような図形現象に縄文人が土器に描いていたかたちの素粒子「）」
形の意味が発見されます。◌ 形と X 形は、かたちの素粒子）形の 180 度
の反転によって形づくられています。
　縄文人の発見した「）」形の意味は、インドのウパニシャッドに年代
的に先行しています。その後において、日本が仏教を受容したのは、輪
廻転生を説く仏教の教えに、縄文人の「）」形の概念を重ね合わせてい
たと考えられます。わが国の七宝文 ⊗ は、かたちの素粒子）形の 180
度の反転から生じるかたちです。このようなところに 6 世紀の日本人が
仏教を受容した根拠が認められるのではないでしょうか。

ブラフマン ⊗ とアートマン ⊗ の関係
　かたちの素粒子「）」形の180度反転の繰り返しから ⊗ 形と ⊗ 形が

生じます。この ⬡ 形と ✻ 形は、それぞれ４個の () 形によって形づくられ、さらに「同質でありながら、異形の二者の合体によって新しい生命が生れる」という生命誕生の原理［ ⬡ ＋ ✻ ＝ ✦ ］を内包しています。この図式は天地・陰陽を共有しています。天地・陰陽を同時に表わす ✦ 形に優るかたちを他に探すことはできないでしょう。

　さて、✦ 形は、「)」形のもつ特別な性質を受け継ぎ、その永遠の継続性は、まさにウパニシャッドの「宇宙の本質（ブラフマン）と自我の本質（アートマン）が同一である」に現われております。そこにはブラフマンとアートマンの図式［ ⬡ ＋ ✻ ＝ ✦ ］が成立しています。

　✦ 形は、ⓐ ⬡ →天と ✻ →地を形づくり、同時にⓑ ✻ →陰と ⬡ →陽を形づくっています。この場合、ⓐは宇宙創成の原理（天地）、ⓑは生命誕生の原理（陰陽）を現わしていることになります。すなわち、同質でありながら、異形の二者である ⬡ 形と ✻ 形は、合体して新しいかたちである ✦ 形（天地・陰陽）を生みだしているわけです。

　✦ 形は ✦✦✦ 形、もしくは ✦✦✦ 形を形づくります。これらのかたちに永遠の継続性を読み取ることができます。このような永遠の継続性は、柿の蔕形 ✿ に現われている ∞ 形と ∞ 形を形づくる媒介図形である ✗ 形と ◣ 形のもつ特別な性質から導かれています。この永遠の継続性がなければ、宇宙創成と生命誕生の原理は成立しません。七宝文は、見る視点によって認識されるかたちは ✗ 形を媒介とするⓐ ⬡ → ✦✦✦ 形と ◣ を媒介とするⓑ ✻ → ✦✦✦ 形へ変化します（ⓐは円形、ⓑは正方形がイメージされます）。

　ここに、［✗形・∞形］と［ ◣ 形・∞形］が形づくる ✿ 形と七宝文 ✦ は「**となり合せの存在**」を共有しています。つまり、✿ 形と ✦ 形は、サンスクリッド語の「**ウパニシャッド**」の概念を内包していることが解ります。

　以上から、✦ 形の集合体である［ ✦✦✦✦ ・ ✦✦✦✦ ］は、ⓐ天地→**宇宙創成の原理**とⓑ陰陽→**生命誕生の原理**を同時にもっていることになり、**天地・陰陽の図**と呼ぶことができます（前掲図 128 参照）。

参考文献

宮崎興二『かたちのパノラマ』丸善株式会社、2005

宮崎興二『なぜ夢殿は八角形か』祥伝社、1995

Ｖ・Ｌ・ハンセン『自然の中の幾何学』井川俊彦訳、トッパン、1994

吉武利文『橘』法政大学出版局、1998

西宮紘『縄文の地霊』工作舎、1992

石浦薫「後藤新平の一部と全部の関係」『後藤新平の会』会報第 26 号 2022

アリック・バーソロミュー『自然は脈動する』日本教文社、2008

川久保勝夫『トポロジーの発想』講談社、1995

大村平『図形のはなし』日科技連出版社、1979

野口広『図形あそびの世界』講談社現代新書

岡野玲子、鎌田東二編『平安京のコスモロジー』、創元社、2010

安田喜憲『世界史の中の縄文文化』雄山閣出版、1987

山梨県釈迦堂博物館、館内パンフレット

水野祐『勾玉』学生社、1992

佐々木高明『縄文文化と日本人―日本基層文化の形成と継承―』小学館、1986

http://aoki2.si.gunma-u.au.jp/BotanicalGarden/HTMLs/tokeisou、

http://www.shinmeisya.or.jp

『日本の原始美術①縄文土器Ⅰ』講談社、1979

『日本の原始美術②縄文土器Ⅱ』講談社、1979

『日本の原始美術⑥縄文土器Ⅱ』講談社、1979

鴨志田篤二『虎塚古墳』同成社、2005

茨城県勝田市教育委員会編『史跡虎塚古墳』勝田市教育委員会、1985

日下八光『装飾古墳の秘密 壁画文様の謎を解く』講談社、1978

小林行雄『装飾古墳』平凡社、1964

末永雅雄『日本の古墳』朝日新聞社、1961

上田宏範『前方後円墳』学生社、1974

森浩一編『日本の古墳』有斐閣、1981

辰巳和弘『古墳の思想』白水社、2002

辰巳和弘『新古代学の視点』小学館、2006

大和岩男『天照大御神と前方後円墳の謎』六興出版、1983

寺澤薫『王権誕生』講談社、2000

三木文雄『銅鐸』柏書房、1989

奈良県田原本町教育委員会『弥生の巨大遺跡と生活文化』雄山閣、1989

小野展嗣『クモ学』東海大学出版、2002

加藤緑『大森貝塚』新泉社、2006

クリフォード・A・ピックオーバー『メビウスの帯』吉田三知世訳、日経ＢＰ社、2007

麻生優・白石浩之『縄文土器の知識』インターネット所収

白石浩之「縄文時代草創期の爪形文土器の研究とその課題」インターネット

山内清男『日本原始美術』縄文土器、講談社、1964

橿原考古学研究所編『一万年を掘る』吉川弘文館、1994

原島礼二『大王と古墳』学生社、1971

佐原真構成『銅鐸の絵を読み解く』小学館、1997

佐原真『日本の原始美術』縄文土器Ⅱ　講談社、1979

中日新聞社「2009 年 7 月 23 日朝刊」

井戸尻考古館『井戸尻・第 8 集』長野県富士見町

中沢新一『精霊の王』講談社、2003

ダーシー・W・トムソン『生物のかたち』東京大学出版会、1973

小川光三『大和の原像』大和書房、1073

水谷慶一『知られざる古代』正・続編　日本放送出版協会、1979

『古代史復元 3』講談社、1991

小林達雄編『歴史発掘』講談社、1997

小林達雄編『縄文人の世界』朝日選書、1996

小林達雄『縄文のわざと道具』毎日新聞社、1989

小林達雄編著『縄文学の世界』朝日新聞社、1999

小林達雄編『縄文土器の研究』小学館、1994

八重樫純樹・小林達雄『土偶研究の地平一〜四』勉誠社、1997〜2000

磯前順一『記紀神話と考古学』角川学芸出版、2009

松木武彦『進化考古学の大冒険』新潮選書、2009

久野邦雄『青銅器の考古学』学生社、1999

梅原末治『銅鐸の研究』図録編、木耳社、1985

高島成侑『古代建築の復元』建築雑誌 113 号、1998

原田大六『銅鐸への挑戦』六興出版、1980

藪内清編『中国古代天文学・数学集』朝日出版社、1980

ネリー・ナウマン『生の緒』言叢社、2005

ジル・パース『螺旋の神秘』平凡社、1978

岡本健一『蓬莱山と扶桑樹』思文閣出版、2008

田中琢『倭の奴国から女王国へ』（日本通史2、岩波書店、1993 年

江上波夫監修『考古学ゼミナール』山川出版社、1976 年

秋山清『謎の古代図形』コスモトゥーワン、2004

近藤義郎『前方後円墳と弥生墳丘墓』青木書店、1995

椚国男『古代の土木設計』六興出版、1983

楯築刊行会『楯築弥生墳丘墓の研究』1992

森浩一『日本の歴史』中公文庫

井上正「蓮華文−創造と化生の世界」上原真一編著『蓮華紋』日本の美術 359号　至文堂
　1996

アト・ド・フリース『イメージ・シンボル辞典』山下主一郎他訳　平凡社 1984 井本英一
　『境界・祭祀空間』平河出版社 1985

【著者】

大 谷 幸 市（おおたに こういち）

1943年名古屋に生まれ、小学4年まで渥美半島で過ごす。高校2年の春、腰椎カリエスを宣告される。奇跡的に2年で治癒。大学進学はあきらめ、九死に一生を得る想いで社会復帰の夢が叶う。小川光三氏の「太陽の道」説に惹かれ、39才の時、『古代史を解く三角形』（中日出版、1982）を出版。これを機に双曲・楕円図形に基づく縄文の歴史究明に邁進。これまで13冊刊行。

　著書に

　『古代史を解く三角形』　中日出版　1982
　『実在した幻の三角形』　大和書房　1987
　『国作り神話と大和三山』　大和書房　1991
　『古事記に隠された幾何学』（六興出版　1992
　『古代渦巻文の謎』　三一書房　1995
　『古事記に隠された幾何学』　三一書房　1995 再版
　『渦巻は神であった』　彩流社　2007
　『前方後円墳の真相』　彩流社　2007
　『あきづしま 大和の国』　彩流社　2008
　『縄文人の偉大な発見』　彩流社　2009
　『しめ縄コードから生れた卑弥呼の鏡』　彩流社　2009
　『伊勢神宮二十年式年遷宮の謎』　彩流社　2011
　『縄文大爆発』　パレードブックス　2015
　『縄文人の知られざる数学』　彩流社　2017

図解 文字より前にかたちがあった

わが国の基層文化は縄文にあった

世界最古の縄文文明

| 発 行 日 | 2023年1月15日 第1版第1刷 |

| 著　者 | 大 谷 幸 市 |
| 発 行 所 | 一 粒 書 房 |

〒475-0837 愛知県半田市有楽町7-148-1
TEL (0569) 21-2130
https://www.syobou.com

編集・印刷・製本　有限会社一粒社

ISBN978-4-86743-143-6 C0021